Volker Metelmann

PARIS

von Aragon bis Zola

Acht literarische Spaziergänge

anabas

Inhalt

Erwin Blumenfeld, Sur la Tour Eiffel, Foto 1938

Hinreise

»Paris ist keine Stadt, sondern eine Welt, wenigstens hat man nirgends so viel auf einmal von der Welt beisammen, wie hier; Es ist eben genug, um einen Menschen, der alles auffassen und in seinem Nutzen verwenden möchte, zur Verzweiflung zu bringen«, seufzte der Dichter Christian Friedrich Hebbel am 10. Dezember 1843 in seinen ›Reflexionen über Welt, Leben und Bücher, hauptsächlich aber über ich selbst, nach Art eines Tagebuches‹. Wie aber begegne ich, 150 Jahre später, dieser »Welt«, um, wenn nicht alles, so doch Wesentliches von ihr zu erfassen, ohne verzweifeln zu müssen?

1. Vorschlag
Ich lasse mich von dem romantischen Dichter aus der Touraine Alfred De Vigny (1797–1863) an die Hand nehmen und auf einen hohen imaginären Turm führen. Von dort erblicke ich eine riesige Häuserlandschaft, die mich zu der Vision von Paris als einer modernen Großstadtlandschaft verleitet.

»Nimm meine Hand, Wanderer, und laßt uns auf den Turm steigen.
Betrachte alles, was in der Tiefe liegt, und schau ringsumher,
Blick bis zum Ende des Horizonts,
Schaue vom Norden hin zum Süden.
Und siehst du in der Nacht zu unseren Füßen im Raum
Und überall dort, wohin mein Finger zeigt, da und da?

Der Wanderer antwortet:
Ich sehe eine schwarze Fläche, so groß und so weit,
Daß ich von ihr weder Anfang noch Ende erkenne;
Ein Hügel, in der Ferne, erscheint mir als sein Bund
Und dennoch sehe ich nichts an Natur,
Sondern überall die Hand des Menschen.
Ich sehe rauchen, brennen, wie Flammen prasseln
Die über diesen Abgrund aufleuchten, wo die Luft schier erstickt...
Sehe ich ein glühendes Rad oder gar einen Feuerofen?...«
(Alfred de Vigny, Paris – Erhebung, 1831, aus: Poesies Choisies, Paris 1970)

Mythische Bilder aus der alttestamentlichen Prophetie – das glühende Rad Ezechiels und der Feuerofen Daniels – verschmelzen hier mit der realen Darstellung von Paris und geben der Stadt den Charakter eines fantastischen Eigenwesens auf apokalyptischem Grund. Mit solchen sehr modern anmutenden Eindrücken könnte der Versuch unternommen werden, durch ein eigenes Gedankensystem die einzelnen Wahrnehmungen in dieser Stadt zu ordnen.

2. Vorschlag

Ich folge dem jungen Studenten Rastignac, einer der schillerndsten Figuren aus Honoré de Balzacs Romanwerk ›Die Menschliche Komödie‹ *(La Comédie Humaine)*, auf den Friedhof Père Lachaise. Gleich ihm kehre ich meiner Vergangenheit den Rücken und betrachte die gesellschaftliche Eroberung von Paris als eine persönliche Herausforderung.

Allein geblieben, ging Rastignac zum Ausgang des Friedhofs. Er sah Paris an den beiden Ufern der Seine vor sich liegen. Lichter blitzten auf. Gierig saugten sich seine Augen an jenen Teil der Stadt fest, der zwischen der Säule auf dem Vendômeplatz und dem Invalidendom liegt. Dort lebte die vornehme Gesellschaft, in die er sich den Zutritt erkämpfen wollte, erkämpft hatte. In diesen summenden Riesenschwarm warf er einen Blick, als wenn er schon im voraus den Honig schlürfen wollte, und sagte die großartigen Worte: »Nun wollen wir uns miteinander messen!«
(Honoré de Balzac, Vater Goriot, Reinbek 1977, S. 368)

3. Vorschlag

Ich flüchte mich mit Ernst Bloch in eine tagträumerische Aura und betrete ein berühmtes Cafe im Intellektuellenviertel von St. Germain. Dort nehme ich an einem mir reservierten Tisch Platz und ordne schreibend meine Pariser Erlebnisse – jene, die mir wirklich wichtig sind, und andere, die mich in der Öffentlichkeit wichtig erscheinen lassen, sind sie doch das Angeld meiner zukünftigen Berühmtheit.

Wenn einer der stärksten Wünsche der menschlichen Natur und einer, der am häufigsten verletzt wird, dieser ist, wichtig zu sein, so verbindet er sich überdies besonders stark mit dem Wunsch nach importanter Umgebung. Begabte Mädchen wünschen in diese durchzubrennen; München zog so an um 1900, Paris weit länger. Hingerissen betritt der Student die große Stadt, sie ist ihm außer dem sichtbaren Glanz mit lauter ungeduldigen Hoffnungen bevölkert. Hier glaubt er den Grund und Hintergrund zu einem endlich gemäßen Dasein zu haben; die Häuser, die Plätze, die Bühnen wirken utopisch erleuchtet. Im Café, an eine stolzen kleinen Tisch, sind die Auserwählten versammelt, welche Verse schreiben, ein Himmel voller Baßgeigen wartet auf den, der sie spielt, an die Fenster klopft der Ruhm.
(Ernst Bloch, Das Prinzip Hoffnung, Frankfurt 1969, S. 29)

4. Vorschlag

Ich erkläre dieser ›Weltstadt mit Herz‹ ganz einfach meine Liebe, indem ich mich ihr lesend nähere, und zwar mit der Literatur, in die sie sich unauslöschlich eingeschrieben hat.

Unter allen Städten ist keine, die sich inniger mit dem Buche verband als Paris. Wenn Giraudoux recht hat und es das höchste menschlicher Freiheitsgefühle ist, schlendernd dem Lauf eines Flusses zu folgen, führt hier noch der vollendetste Müßiggang, die beglückteste Freiheit also, zum Buch und ins Buch hinein. Denn über die kahlen Seine-Quais hat sich seit Jahrhunderten der Efeu gelehrter Blätter gelegt: Paris ist ein großer Bibliotheksaal, der von der Seine durchströmt wird.
(Walter Benjamin, Gesammelte Schriften IV, I, Frankfurt 1982, S. 356)

Dem Bild von Walter Benjamin folge ich, trete ein in den Büchersaal und lasse mich von der Literatur durch diese Stadt leiten, die sich seit dem 19. Jahrhundert im Zuge der Industrialisierung und Demokratisierung zu dem entwickelt hat, was sie auch heute ist: die zentralistische Großstadtmetropole.

Willy Ronis, Place de la Bastille, Foto 1957

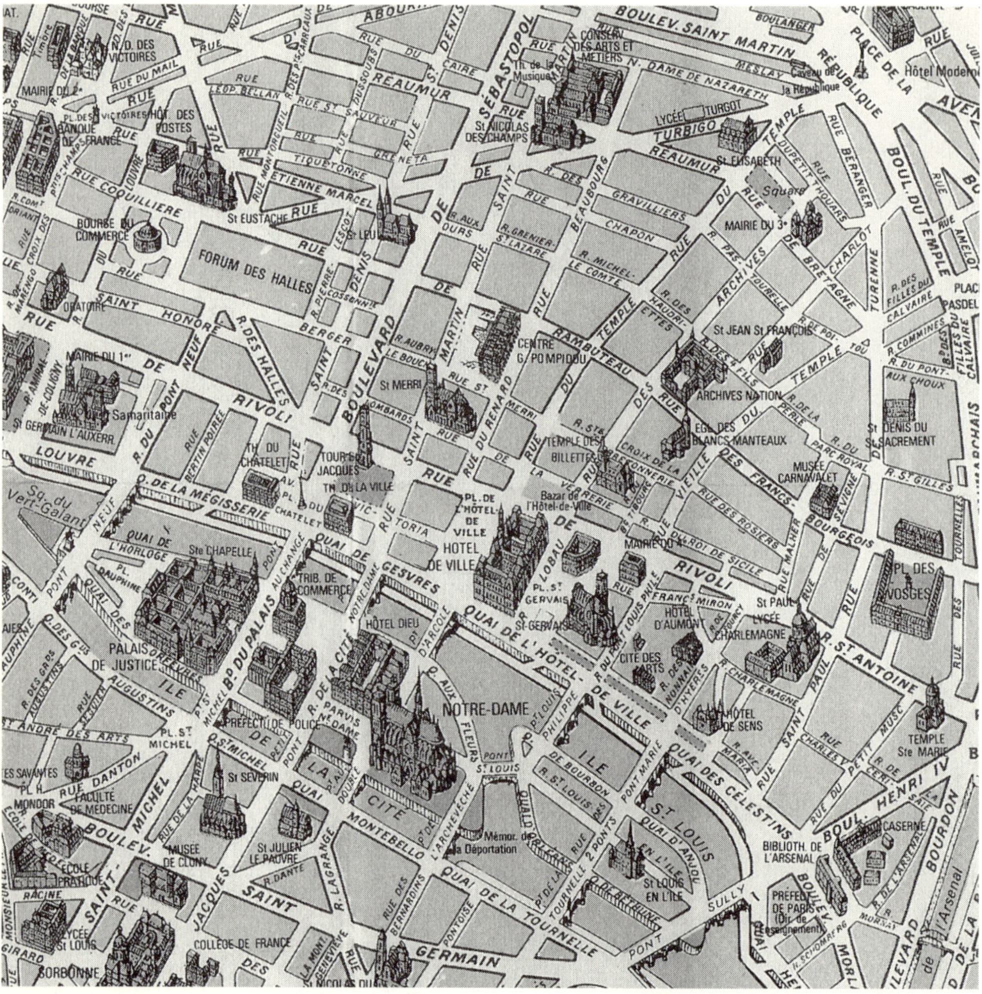

BOULEV. SAINT MARTIN
PLACE DE LA RÉPUBLIQUE
CONSERV. DES ARTS ET METIERS
N. DAME DE NAZARETH
Hôtel Moderne
Caveau de la République
N.D. DES VICTOIRES
RUE DU MAIL
MAIRIE DU 2e
HÔT. DES POSTES
BANQUE DE FRANCE
REAUMUR
SÉBASTOPOL
St NICOLAS DES CHAMPS
LYCÉE TURGOT
TURBIGO
St ELISABETH
Square
RUE COQUILLIERE
St EUSTACHE
ETIENNE MARCEL
St LEU
BOURSE DU COMMERCE
FORUM DES HALLES
GRAVILLIERS
CHAPON
MAIRIE DU 3e
BRETAGNE
BOUL. DU TEMPLE
ORATOIRE
SAINT HONORE
R. DES HALLES
BERGER
RAMBUTEAU
CENTRE G. POMPIDOU
St JEAN St FRANÇOIS
MAIRIE DU 1er
RIVOLI
St MERRI
ARCHIVES NATION.
St DENIS DU St SACREMENT
Samaritaine
St GERMAIN L'AUXERR.
LOUVRE
TH. DU CHATELET
TOUR St JACQUES
TH. DE LA VILLE
TEMPLE DES BILLETTES
EGL. DES BLANCS MANTEAUX
MUSÉE CARNAVALET
Sq. du Vert-Galant
Q. DE LA MÉGISSERIE
PL. DE L'HÔTEL DE VILLE
HOTEL DE VILLE
Bazar de l'Hôtel-de-Ville
RUE DES FRANCS BOURGEOIS
RUE DES ROSIERS
RUE DU ROI DE SICILE
QUAI DE L'HORLOGE
Ste CHAPELLE
QUAI DE GESVRES
MAIRIE DU 4e
PL. DES VOSGES
PL. DAUPHINE
TRIB. DE COMMERCE
PL. St GERVAIS
St GERVAIS
St PAUL
LYCÉE CHARLEMAGNE
HÔTEL DIEU
QUAI DE L'HÔTEL DE VILLE
HÔTEL D'AUMONT
R. St ANTOINE
PALAIS DE JUSTICE
Bd DU PALAIS
CITÉ DES ARTS
NOTRE-DAME
PREFECT. DE POLICE
PARVIS NE DAME
HÔTEL DE SENS
TEMPLE Ste MARIE
PL. St MICHEL
St SEVERIN
ILE DE LA CITÉ
ILE St LOUIS
QUAI DES CÉLESTINS
BOUL. HENRI IV
FACULTÉ DE MÉDECINE
QUAI MONTEBELLO
Mémor. de la Déportation
QUAI D'ANJOU
BIBLIOTH. DE L'ARSENAL
CASERNE
BOULEV. SAINT MICHEL
MUSÉE DE CLUNY
St JULIEN LE PAUVRE
St LOUIS EN L'ILE
PREFECT. DE PARIS
QUAI DE LA TOURNELLE
PONT SULLY
BOURDON
LYCÉE St LOUIS
COLLÈGE DE FRANCE
SORBONNE
SAINT GERMAIN

Ursprung und Herz von Paris: Ile de la Cité mit Notre Dame

ROUTE: (RER Linien B und C Station St. Michel/Notre Dame – Metro Linie 4 Station Cité) Place de Parvis – Notre Dame mit Turmbesteigung – Justizpalast – St. Chapelle – Conciergerie mit Museum – Blumenmarkt – Place de Parvis mit Archäologischer Krypta – Rathausplatz – Place des Vosges mit Victor Hugo Museum

Der erste Spaziergang konzentriert sich auf Ursprung und Herz von Paris, die Ile de la Cité mit ihren geistlichen und ehemals westlichen Zentren, die Kathedrale Notre Dame und die alte Königsburg, der Palais de Justice.

Als literarischer Wegweiser soll dabei vornehmlich **Victor Hugos** Roman aus dem Jahre 1831 *Notre Dame de Paris, 1482* dienen. Zum Schluß verlassen wir die Seine-Insel, um den Rathausplatz und das Victor-Hugo-Museum auf der Place des Vosges aufzusuchen.

Notre Dame

Die Ile de la Cité ist jenes kleine Eiland inmitten der Seine, auf dem die gallischen Schiffer und Fischer vom Stamm der Parisii um 200 v. Chr. sich anzusiedeln begannen. 700 Jahre später errichteten die Inselbewohner die erste christliche Kirche, und zwar genau auf jenem Terrain, auf dem die Römer während der Besetzung Galliens ihren Gott Jupiter mit einem Heiligtum verehrt hatten. Die Gallier weihten die kleine Kirche dem Märtyrer Stéphane und nannten sie ›St. Etienne‹.

Diese Kirche mußte 400 Jahre später der ›Pfarrkirche von ganz Frankreich‹ Notre Dame weichen, die in der Zeit von 1163–1320 von fünf Generationen erbaut wurde.

Der Grundriß von Notre Dame überdeckt aber nicht nur das erste Gotteshaus der aufstrebenden Stadt, sondern noch ein zweites, Ste. Marie. Von ihr können wir noch Zeugnisse sehen: die schönen Bas-Reliefs des Tympanon und einige Rundbögen. Wie Ste. Marie wurde auch die neue mächtige Kathedrale der Gottesmutter geweiht.

Im Laufe der Geschichte hat Notre Dame für die Bewohner von Paris eine Bedeutung erhalten wie sie sonst ›Helden‹ erfahren, d.h. »sie hat zwei Geschichten, eine legendäre und eine wirkliche, und wie immer gilt auch hier: die Legende überlagert die Wirklichkeit«.

So urteilte 1867 der Architekt Viollet-Le-Duc, der Notre Dame durch eine grundlegende Renovation gerettet hatte. Den Auftrag dazu erhielt er von der Regierung aufgrund der enormen Wirkungen jenes Romans, der nicht unerheblich zur Legendenbildung um die Kathedrale beigetra-

Fassade von Notre Dame, historischer Stich

gen hatte: *Notre Dame de Paris, 1482* von Victor Hugo. Nach nur fünfmonatiger Arbeit beendete Hugo am 14. Januar 1831 dieses Mammutwerk.

Der Dichter verlegte die große Tragödie über die menschlichen Beziehungen zwischen der schönen Zigeunerin Esmeralda, dem mißgestalteten Glöckner von Notre Dame Quasimodo, dem vor rasender Eifersucht sich verzehrenden Beherrscher der Kirche Claude Frollo und dem tölpelhaften und eitlen Hauptmann Phöbus Châteaupers in das Paris von 1482, um dem spätmittelalterlichen Lebensgefühl nachsinnen zu können. Denn Victor Hugos Augen hatten sich voller Zorn über die politischen und sozialen Zustände seiner Zeit von der Gegenwart ab- und dem Mittelalter zugewandt, hatten sie doch die Schönheit der Gotik entdeckt. So machte er denn auch das großartige Zeugnis mittelalterlicher Baukunst, die Kathedrale Notre Dame, zum Rahmen seines Romans.

Die Hauptfassade von Notre Dame

Es ist die mächtige Hauptfassade der Kirche, die Victor Hugo faszinierte und die auch heute noch die Insel eindrucksvoll beherrscht. Deshalb empfiehlt es sich, den ersten literarischen Spaziergang in Paris mit Hugos Betrachtungen über diese Fassade samt seinen Überlegungen über ihren Baustil zu beginnen.

Halten wir eingangs fest, daß es in der Baukunst kaum etwas Großartigeres gibt als ihre Hauptfassade – wenn wir uns auf wenige Hauptbeispiele beschränken wollen; gleichzeitig und dennoch abgestuft bieten sich ihre Teile dem Auge dar: die drei spitzbogig gewölbten Portale; darüber das geklöppelte und gestickte Band mit den achtundzwanzig Nischen der Königsstandbilder; dann die riesige Rosette mit je einem Fenster zur Rechten und zur Linken, wie ein Priester zwischen zwei Diakonen; dann die hohe und zartgliedrige Arkade mit ihren Kleeblattbogen und dem schweren Zwischenboden, den die feinen Säulchen tragen; und endlich die beiden massigen und finsteren Türme mit ihrem schiefernen Fensterschutz; lauter Glieder eines prächtigen, harmonischen Ganzen, aufgebaut in fünf mächtigen Lagen, mannigfaltig und dennoch übersichtlich, reich ziseliert, mit Statuen durchsetzt und mit Bildwerk durchwoben, und dies alles fest in die

Ile de la Cité, Stich um 1650

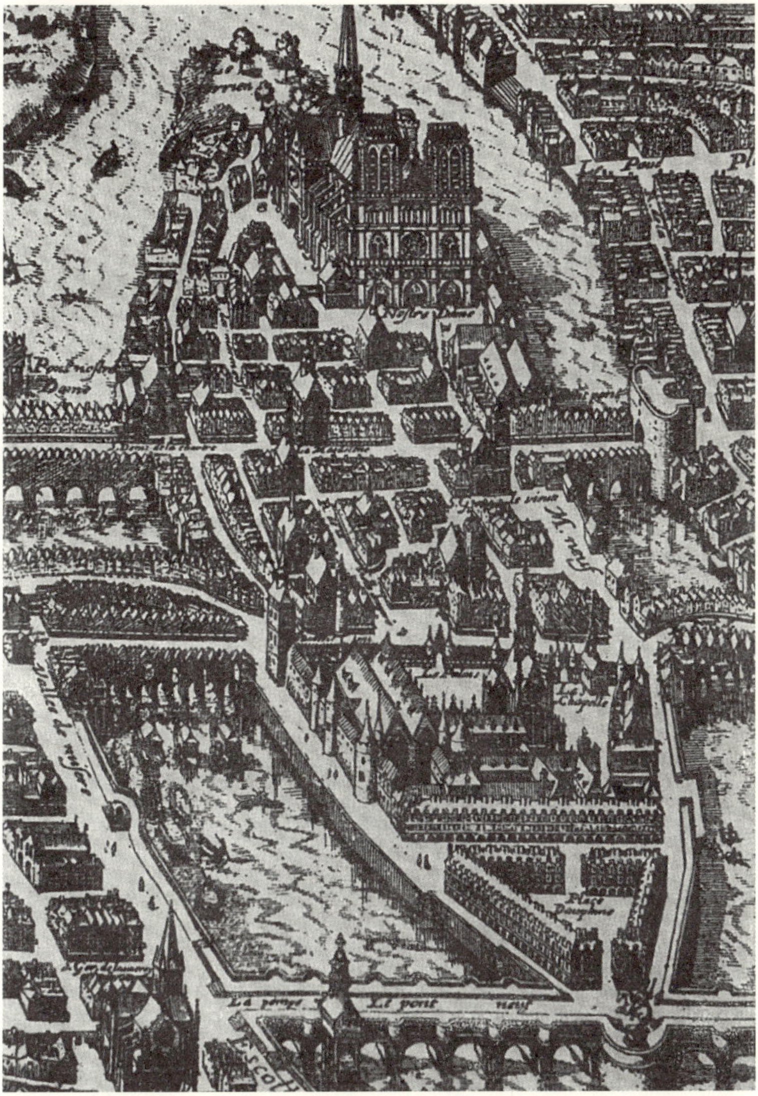

ruhige Größe des Ganzen eingefügt, eine machtvolle Symphonie aus Stein, das Kolossalwerk eines Mannes und eines Volkes; einheitlich und vielfältig zugleich, wie die Romanzeros und die Ilias, deren Schwester sie ist; das wundervolle Ergebnis der vereinten Kräfte eines Zeitalters, wo jeder Steinmetz an jedem Block seine ganze Phantasie aufblühen läßt und diese gleichwohl dem Gestaltungswillen des einen großen Künstlers unterordnet; mit einem Wort: eine Schöpfung von Menschenhand, doch so kraftvoll und formenträchtig wie die Schöpfung Gottes, deren wichtigste Wesenszüge sie sich offenbar zu eigen gemacht hat: Vielfalt und Dauer.

Und was wir hier über die Fassade aussagen, gilt von der ganzen Kirche; und was wir über die Mutterkirche von Paris aussagen, gilt für sämtliche Kirchen des christlichen Mittelalters. Alles hängt innerlich zusammen in dieser Kunst, die aus sich selber geboren ist, folgerichtig und wohlgegliedert. Das Maß der großen Zehe ergibt hier schon das Maß des ganzen Riesen.

Doch kommen wir zurück zur Fassade von Notre-Dame, wie sie sich heute dem andächtigen Betrachter des feierlich-mächtigen Domes darstellt, dieser Kirche, die nach den Worten ihrer Chronisten durch ihre Masse den Beschauern Schrecken einflößt: »quae mole sua terrorem incutit spectantibus«.

Drei wichtige Teilstücke fehlen dieser Fassade heute: erstens die elf Treppenstufen, die sie einst vom Boden abhoben, zweitens die untere Reihe der Statuen in den Nischen der Portale und drittens die achtundzwanzig Standbilder der ältesten Könige Frankreichs, die die Galerie des ersten Stokkes füllten, von Childebert bis zu Philipp-August, der den Reichsapfel in der Hand hielt.
(Victor Hugo, Der Glöckner von Notre Dame, Zürich 1986, S. 157ff.)

Es ist bezeichnend für die Befangenheit Hugos gegenüber der Geschichte Frankreichs, daß auch er – wie die Bilderstürmer der Großen Revolution vor ihm – meinte, die achtundzwanzig Statuen über den Portalen stellten die ältesten Könige Frankreichs dar. Auf Beschluß der Commune vom 23. Oktober 1793 wurden sie als Repräsentanten des verhaßten Absolutismus einfach heruntergestürzt. Tatsächlich handelte es sich bei den Skulpturen aber um Darstellung der altisraelitischen Könige als Zeugen der heilsgeschichtlichen Kontinuität von der Schöpfung bis hin zur Gottesmutter. Bruchstücke von den Originalen der Königsgestalten wurden – eine Sensation – 1977 bei der Restauration des l'Hôtel Moreau, 20, Rue de la Chaussee-d'Antin gefunden. Dieses Grundstück hatte 1796 ein gewisser Jean-Baptiste Lakanal erworben, ein Monarchist, der die Skulpturen dort einbuddelte. Heute gehören die Königsköpfe zu den Kostbarkeiten des Cluny-Museums. Die Königsgalerie, die wir heute über den Portalen sehen, wurde während der Restauration unter Viollet-le-Duc erneuert.

Erhabenheit und Schönheit bedeuten nicht Stilreinheit. Weder die Hauptfassade noch das gesamte Kirchengebäude repräsentieren solche. Vielmehr ist nach Hugo Notre Dame als ein »Übergangsbau« zwischen den beiden Stilrichtungen Romanik und Gotik zu klassifizieren.

Übrigens kann man Notre-Dame nicht einen abgerundeten, stilreinen, eindeutig klassierbaren Bau nennen. Sie ist keine romanische Kirche mehr, doch auch noch keine gotische. Sie eignet sich nicht als Schulbeispiel. Im Gegensatz etwa zur Klosterkirche von Tournus hat sie nicht die schwere, stämmige Gestalt, die breiten Tonnengewölbe, die nüchterne Kahlheit und erhabene Schlichtheit der Gebäude, die aus dem Rundbogen hervorgegangen sind. Und sie ist auch nicht so wunderbar, schwerelos, vielgestaltig und dicht mit ragendem Zierat bespickt, dem Spitzbogen entwachsen, wie die Kathedrale von Bourges. Man kann sie nicht der alten Familie jener niedrigen, dämmrigen und geheimnisvollen Kirchen beiordnen, auf denen noch

Notre Dame, Rückseite

drückend der Rundbogen lastet, jenen, abgesehen von der Decke, noch fast ägyptischen Bauten mit ihren hieroglyphischen und symbolischen Zeichen und der priesterlichen Stimmung, die sie durchwaltet, mit ihren Ornamenten, die reicher sind an Rauten und Kreuzbandmustern als an Blumen, doch reicher an Blumen als an Tieren und reicher an Tieren als an Menschen; sie gehört nicht mehr zu jenen eher kultisch als architektonisch geprägten Werken, in denen die Kunst sich erstmals wandelt und Züge eines strengen theokratisch-militärischen Geistes annimmt, der seine Wurzeln im späten Römischen Kaiserreich hat und bis zu Wilhelm dem Eroberer fortdauert. Unmöglich aber auch, unsere Kathedrale unter jene anderen Kirchen einzustufen, die hoch und luftig gebaut sind, reich an Farbfenstern und Skulpturen, steil und kühn emporragend, politischer Ausdruck eigenständiger Gemeinwesen und selbstbewußter Bürgerschaften, künstlerisch eigenwillig bis zum Übermaß, nicht mehr hieroglyphisch, unwandelbar und kultisch geprägt, sondern kunstvoll, fortschrittlich und volksnah, in einem Stil, der nach den letzten Kreuzzügen aufkommt und mit Ludwig XI. abklingt. Notre-Dame von Paris ist nicht ein Werk streng römischer Gattung, wie es die früheren, und nicht eines rein arabischer Rasse, wie es die späteren sind.

Sie ist ein Bau der Übergangszeit. Der sächsische Baumeister hatte eben die ersten Pfeiler des Schiffs aufgerichtet, als der Spitzbogen, den die Kreuzfahrer heimgebracht hatten, sich siegreich auf die wuchtigen romanischen Kapitelle legte, die eigentlich für Tonnengewölbe bestimmt waren. Und unter dem Zeichen des fortan vorherrschenden Spitzbogens wurde die Kirche vollendet. Aber noch scheu und unerfahren, wie es Anfänger sind, hielt sie sich zurück und entfaltete sich eher in die Breite, statt, wie es später so manche herrliche Münsterkirche tat, in spitzen Türmen und Lanzettfenstern emporzustreben. Sie war noch gehemmt durch das Fortbestehen schwerer romanischer Säulen in der Nachbarschaft.

Übrigens sind diese Werke in romanisch-gotischen Übergangsformen nicht weniger beachtenswert als die Vertreter einheitlicher Bauweisen. Aus ihnen spricht eine stilistische Abschattung, die es sonst nicht gäbe: die des Aufpfropfens spitzbogiger und rundbogige Formen.

Notre-Dame von Paris ist sogar ein besonders bemerkenswertes Beispiel dieser Art. Jede Wand, jeder Stein des ehrwürdigen Denkmals belehrt uns nicht bloß über die Geschichte des Landes, sondern auch über die Geschichte der Wissenschaft und der Kunst. Greifen wir nur die wichtigsten Einzelheiten heraus: die kleine Rote Pforte stellt sozusagen einen Höhepunkt gotischer Verfeinerung des fünfzehnten Jahrhunderts dar, während die Pfeiler des Schiffes in ihrer Massigkeit in die Zeit der karolingischen Abtei von Saint-Germain-des-Prés, zurückreichen. Sechs Jahrhunderte scheinen jene Pforte von diesen Säulen zu trennen. Die Symbolik des Hauptportals ist so allgemeingültig, daß selbst die Alchimisten darin die Grundlinien ihrer Wissenschaft ablesen können, die einst in der Zeichensprache der Kirche Saint-Jacques-de-la-Boucherie ihren vollständigsten

Linkes Portal von Notre Dame

bildlichen Ausdruck fand. So sind in dieser Kathedrale das romanische Kloster, die Kirche der Weise, gotische und sächsische Kunst, die an Gregor VII. gemahnende schwere Rundsäule, die Symbolsprache der Alchimisten – mit der Nicolas Flamel einst Luther den Auftakt gab –, die Einheit des Papsttums und die Kirchenspaltung, Saint-Germain-des-Prés und Saint-Jacques-de-la-Boucherie allesamt verschmolzen und vermengt. Diese Haupt- und Mutterkirche ist eine Art Fabelwesen, das Teile aller alten Kirchen von Paris in sich vereint, den Kopf der einen, die Gliedmaßen einer anderen und die Kruppe einer dritten.

Wir wiederholen es: diese Mischgebilde sind für Künstler, Altertumsforscher und Historiker besonders aufschlußreich. Sie lassen den urtümlichen Charakter der Architektur ahnen, indem sie, ähnlich den Überresten der Zyklopenmauern, den ägyptischen Pyramiden und den riesigen indischen Pagoden, dartut, daß große Bauwerke weniger die Schöpfungen einzelner als die Leistungen von Gemeinschaften sind, eher Ausgeburten ganzer Völker als große Würfe genialer Geister; sie sind das Vermächtnis ganzer Nationen, der Niederschlag von Jahrhunderten, die Spur verblichener Geschlechter, kurz: etwas Gewachsenes. Jede Welle der Zeit schwemmt ihr Geschiebe auf sie, jede Völkerschaft lagert eine Schicht auf ihnen ab, jeder einzelne fügt seinen Stein hinzu. So halten es die Biber und die Bienen, und so halten es die Menschen. Das große Sinnbild der Architektur, der Turm zu Babel, ist ein Bienenkorb.

Große Bauten, wie große Gebirge, sind das Werk von Jahrhunderten. Oft wandelt sich die Kunst, während sie noch im Werden sind: »Pendent opera interrupta«; sie werden nach den neuen Kunstregeln friedlich weitergeführt. Die neue Kunst übernimmt das Denkmal, wie sie es findet, sie frißt sich darin ein, gleicht es sich an und schafft daran nach eigenem Gutdünken fort. Das alles vollzieht sich reibungslos, ohne Zwang und Widerstreben, einem unausgesprochenen Naturgesetz gemäß. So pfropft man Reiser auf, so kreisen Säfte in einem Schaft, so erneuert sich die Pflanzenwelt. Gewiß könnte man dicke Wälzer schreiben, ja manchmal eine ganze Geschichte der Menschheit, über dieses Anschweißen neuerer Kunstformen an ältere, auf den verschiedenen Ebenen eines gleichen Denkmals. Der Mensch, der Bürger, die Einzelperson gehen in diesen gewaltigen Baumassen, die keinen Schöpfernamen tragen, auf. Die Zeit ist der Baumeister, das Volk der Maurer.
(Hugo, a.a.O., S. 162ff.)

Notre Dame als Leistung einer Volksgemeinschaft und nicht als Resultat einzelner Individuen, dies ist der entscheidende Gedanke, der den Dichter veranlaßt, auf die Kirche das Hohelied der mittelalterlichen Architektur anzustimmen. Einen solchen nationalen Gemeinschaftssinn vermißte er in der Gesellschaft des 19. Jahrhunderts. Und Hugo fand auch einen Verantwortlichen für den Untergang der »Sonne des Mittelalters« mit ihrem alle und alles einbindenden Gedankensystem: die Renaissance. Sie, für andere die Wiege europäischer Kultur schlechthin, ist für Hugo eine Zeit »phantastischer Wirrungen«, die zur individuellen Beliebigkeit geführt habe, auch in der Baukunst. Deren moderne Zeugnisse beurteilt der Dichter als »ausgefallen« und »albern«.

Paris aus der Vogelschau

Mit dem Dichter gehen wir über den Platz in die Kirche und besteigen einen ihrer Türme. Aus einer Höhe von 69 Metern bietet sich uns ein schöner Blick über die französische Metropole. Wie es damals beliebt war – als Ausdruck des modernen Zeitgeistes und als Zeugnis einer erweiterten Welt – und Naturerkenntnis – zeichnete Hugo von der Höhe des Turms, sozusagen aus der Vogelschau, ein Bild von Paris, das ein Grundraster der Stadt schraffiert, welches nach wie vor gilt.

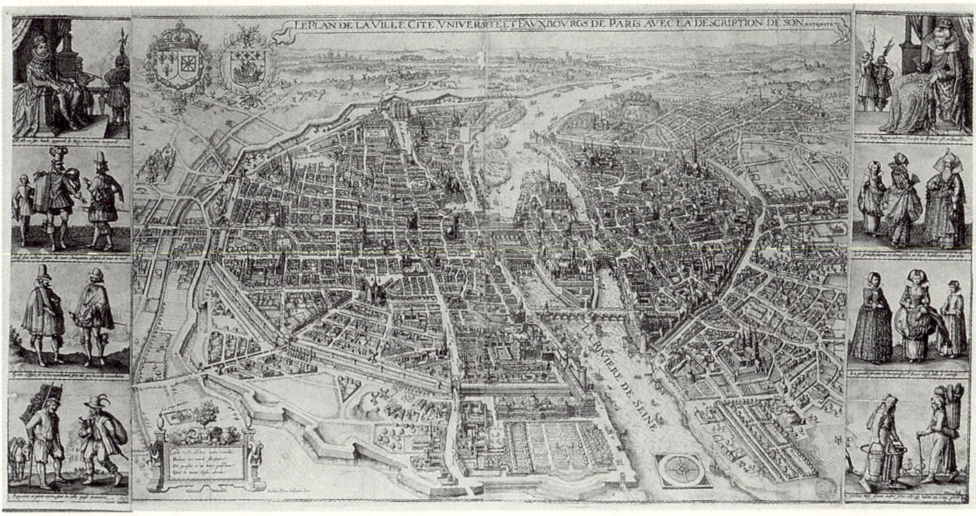

Historischer Plan der Stadt Paris

Im fünfzehnten Jahrhundert war Paris noch in drei unabhängige und deutlich voneinander getrennte Städte geteilt, von denen jede ihr Gesicht, ihre Eigentümlichkeit, ihre Sitten und Bräuche, ihre Vorrechte und ihre eigene Geschichte hatte: die Altstadt, die Universitätsstadt und die Neustadt. Die Altstadt, die die Seine-Insel einnahm, war die älteste und geringste, zugleich aber die Mutter der beiden andern, zwischen diesen eingepfercht, wie ein altes Hutzelweib – wenn der Vergleich gestattet ist – zwischen seinen beiden schönen erwachsenen Töchtern. Die Universitätsstadt erstreckte sich auf dem linken Seine-Ufer von der Tournelle bis zur Tour de Nesle: zwei Punkte, die im heutigen Stadtbild der Halle aux vins und der Münzstätte entsprechen. Ihre Mauer schnitt ein beträchtliches Stück jenes Geländes ab, auf dem einst Julian seine Thermen erbaut hatte. Sie umfaßte auch die Montagne de Sainte-Genevieve, und der höchste Punkt ihrer geschweiften Linie war die Porte-Papale, ein Tor, das ungefähr an der Stelle des jetzigen Pantheons stand. Die Neustadt, das größte der drei Teilstücke von Paris, lag auf dem rechten Ufer.
(ebda., S. 171 f)

Jeder dieser drei großen Bezirke von Paris war, wie gesagt, eine selbständige Stadt, aber jede war zu einseitig ausgerichtet, als daß sie sich hätte selber genügen und der beiden andern entbehren können. Daher auch ihr völlig verschiedenes Aussehen. Die Altstadt überquoll von Kirchen, die Neustadt von herrschaftlichen Häusern, die Universitätsstadt von Schulen. Sieht man von einigen Ungereimtheiten des Straßenwesens ab und greift man aus dem

Wirrwarr der lokalen Gerichtsbarkeiten nur die großen, zusammenhängenden Bereiche heraus, so darf man sagen, daß die Altstadt dem Bischof, das rechte Ufer dem Bürgermeister und das linke dem Rektor unterstand. Über das Ganze herrschte der Statthalter von Paris, ein königlicher und nicht ein städtischer Beamter. Die Altstadt hatte die Notre-Dame-Kirche, die Neustadt den Louvre und das Rathaus, die Universitätsstadt die Sorbonne. (ebd., S. 172 f)

Auf der Cité-Insel vor Beginn der Abbrucharbeiten, Gemälde von Gärtner 1826

Von oben gesehen bot jeder der drei Stadtkerne dem Auge einen unentwirrbaren Knäuel seltsam verstrickter Straßen dar. Dagegen zeigte schon der erste Blick, daß die drei Stücke einen einzigen Körper bildeten. Man erkannte sogleich zwei lange, gleich verlaufende Straßen, die die drei Städte fast geradlinig, glatt und ungehindert, von Norden nach Süden und im rechten Winkel zur Seine, von einem Ende zum andern durchzogen und so die drei Städte verbanden, durchmischten, ihre Einwohner dauernd durcheinanderwürfelten und so aus den dreien eine Einheit machten. Die ersten dieser beiden Straßen erstreckte sich von der Porte Saint-Jacques zur Porte Saint-Martin und hieß in der Universitätsstadt Rue Saint-Jacques, in der Altstadt Rue de la Juiverie und in der Neustadt Rue Saint-Martin; als Petit-Pont und als Pont Notre-Dame überbrückte sie zweimal den Wasserlauf. Die zweite hieß auf dem linken Ufer Rue de la Harpe, Rue de la Barillerie auf der Insel und Rue Saint-Denis auf dem rechten Ufer, Pont Saint-Michel auf dem einen und Pont-au-Change auf dem andern Seine-Arm; sie verlief von der Porte Saint-Michel in der Universitätsstadt zur Porte Saint-Denis in der Neustadt. Unter all den verschiedenen Namen waren es aber stets die beiden gleichen Durchgangswege, zwei »Mutterstraßen« und Lebensspenderinnen allerdings, die Schlagadern von Paris. Alle übrigen Blutbahnen der dreifachen Stadt schöpften aus ihnen oder ergossen sich in sie.

Unabhängig von diesen beiden Hauptstraßen, die die Stadt in ihrer Breite diametral durchstachen, hatten sowohl die Universitäts- wie die Neustadt noch je einen eigenen Verkehrsweg, der sie der Länge nach und parallel zur Seine durchlief und dabei die beiden »Schlagadern« kreuzte. So gelangte man in der Universitätsstadt von der Porte Saint-Victor geradewegs zur Porte Saint-Germain und in der Neustadt von der Porte Saint-Antoine zur Porte Saint-Honoré. Über dieses vierfache Achsenkreuz spannte sich das ganze Labyrinth der vielfach verschlungenen und gewundenen übrigen Straßen. Bei aufmerksamer Betrachtung unterschied man ferner in diesem Wegegewirr der beiden neueren Städte je einen Fächer breiter Straßen, der sich von den Brücken zu den Toren hin öffnete.
(ebda., S. 147 f)

Der Saal Pas Perdus im Justizpalast

Schaut man vom Turm der Kathedrale hinunter auf die einstige Altstadt, so drängt sich der Justizpalast mit seinen riesigen Ausmaßen unmittelbar ins Blickfeld. Dieser Palast war während der Zeit der Kapetinger (987–1328) Königsburg und damit weltliches Gegenüber der geistlichen Zentrale Notre Dame. Da Hugo dort seinen Roman ›Der Glöckner von Notre Dame‹ beginnen läßt, verlassen wir – nachdem wir ihr Inneres besichtigt haben – die Kathedrale und wechseln hinüber zum Justizpalast. Vom Boulevard de Palais aus betreten wir den Palast und gelangen über breite Stufen in einen treppenhausartigen riesigen Saal, die ›Salle Pas-Perdus‹. Dieser gewaltige Raum wurde 1622 neu errichtet, nachdem der ehemalige, 1353 erbaute ›Hohe Saal‹ durch einen brand völlig zerstört worden war. Das Zentrum der ›Salle Pas-Perdus‹ bildete ein monströser Marmortisch. Dieser diente als Ort offizieller Gelage und, seltsamerweise, zugleich als Stätte von Mysterienspielen, den geistlichen Dramen des Mittelalters. Diesen Saal und diesen Tisch, der sich damals großer Berühmtheit erfreute, wählte Hugo zum Schauplatz der Ereignisse des Erscheinungsfestes, dem 6. Januar 1482. An jenem Tag drängte die Pariser Bevölkerung in den Palast, um sich von einem Mysterienspiel erbauen zu lassen und um – da seit jeher Erscheinungsfest und Narrenfest auf denselben Tag fielen – auch der Wahl des Narrenpapstes beizuwohnen.

Es war an jenem Tag kein leichtes, in den großen Saal Einlaß zu finden, obgleich er als der damals größte überdachte Raum der Welt galt. (Allerdings hatte Sauval die weite Halle des Schlosses von Montargis noch nicht ausgemessen.) Der Vorplatz des Palastes, vollgepfercht von Menschen, bot sich den Guckern an den Fenstern wie ein Meer dar, in das fünf bis sechs Straßen gleich Mündungen von Strömen jeden Augenblick neue Fluten von Köpfen ergossen. Die unaufhörlich wachsenden Wogen dieser Masse brandeten gegen die hier und dort wie Vorgebirge in das unregelmäßige Becken des Platzes vorspringenden Ecken der Häuser. Die große Treppe mitten in der hohen gotischen Fassade des Palastes, über die sich ein doppelter Strom ununterbrochen hinauf- und hinunterzog, der dann, geteilt von einem Zwischenpodest, wellenartig über die beiden seitlichen Rampen flutete – diese große Treppe, sage ich, überfloß ständig auf den Platz hinab, wie ein Wasserfall in einen See. Die Rufe, das Gelächter und das Trampeln der unzähligen Füße verschmolzen zu einem gewaltigen Getöse und Geschrei. Dieses Geschrei und Getöse schwoll von Zeit zu Zeit noch an; dann wallte der Strom, der die Menge zur großen Treppe hintrieb, zurück und löste sich zu einem Wirbel auf. Das rührte daher, daß ein Bogenschütze Püffe erteilt oder

Palais Royal – Théâtre Français, Stich 1867

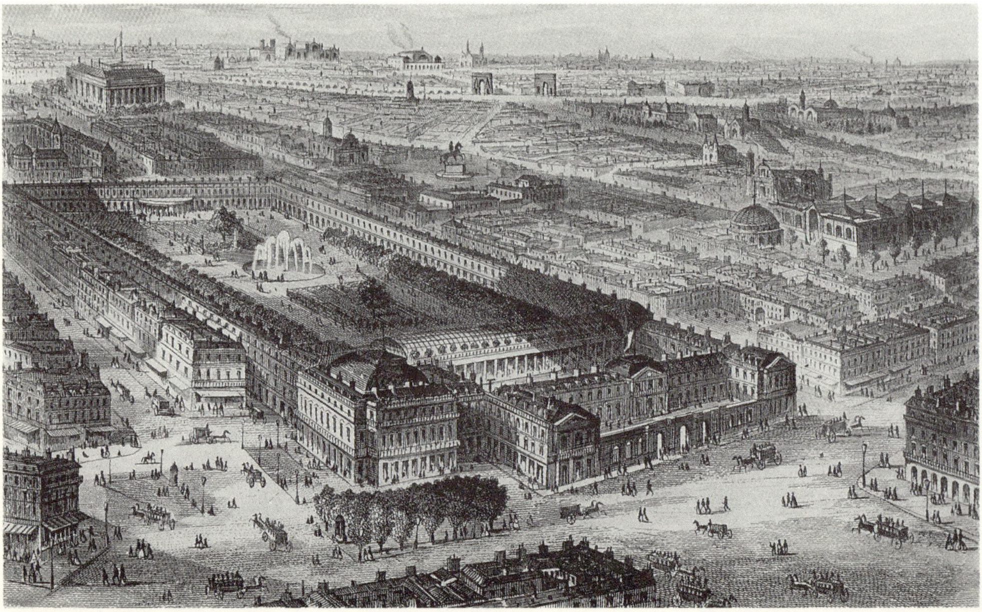

ein Soldat der Stadtwache sein Pferd hatte ausschlagen lassen, um die Ordnung wieder herzustellen – ein bewundernswerter Brauch, den die Bürgermeisterei von Anno dazumal an die spätere Connétablerie, dann die Connétablerie an die Maréchaussée und die Maréchaussée an die heutige Gendarmerie weitergegeben hat.

An Türen, Fenstern und Dachluken wimmelte es von braven, biederen und behäbigen Bürgern, die nicht mehr begehrten, als den Palast und das Gedränge zu bestaunen; denn in Paris begnügen sich viele Leute damit, Betrachter zu betrachten, und schon ein Gemäuer, hinter dem sich etwas tut, ist ja in der Tat eine Merkwürdigkeit.

Wenn es uns Menschen des Jahres 1830 vergönnt wäre, uns im Geist unter jene Pariser des fünfzehnten Jahrhunderts zu mischen und mit ihnen, gezerrt, geknufft und gestoßen, in den riesigen, aber am 6. Januar 1482 doch so engen Saal des Palastes zu drängen, so wäre dieses Schauspiel ebenso spannend wie reizvoll gewesen, und wir hätten lauter Dinge um uns gefunden, die uns in ihrer Altertümlichkeit geradezu neuartig angemutet hätten.

Mit der Zustimmung des Lesers wollen wir versuchen, den Eindruck wiederzugeben, den der große Saal auf uns gemacht hätte, wenn wir, zusammen mit den in Wämser und lange Mäntel gekleideten Leuten, über seine Schwelle getreten wären. Als erstes: ein Brausen in den Ohren und blendender Glanz in den Augen. Über uns zwei spitzbogige Gewölbe mit geschnitztem Getäfel und goldenen Lilien auf himmelblauem Grund. Unter uns ein abwechselnd mit schwarzem und weißem Marmor belegter Boden. Ein paar Schritte entfernt eine ungeheure Säule, dann noch eine und nochmals eine, sieben insgesamt vom vorderen bis zum hinteren Saalende, auf denen die Last der Gewölbe in der Mittelachse des Saales ruhte. Um die vier vorderen Säulen Krämerbuden, von Glas und Flitterzeug glitzernd, um die drei hinteren: Bänke aus Eichenholz, abgenutzt und blank gescheuert von den Hosen der Kläger und den Talaren der Anwälte. Den hohen Mauern entlang, zwischen den Türen, den gerahmten Fenstern und den Säulen, die endlose Reihe von Statuen aller Könige Frankreichs: zuerst Faramund, dann die Schattenkönige mit hängenden Armen und gesenkten Blicken, dann die tapferen und kriegstüchtigen, mit kühn zum Himmel erhobenen Häuptern und Händen. Schlanke Lanzettfenster mit vielfarbigen Glasgemälden; weite Ausgänge mit zierlich geschnitzten Türen. Und dies alles – Gewölbe, Pfeiler, Mauern, Rahmenwerk, Täfelung, Türen und Bildsäulen – von oben bis unten herrlich blau und golden übermalt: Farben, die zur Zeit unserer Betrachtung bereits etwas getrübt und im Jahres des Heils 1549, als Du Breul sie noch pflichtschuldig bewunderte, fast vollständig unter Staub und Spinnweb verschwunden waren.

(ebda., S. 19 ff)

Am einen Ende dieses riesigen Vierecks stand der berühmte Marmortisch, der so lang, breit und dick war, daß die alten Schriften ihn, in einer Sprache, über der Gargantua der Mund wässerig geworden wäre, als eine »Marmorschnitte sondergleichen auf Erden« bezeichneten. Auf der Gegenseite war die Kapelle, wo Ludwig XI. sich vor der Jungfrau kniend hatte in Stein abbilden lassen und in die er, ungeachtet der beiden Lücken, die dadurch in der Statuenreihe der Könige entstanden, die Bildsäulen Karls des Großen und Ludwigs des Heiligen hatte schaffen lassen, zwei Heilige, von denen er annahm, daß sie als Könige Frankreichs im Himmel hohes Ansehen genössen. Diese damals noch neue, kaum sechs Jahre alte Kapelle war ganz in dem lieblichen Stil gehalten, der bei uns mit seiner feinen Bauweise, seinen wunderbaren Bildwerken und seiner zart-tiefen Ziselierung das Ausklingen der Gotik kennzeichnet und bis um die Mitte des sechzehnten Jahrhunderts in den märchenhaften Gebilden der Renaissance fortlebt. Die kleine durchbrochene Rosette über dem Portal insbesondere war ein Wunderwerk an Zartgliedrigkeit und Anmut. Sie erinnerte an ein sternförmiges Spitzentuch. (ebda., S. 23)

Da das geistliche Drama nicht in Gang kam, wurde schnell zur Wahl des Narrenpapstes übergegangen, die, wie konnte es anders sein, auf den Glöckner von Notre Dame, auf Quasimodo, fiel.

Und aus dem Loch in der Rosette strahlte jetzt wirklich eine Prachtsgrimasse. Nach all den fünf- und sechseckigen und den verzerrten Figuren, die an der Luke aufeinander gefolgt waren, ohne jener Idealvorstellung von grotesker Häßlichkeit zu entsprechen, die die Orgie in den erhitzten Geistern erzeugt hatte, konnte der Wahlsieg tatsächlich nur einer Fratze wie derjenigen zufallen, die eben die Versammlung geblendet hatte. Selbst Meister Coppenole klatschte, und Clopin Trouillefou, der sich am Wettbewerb beteiligt hatte – und Gott weiß, wie garstig er dreinschauen konnte –, mußte sich geschlagen geben. Und dies müssen auch wir. Wir wagen es nicht, dem Leser diese vierkantige Nase zu beschreiben, diesen hufeisenförmigen Mund, dieses kleine, von einer rothaarigen Braue überwucherte linke und das von einer Riesenwarze völlig verdeckte rechte Auge, diese krummen Zähne, zwischen denen wie Schießscharten Lücken klafften, diese schwieligen Lippen, über die wie ein Hauer einer der Zähne herausragte, dieses gespaltene Kinn, und vor allem nicht den Ausdruck, der über all dem lag, ein Gemisch von Bosheit, Staunen und Traurigkeit. Man versuche, dieses Ganze, soweit als möglich, durch die Phantasie zu erfassen.

Der Beifall war einstimmig. Alles stürzte auf die Kapelle zu. Man führte den glückseligen Narrenpapst im Triumph heraus. Doch da erreichten Überraschung und Bewunderung ihren Höhepunkt: diese Fratze war sein Gesicht!

Oder genauer: seine ganze Gestalt war eine Fratze. Auf seinem dicken Schädel sträubten sich fuchsrote Haare; zwischen den Schultern saß ein mächtiger Buckel, der ihm sogar den Vorderkörper einhöhlte; Schenkel und

Beine waren so mißgestaltet, daß sie sich nur an den Knien berührten und von vorne je zwei Sicheln glichen, die bloß in den Handgriffen zusammenliefen; breite Füße, gewaltige Hände; und trotz all dieser Unförmigkeit ein wahrer Protz an bedrohlicher Kraft, Wendigkeit und Mut – eine bemerkenswerte Ausnahme von der uralten Regel, wonach Kraft, ähnlich wie die Schönheit, aus dem Ebenmaß der Glieder hervorgehe. So also sah der Papst aus, den die Narren sich erkoren hatten.

Wie ein in Brüche gegangener und stümperhaft wieder zusammengeflickter Riese nahm er sich aus.

Als dieser Zyklop in der Kapellentür erschien – starr, gedrungen und fast ebenso breit wie hoch, »unten viereckig«, nach den Worten eines berühmten Mannes –, erkannte ihn das Volksgesindel auf der Stelle an seinem halb roten, halb violetten, mit silbernen Glockenblumen benähten Rock, vor allem aber an seiner vollendeten Häßlichkeit, und darum rief es wie aus einem Munde: »Das ist ja Quasimodo, der Glöckner! Quasimodo, der Bucklige von Notre-Dame! Quasimodo, der Einäugige! Quasimodo, der Wankelbeinige! Heirassa! Juchhe!«

Wie man feststellt, verfügte der arme Teufel über eine ganze Auswahl von Spitznamen.

»Aufgepaßt, schwangere Frauen!« schrien die Studenten.

»Und jene, die es werden möchten«, ergänzte Joannes.

Und tatsächlich verdeckten sich die Frauen die Gesichter.

»Pfui! Der eklige Affe!« entsetzte sich eine.

»Und noch böse dazu«, stellte eine andere fest.

»Der Teufel ist das«, fand eine dritte.

»Ich habe das Pech, dicht neben der Notre-Dame zu wohnen. Nächtelang höre ich, wie er durch die Dachrinnen streift.«

»Mit den Katzen.«

»Immer schweift er auf unsern Dächern umher.«

»Und durch den Schornstein hinunter sucht er uns zu verhexen.«

»Neulich hat er mich eines Abends am Fenster durch eine Grimasse erschreckt. Ich glaubte, es wäre ein Mann. Hab' ich da Angst gekriegt!«

»Ich bin sicher, daß er an den Hexensabbat geht. Einmal hat er auf meinem Dach einen Besen liegenlassen.«

»Was für ein scheußliches Gesicht!«

»Und die verruchte Seele!«

»Puh!«

Die Männer dagegen klatschten vor Begeisterung.

Quasimodo, der Gegenstand des Auflaufs, stand noch immer mürrisch und freudlos in der Tür der Kapelle und ließ sich begaffen.

Einer der Studenten, Robin Poussepain, wenn ich nicht irre, wollte ihm ins Gesicht lachen und kam ihm zu nahe. Da packte ihn Quasimodo einfach beim Gürtel und schleuderte ihn zehn Meter weit in die Menge zurück. Das Ganze ohne ein einziges Wort.

Meister Coppenole trat entzückt herzu.

»Beim Kreuz Gottes und beim Heiligen Vater, du bist weitaus der schönste Häßliche, den ich zeit meines Lebens gesehen habe. Du hättest eigentlich noch die Papstwürde von Rom verdient, nicht nur die von Paris.«

Zu diesen Worten klopfte er ihm vertraulich auf die Schulter. Und da Quasimodo nicht muckte, fuhr Coppenole weiter: »Du bist ein Kerl, mit dem es mich juckt, mal ein wenig zu schlemmen, und wenn es mich einen guten Taler kosten sollte. Was sagst du dazu?«

Quasiodo sagte nichts.

»Beim Kreuz Gottes, bist du taub?«

Er war es tatsächlich.

(ebda., S. 76 ff)

Sainte Chapelle

Bevor wir den Justizpalast verlassen, wenden wir uns zwei Stätten zu, die für die religiöse und politische Geschichte Frankreichs von großer Bedeutung sind: Sainte Chapelle und Conciergerie.

Die zweigeschossige Ste. Chapelle ist der älteste noch erhaltene Teil des ehemaligen Königspalastes der Kapetinger. Bau und Weihe (1248) verdankte sie einem außerordentlichen Ereignis: im Jahre 1239 handelte der gewitzte venezianische Kaufmann Nicolas Quirino im Auftrag des französischen Königs Ludwig IX. dem byzantinischen Kaiser Baudouin II de Courtenay, der dringend Geld benötigte, die ranghöchste aller christlichen Reliquien ab: die Dornenkrone Christi. Zwei Jahre später fügte der eifrige Sammler weitere Reliquien aus der Passion Christi hinzu: Blutstropfen des Herrn, Stücke vom Kreuz, von der Lanze, vom Purpurmantel, vom Essigschwamm, vom Grabtuch und schließlich noch einen Stein vom Grabe. Für diesen wertvollen Reliquienschatz ließ St. Ludwig einen in allen Farben leuchtenden und alle bisherigen Ausmaße übertreffenden Reliquienschrein errichten, der den Mittelpunkt des Obergeschosses der Kapelle bildete, das allein dem Besuch der königlichen Familie vorbehalten war. Der golden glänzende Schrein und die geheimnisvolle Leuchtkraft der Fenster (Maß 15,4 m hoch x 4,5 m breit), deren blau-roter Farbakkord bei Sonnenschein sich in eine gold-gelb schimmernde Helligkeit auflichtete, verlieh dem oberen Geschoß einen solchen Glanz, daß die Kapelle im 14. Jahrhundert mit folgenden Worten gerühmt wurde:

Man muß sie bewundern wegen ihres starken Gerüstes und der unzerstörbaren Festigkeit der Mittel, mit denen sie gebaut ist. Die sorgfältig gewählten Farben ihrer Malereien, das kostbare Gold ihrer Bildwerke, das makellose Leuchten ihrer Fenster, der wunderbare Adel ihrer Altäre, der außergewöhnliche Schmuck glänzender Edelsteine ihrer Schreine verleihen diesem Hause des Gebetes einen solchen Grad von Schönheit, daß man sich beim

Sainte Chapelle und Hof der Königsburg vor dem Umbau zum Justizpalast, Stich um 1700

Eintritt in den Himmel erhoben glaubt und mit Recht vermeint, in einen der schönsten Räume des Paradieses geführt zu sein.
(Christian Beutler, Paris und Versailles, Stuttgart 1979, S. 58)

450 Jahre später, am Vorabend der Großen Revolution, beschrieb **Louis Sebastian Mercier** (1740–1815) die ganze Angelegenheit völlig anders. Der Begründer der sozialkritisch literarischen Reportage, der in seinem *Tableau de Paris* die soziale Wirklichkeit unverklärt zur Sprache bringen wollte, läßt sich von dem Farbenspiel alleine nicht mehr gefangennehmen:

Nehmen wir die Heilige Kapelle in Augenschein. Gegründet wurde sie vom heiligen Ludwig – als Ersatz für den Betsaal Ludwigs des Dicken. In ihr liegt der ansonsten im Kreise unserer Großen so schlecht weggekommene Nicolas Boileau-Despréaux begraben, und zwar genau unter dem Notenpult, vor dem er einst gesungen.

Das Farbspiel hoher, mit mehr als sechshundertjähriger Glasmalerei bedeckter Fenster, das schon die königliche Blanche, Geliebte eines schönen Kardinals, entzückte, beschwört den Geist der Kreuzritterzeit und läßt bei den eigenartigen Gebräuchen jener Tage verweilen. Damals geschah's, daß Kaiser Baudoin, um zu Geld zu kommen, mit unendlichem Bedauern die Reliquien seiner Kapelle verpfändete und der allzu fromme Ludwig, König der Franzosen, in der Freude seiner Seele glaubte, ein blendendes Geschäft zu machen, indem er für einen Span vom Wahren Kreuz, für die eiserne Spitze der Lanze, welche zwischen Jesum Christum anbetungswürdige Rippen fuhr, für ein Stück des Schwammes, mit dem ihm Essig dargereicht wurde, für einen Splitter vom Stein des Heiligen Grabes und anderes mehr 2800000 Livres von unserm Geld auswarf. Anschließend löste er für fast dieselbe Summe die an die Venezianer verpfändete Dornenkrone aus. Trunken von solch unermeßlicher Glückseligkeit, vereinte er all diese kostbaren Schätze schließlich in einem Reliquienschrein.

In der Nacht zum 10. Mai 1575 wurde – welch große Betrübnis! – von verruchter Hand das Stück vom Wahren Kreuz gestohlen. Wachen zogen vor den Türen auf; jedermann wurde gefilzt; man veranstaltete eine allgemeine Prozession, flehte den Himmel um Rückgabe der Reliquie an. Vergebens, Räuber und Beute waren und blieben unauffindbar. Dafür begann man zu munkeln, in ihrer Geldgier habe die Königinmutter das Heiligtum an die Italiener verkauft, was allerdings unglaubhaft klingt, da gerade diese damals mit Ähnlichem in ganz Europa Handel trieben. Damit das trauernde Volk getröstet werde, wühlte man aus der Truhe einen zweiten Span vom Wahren Kreuz; doch wehe, er kam dem ersten weder an Länge noch Breite noch an Dicke gleich. Man fügte ihn in ein Kruzifix, das dem gestohlenen bis ins letzte glich. Dieses selbe Kruzifix wird den Gläubigen bis heute zur Verehrung dargeboten. In dieser Kirche befindet sich auch das Haupt des heiligen Ludwig. Ursprünglich zählt es zu den Schätzen von Saint-Denis, doch König Philipp der Schöne erlangte vom Papst die Erlaubnis, den Schädel sowie eine Rippe des heiligen Ludwig nach Paris in die Kapelle zu überführen. Um jedoch die ob dieser Verluste arg bekümmerten Benediktiner nicht zu sehr zu kränken, beließ man ihrem Schatz den Unterkiefer.

Am Knaufe seines Stockes trägt der Kantor der Kapelle ein antikes Haupt von Kaiser Titus. Auf Grund einiger Ähnlichkeiten der Gesichter verwandelte man es in das des heiligen Ludwig. So kommt's, daß Kaiser Titus in der Heiligen Kapelle jeden Tag der Messe beiwohnt, in der einen Hand ein kleines Kreuz, in der anderen eine Dornenkrone. Ob sich der Imperator derlei hätte träumen lassen?

In der Nacht von Gründonnerstag auf Karfreitag stellt man in der Heiligen Kapelle das Stück vom Wahren Kreuz zur Schau. In Massen strömen dann – als Besessene – die Epileptiker herbei, um angesichts des Heiligtums in tausend Krämpfe zu verfallen. Sie geben sich alle Mühe, schneiden Grimassen, heulen und verdienen sich so das Geld, das man ihnen zukommen läßt. Man duldet dieses lächerliche Schauspiel, sei es, weil man im Volk die Hoffnung auf das Wunder, der Besiegung von Krankheiten, die als unheilbar gelten, wachhalten will, sei es, um ihm den Rest von Glauben zu bewahren der ihm noch geblieben ist.

Mehrere dieser angeblich Besessenen, und zwar jene, die genau um Mitternacht losbrüllen, im Augenblicke nämlich, da das Gerät, mit dem der

Welterlöser gefoltert wurde, aus der Truhe taucht, genießen in den nächsten Stunden das Vorrecht, sich in öffentlichen Lästerungen zu ergehen; man glaubt, der Teufel selber flüstere sie ihnen ein. Den kühnsten, den unglaublichsten aller Lästerer habe ich im Jahre 1777 gehört. Stellt Euch jede Art von Feinden Jesu und dessen göttlicher Mutter vor; stellt Euch weiter all diese ungläubigen Gottesleugner als einen einzigen Haufen vor und sprechend aus einem Munde. Nun gut! Nicht einmal dieser Haufen hätte es jemals geschafft, auch nur annähernd an die beleidigende, lächerliche Verwegenheit dieses einen Lästerers heranzukommen! Für mich und für die ganze Versammlung war es völlig neu und überaus befremdlich zu hören, wie da ein Mann öffentlich und mit Donnerstimme den Gottestempel herausforderte, dessen Kult verfluchte, Blitze auf sein Haupt beschwor, die gräßlichsten Schmähungen aus sich herauskotzte, um dann zu erleben, daß man diese kraftstrotzenden Blasphemien samt und sonders auf des Teufels Konto setzte. Bebend bekreuzigte sich das Volk, warf sich auf die Knie, berührte mit der Stirn den Boden und sagte: »Satan ist's, der spricht!« Nachdem man ihn dreimal vor den Altar gezerrt (selbst acht Männer vermochten ihn kaum zu halten) wurden seine Lästerungen derart maßlos, derart entsetzlich, daß man ihn schließlich aus der Kirche warf als einen, der dem Höllenreich für alle Zeit verfallen, der Heilung durch das wundertätige Kreuz nicht länger würdig. Und stellt Euch endlich auch noch vor, daß sich dieser unglaubliche nächtliche Spuk vor den Augen einer Ehrenwache abspielte. Und dies in einem Jahrhundert wie dem unsrigen! War er verrückt, war er vom Wahn gepackt, oder war er einfach ein bezahltes Subjekt? Nie ist mir die Rolle dieses Mannes klargeworden. Jene, die dabeigewesen sind und sich seiner hemmungslosen Ausbrüche erinnern, werden zugeben müssen, daß er dabei sehr weit gegangen ist und daß ihnen am nächsten Morgen, beim Aufwachen, wohl nichts befremdlicher vorgekommen sein dürfte, als das, was sie nächtens vernommen hatten. Im folgenden Jahr kamen die besseren Herrschaften zuhauf, um ja nicht die zweite Aufführung der seltsamen, inzwischen durch den ausführlichen Bericht der Dabeigewesenen berühmt gewordenen Komödie zu verpassen. Man harrte des großen Mimen, doch er blieb aus. Die Polizei hatte ihm das Maul gestopft. Infolgedessen mußte auch der Teufel schweigen. Es gab nur subalterne Gliederverrenker, die es weder lohnten gesehen noch gehört zu werden. Kaum daß sie eine kleine Lästerung zustande brachten. Anscheinend hatte der Teufel seine ganze Rhetorik im Vorjahr verbraucht, wobei man ihm allerdings zugestehen muß, daß sie üppig war. Aber ist es – so frage ich noch einmal – denn zu glauben, daß sich all dies in Paris begab – im Paris des 18. Jahrhunderts? Weshalb? Wie? Wozu? Ich weiß es nicht, und manchem anderen fiele es nicht minder schwer, darauf zu antworten.

(Louis Sébastien Mercier, Mein Bild von Paris, Leipzig 1979, S. 110ff.)

Während der Großen Revolution wurde der kostbare Schrein eingeschmolzen. Die Kapelle diente als Mehlspeicher und wurde – vergeblich – zum Verkauf angeboten. Noch bis 1837 hing an ihrer Außenmauer ein Schild mit der Aufschrift ›Propriété Nationale à vendre‹ (›Nationales Eigentum zu verkaufen‹). Im gleichen Jahr beschloß man, das architektonische Kleinod zu erhalten und im alten Gewand restaurieren zu lassen. Die meisten Reliquien konnten gerettet werden und werden jetzt in der Schatzkammer von Notre Dame aufbewahrt.

Die Conciergerie

Wir verlassen die alte Palastkapelle, wenden uns nach links der Seine zu und kommen zum Tour de l'Horloge, der aus zweierlei Gründen bedenkenswert ist: dieser Turm verfügt über die erste öffentliche Uhr (1370), und über die Glocken, die die für die Hugenotten so verhängnisvolle Bartholomäusnacht (15. 8. 1572) eingeläutet haben.

Wir wenden uns nach links und betreten vom Quai de l'Horloge aus die Conciergerie. Sie entstand im Zuge der Erweiterung des Königsschlosses durch Philipp den Schönen um 1300 und war Sitz des ›concierge‹, des Schloßvogts und Haushofmeisters, dem auch die königliche Leibwache unterstand. Da er über die im Palast ansässigen Händler und Handwerker Gerichtsgewalt besaß, wurde das Gebäude seit dem

Die Conciergerie, Foto 1927

15. Jahrhundert, nach dem Auszug der Kapetinger, zum Staatsgefängnis.

Während der Revolutionszeit erlangte der Kerker traurige Berühmtheit, als er für 2780 Verurteilte zum »Wartesaal für die Guillotine« wurde, unter ihnen Königin Marie-Antoinette. Heute beherbergt die Conciergerie ein zur 200jährigen Revolutionsfeier didaktisch hervorragend aufbereitetes Museum. Neben der großartigen gotischen ›Salle des gens d'armes‹, wo man die ärmeren Gefangenen auf Strohschütten zusammenpferchte, zeigt es den Gang für die Strafgefangenen ›Rue de Paris‹, benannt nach dem Henker ›Monsieur de Paris‹, ebenso wie die während der Restauration 1818 als Sühnekapelle rekonstruierte Zelle von Marie-Antoinette, und den Andachtsraum für die 21 Girondisten, in dem sie ihre letzte Nacht gemeinsam verbracht und den Bruderbund miteinander geschlossen hatten. Schautafeln und Dokumente geben Aufschluß über den früheren französischen Strafvollzug und über die politischen und sozialen Grundauffassungen der führenden Revolutionäre Danton und Robespierre, die ebenfalls hier auf ihren Tod warteten. Das Multitalent – Revolutionär, Dichter und Mediziner – **Georg Büchner** (1813–1837) beschrieb im 1835 erschienenen Drama ›Dantons Tod‹ die Konfrontation zwischen den Revolutionsführern Danton und Robespierre, aus der der Lebemann gegenüber dem Asketen den Kürzeren zog.

ROBESPIERRE: Ich sage dir, wer (mir) in den Arm fällt, wenn ich das Schwert ziehe, ist mein Feind, seine Absicht tut nichts zur Sache; wer mich verhindert mich zu verteidigen, tötet mich so gut, als wenn er mich angriffe.

DANTON: Wo die Notwehr aufhört, fängt der Mord an, ich sehe keinen Grund, der uns länger zum Töten zwänge.

ROBESPIERRE: Die soziale Revolution ist noch nicht fertig, wer eine Revolution zur Hälfte vollendet, gräbt sich selbst sein Grab. Die gute Gesellschaft ist noch nicht tot, die gesunde Volkskraft muß sich an die Stelle dieser nach allen Richtungen abgekitzelten Klasse setzen. Das Laster muß bestraft werden, die Tugend muß durch den Schrecken herrschen.

DANTON: Ich verstehe das Wort Strafe nicht.
Mit deiner Tugend Robespierre! Du hast kein Geld genommen, du hast keine Schulden gemacht, du hast bei keinem Weibe geschlafen, du hast immer einen anständigen Rock getragen und dich nie betrunken. Robespierre du bist empörend rechtschaffen. Ich würde mich schämen 30 Jahre lang mit der nämlichen Moralphysiognomie zwischen Himmel und Erde herumzulaufen bloß um des elenden Vergnügens willen Andre schlechter zu finden, als mich.
Ist denn nichts in dir, was dir nicht manchmal ganz leise, heimlich sagte, du lügst, du lügst!

ROBESPIERRE: Mein Gewissen ist rein.

DANTON: Das Gewissen ist ein Spiegel vor dem ein Affe sich quält;

jeder putzt sich wie er kann, und geht auf seine eigne Art auf seinen Spaß dabei aus. Das ist der Mühe wert sich darüber in den Haaren zu liegen. Jeder mag sich wehren, wenn ein Andrer ihm den Spaß verdirbt. Hast du das Recht aus der Guillotine einen Waschzuber für die unreine Wäsche anderer Leute und aus ihren abgeschlagn(en) Köpfen Fleckkugeln für ihre schmutzigen Kleider zu machen, weil du immer einen sauber gebürsteten Rock trägst? Ja, du kannst dich wehren, wenn sie dir drauf spucken oder Löcher hineinreißen, aber was geht es dich an, so lang sie dich in Ruhe lassen? Wenn sie sich nicht genieren so herum zu gehn, hast du deswegen das Recht sie in's Grabloch zu sperren? Bist du der Polizeisoldat des Himmels? Und kannst du es nicht eben so gut mit ansehn, als dein lieber Herrgott, so halte dir dein Schnupftuch vor die Augen.

ROBESPIERRE: Du leugnest die Tugend?

DANTON: Und das Laster. Es gibt nur Epicuräer und zwar grobe und feine, Christus war der feinste; das ist der einzige Unterschied, den ich zwischen den Menschen herausbringen kann. Jeder handelt seiner Natur gemäß d.h. er tut, was ihm wohl tut.
Nicht wahr Unbestechlicher, es ist grausam dir die Absätze so von den Schuhen zu treten?

Félix Nadar, In den Katakomben, Foto 1861

ROBESPIERRE: Danton, das Laster ist zu gewissen Zeiten Hochverrat.

DANTON: Du darfst es nicht proskribieren, um's Himmelswillen nicht, das wäre undankbar, du bist ihm zu viel schuldig durch den Kontrast nämlich.
Übrigens, um bei deinen Begriffen zu bleiben, unsere Streiche müssen der Republik nützlich sein, man darf die Unschuldigen nicht mit den Schuldigen treffen.

ROBESPIERRE: Wer sagt dir denn, daß ein Unschuldiger getroffen worden sei?

DANTON: Hörst du Fabricius? Es starb kein Unschuldiger (*er geht, im Hinausgehn zu Paris*) Wir dürfen keinen Augenblick verlieren, wir müssen uns zeigen!
(*Danton u. Paris ab*)

ROBESPIERRE (*allein*): Geh nur! Er will die Rosse der Revolution am Bordell halten machen, wie ein Kutscher seine dressierten Gäule; sie werden Kraft genug haben, ihn zum Revolutionsplatz zu schleifen.
Mir die Absätze von den Schuhen treten! Um bei deinen Begriffen zu bleiben! Halt! Halt! Ist's das eigentlich? Sie werden sagen seine gigantische Gestalt hätte zuviel Schatten auf mich geworfen, ich hätte ihn deswegen aus der Sonne gehen heißen.
Und wenn sie Recht hätten?
Ist's denn so notwendig? Ja, ja! die Republik! Er muß weg. Es ist lächerlich wie meine Gedanken einander beaufsichtigen. Er muß weg. Wer in einer Masse, die vorwärts drängt stehen bleibt, leistet so gut Widerstand als trät' er ihr entgegen; er wird zertreten.
Wir werden das Schiff der Revolution nicht auf den seichten Berechnungen und den Schlammbänken dieser Leute stranden lassen, wir müssen die Hand abhauen, die es zu halten wagt und wenn er es mit den Zähnen packte!
Weg mit einer Gesellschaft, die der toten Aristokratie die Kleider ausgezogen und ihren Aussatz geerbt hat.
Keine Tugend! Die Tugend ein Absatz meiner Schuhe! Bei meinen Begriffen!
Wie das immer wieder kommt.
Warum kann ich den Gedanken nicht los werden? Er deutet mit blutigem Finger immer da, da hin! Ich mag so viel Lappen darum wickeln als ich will, das Blut schlägt immer durch. – (*Nach einer Pause*) Ich weiß nicht, was in mir das Andere belügt.
(*Er tritt an's Fenster*)
Die Nacht schnarcht über der Erde und wälzt sich im wüsten Traum. Gedanken, Wünsche kaum geahnt, wirr und gestaltlos, die scheu sich vor des Tages Licht verkrochen, empfangen jetzt Form und Gewand und stehlen sich in das stille Haus des Traums. Sie öffnen die Türen, sie sehen aus den Fenstern, sie werden halbwegs Fleisch, die Glieder strecken sich im Schlaf, die Lippen murmeln. – Und ist nicht unser Wachen ein hellerer Traum, sind

wir nicht Nachtwandler, ist nicht unser Handeln, wie das im Traum, nur deutlicher, bestimmter, durchgeführter? Wer will uns darum schelten? In einer Stunde verrichtet der Geist mehr Taten des Gedankens, als der träge Organismus unsres Leibes in Jahren nachzutun vermag. Die Sünde ist im Gedanken. Ob der Gedanke Tat wird, ob ihn der Körper nachspielt, das ist Zufall.

(Georg Büchner, Werke und Briefe, München 1988, S. 85 ff.)

Doch Danton wußte, daß Robespierre ihm bald nachfolgen würde. Am Tag vor seiner Hinrichtung räsonnierte Danton in seiner Zelle über das Chaos der Welt und prophezeite, daß in sechs Monaten die Revolution auch den Moralisten Robespierre gefressen haben werde.

Die Conciergerie

Danton (an einem Fenster, was in das nächste Zimmer geht.), Camille, Philippeau, Lacroix, Hérault.

DANTON: Du bist jetzt ruhig, Fabre.

EINE STIMME. (*von innen*) am Sterben.

DANTON: Weißt du auch, was wir jetzt machen werden?

D. STIMME: Nun?

DANTON: Was du dein ganzes Leben hindurch gemacht hast – des vers.

CAMILLE: (*für sich.*) Der Wahnsinn saß hinter ihren Augen. Es sind schon mehr Leute wahnsinnig geworden, das ist der Lauf der Welt. Was können wir dazu? Wir waschen unsere Hände. Es ist auch besser so.

DANTON: Ich lasse Alles in einer schrecklichen Verwirrung. Keiner versteht das Regieren. Es könnte vielleicht noch gehn, wenn ich Robespierre meine Huren und Couthon meine Waden hinterließe.

LACROIX: Wir hätten die Freiheit zur Hure gemacht!

DANTON: Was wäre es auch! Die Freiheit und eine Hure sind die kosmopolitischsten Dinge unter der Sonne. Sie wird sich jetzt ständig im Ehebett des Advokaten von Arras prostituieren. Aber ich denke sie wird die Clytemnaestra gegen ihn spielen, ich lasse ihm keine 6 Monate Frist, ich ziehe ihn mit mir.

CAMILLE: (*für sich.*) Der Himmel verhelf' ihr zu einer behaglichen fixen Idee. Die allgemeinen fixen Ideen, welche man die gesunde Vernunft tauft, sind unerträglich langweilig. Der glücklichste Mensch war der, welcher sich einbilden konnte, daß er Gott Vater, Sohn und heiliger Geist sei.

LACROIX: Die Esel werden schreien, es lebe die Republik, wenn wir vorbeigehen.

DANTON: Was liegt daran? Die Sündflut der Revolution mag unsere Leichen absetzen wo sie will, mit unsern fossilen Knochen wird man noch immer allen Königen die Schädel einschlagen können.

HÉRAULT: Ja, wenn sich gerade eine Stimme für unsere Kinnbacken findet.

DANTON: Sie sind Kainsbrüder.

LACROIX: Nichts beweist mehr, das Robespierre ein Nero ist, als der Umstand, daß er gegen Camille nie freundlicher war, als 2 Tage vor dessen Verhaftung. Ist es nicht so Camille?

CAMILLE: Meinetwegen, was geht das mich an?
Was sie aus dem Wahnsinn ein reizendes Ding gemacht hat. Warum muß ich jetzt fort? Wir hätten zusammen mit ihm gelacht, es gewiegt und geküßt.

DANTON: Wenn einmal die Geschichte ihre Grüfte öffnet kann der Despotismus noch immer an dem Duft unsrer Leichen ersticken.

HÉRAULT: Wir stanken bei Lebzeiten schon hinlänglich.
Das sind Phrasen für die Nachwelt nicht wahr Danton, uns gehn sie eigentlich nichts an.

CAMILLE: Er zieht ein Gesicht, als solle es versteinern und von der Nachwelt als Antike ausgegraben werden.
Das verlohnt sich auch der Mühe Mäulchen zu machen und Rot aufzulegen und mit einem guten Accent zu sprechen; wir sollten einmal die Masken abnehmen, wir sähen dann wie in einem Zimmer mit Spiegeln überall nur den einen uralten, zahllosen, unverwüstlichen Schafskopf, nichts mehr, nichts weniger. Die Unterschiede sind so groß nicht, wir Alle sind Schurken und Engel, Dummköpfe und Genies und zwar das Alles in Einem, die 4 Dinge finden Platz genug in dem nemlichen Kö(rp)er, sie sind nicht so breit, als man sich einbildet.
Schlafen, Verdaun, Kinder machen das treiben Alle, die übrigen Dinge sind nur Variationen aus verschiedenen Tonarten über das nemliche Thema. Da braucht man sich auf die Zehen zu stellen und Gesichter zu schneiden, da braucht man sich voneinander zu genieren. Wir haben uns Alle am nemlichen Tische krank gegessen und haben Leibgrimmen, was haltet Ihr Euch die Servietten vor das Gesicht, schreit nur und greint wie es Euch ankommt. Schneidet nur kein so tugendhafte und so witzige und so heroische und so geniale Grimassen, wir kennen uns ja einander, spart Euch die Mühe.

HÉRAULT: Ja Camille, wir wollen uns beieinandersetzen und schreien, nichts dummer als die Lippen zusammenzupressen, wenn einem was weh tut.
Griechen und Götter schrien, Römer und Stoiker machten die heroische Fratze.

DANTON: Die Einen waren so gut Epicuräer wie die Andern. Sie machten sich ein ganz behagliches Selbstgefühl zurecht. Es ist nicht so übel seine Toga zu drapieren und sich umzusehen ob man einen langen Schatten wirft. Was sollen wir uns zerren? Ob wir uns nun Lorbeerblätter, Rosenkränze oder Weinlaub vor die Scham binden, oder das häßliche Ding offen tragen und es uns von den Hunden lecken lassen?

PHILIPPEAU: Meine Freunde man braucht gerade nicht hoch über

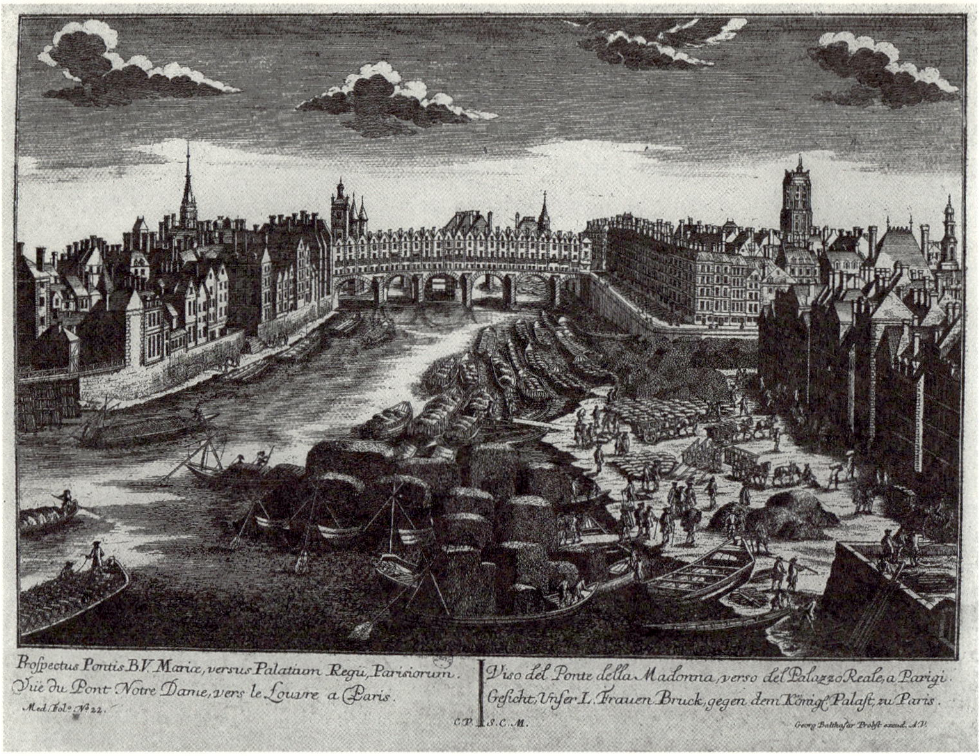

Blick auf Seine und Palais Royal, Stich von Georg Balthasar Probst

der Erde zu stehen um von all dem wirren Schwanken und Flimmern nichts mehr zu sehen und d. Augen von einigen großen, göttlichen Linien erfüllt zu haben. Es gibt ein Ohr für welches, das Ineinanderschreien und der Zeter, die uns betäuben, ein Strom von Harmonien sind.

DANTON: Aber wir sind die armen Musikanten und unsere Körper die Instrumente. Sind die häßlichen Töne, welche aus ihnen herausgepfuscht werden nur da um höher und höher dringend und endlich leise verhallend wie ein wollüstiger Hauch in himmlischen Ohren zu sterben?

HÉRAULT: Sind wir wie Ferkel, die man für fürstliche Tafeln mit Ruten totpeitscht, damit ihr Fleisch schmackhafter werde?

DANTON: Sind wir Kinder, die in den glühenden Molochsarmen dieser Welt gebraten und mit Lichtstrahlen gekitzelt werden damit die Götter sich über ihr Lachen freuen?

CAMILLE: Ist denn der Äther mit seinen Goldaugen eine Schüssel mit Goldkarpfen, die am Tisch der seligen Götter steht und die seligen Götter lachen ewig und die Fische sterben ewig und die Götter erfreuen sich ewig am Farbenspiel des Todeskampfes?

DANTON: Die Welt ist das Chaos. Das Nichts ist der zu gebärende Weltgott.
(Büchner, a.a.O., S. 127ff.)

Esmeraldas und Quasimodos Schicksalsort

Nachdem wir die Conciergerie verlassen haben, gehen wir die Seine entlang in Richtung Süden; vorbei am Handelsgericht wenden wir uns nach rechts und gelangen auf den Blumenmarkt. Dem Volksmund nach ist dieser schöne Markt zur Stärkung von Herz und Seele der Besucher des Justizpalastes und der angrenzenden Polizeipräfektur angelegt. Wie dem auch sei: seit Napoleon I. genießt er Gewohnheitsrecht und konnte selbst bei der großen Stadtumwandlung unter Napoleon III. nicht verdrängt werden. Wir überqueren den Markt hin zur Rue de la Cité und gelangen wieder auf den Vorplatz der Kathedrale.

An diesem Platz vor der großen Pfarrkirche Frankreichs geschahen im Roman Hugos all die dramatischen Ereignisse, die letztendlich zur großen Tragödie aller geführt haben: die Entdeckung der leidenschaftlichen Verflechtungen zwischen Esmeralda, Quasimodo, Claude Frollo und dem Hauptmann Charpentiers, hier wurde gejagt und verfolgt, gerettet und gefangen genommen, hier sollte Esmeralda vor ihrer Hinrichtung der Hexerei unter den Augen der sie Liebenden entsagen, hier kreischte, lärmte und lebte das Volk ungeschminkt.

Dieser Platz also hatte damals ein völlig anderes Aussehen als heute, nachdem er durch die grundlegende Erneuerung von Paris während der Ära Haussmann (1853–71) seines Dickichts an Häusern und Kirchen völlig entkleidet worden ist. Einen Eindruck von der Enge des

Ile de la Cité vor dem Brand 1772, Modell aus der Krypta von Notre Dame

kleinen Bezirks bekommen wir anhand der Nachzeichnung der Grundrisse der alten Mauern auf dem Pflaster des Platzes und wir können uns in das alte Grundmuster der Insel vertiefen durch den Besuch der ›Archäologischen Krypta‹ auf dem Vorplatz. Dort bietet ein didaktisch hervorragend aufbereiteter Rundgang um die Ausgrabungen von 1965–1970 einen Einblick in die alte Struktur der Stadt und ihre verschiedenen historischen Schichten. Vitrinen zeigen zudem Gemäldereproduktionen früherer Bauzustände und Bauprojekte.

Esmeralda fand ihren Tod auf dem Platz vor dem Rathaus. Dieser Platz hieß früher ›Place de Grève‹. Ursprünglich bedeutet ›grève‹ ›Strand‹ oder ›Sand‹. Der alte Name rührt daher, daß der Platz ehemals direkt an die Seine grenzte. Weil sich Arbeitssuchende und ihre Rechte einklagende Arbeiter stets vor dem Rathaus zusammenfanden, hat sich bald die Wendung ›faire la grève‹ gebildet, was »streiken« bedeutet. Der Platz war also nicht nur ein Ort des Strafvollzugs, sondern auch einer, wo Entrechtete in einer Interessensgemeinschaft ihre Rechte geltend zu machen pflegten. Daran dachte Hugo, als er die Zigeunerin an eben diesem Ort hinrichten ließ; als tiefsinnige Demonstration gegen Aberglauben, Ungerechtigkeit und für das gleiche Recht für alle.

Wir erreichen den Platz schnell entlang der Rue d'Arcole und über die gleichmäßige Seinebrücke, um Zeuge des grausigen Szenariums zu werden. Zugleich entgeht uns nicht, daß von der Außenseite des Turms der nahen Notre Dame zwei Gestalten ebenfalls dem Geschehen folgen: Claude Frollo und hinter ihm der lauernde Quasimodo, der endlich begriffen hatte, wer für den Tod der Esmeralda die Verantwortung trug.

Er sah also, was der Priester betrachtete. Vor dem dauernd aufgerichteten Galgen stand eine Leiter. Auf dem Platz waren etwas Volk und eine Menge Soldaten versammelt. Ein Mann schleppte etwas Weißes, an das sich etwas Schwarzes klammerte, über das Pflaster. Zu Füßen des Galgens hielt der Mann an.

Hier geschah etwas, das Quasimodo ungenau sah. Nicht daß sein einziges Auge an Sehschärfe eingebüßt hätte, aber es war ein beleibter Soldat in sein Gesichtsfeld getreten, und dieser behinderte seine Sicht. Übrigens ging im selben Augenblick die Sonne auf, und die Lichtwelle, die dabei über den Horizont flutete, war so stark, daß man meinte, alle Erhebungen der Stadt, ihre Turmspitzen, Schornsteine und Giebel gerieten auf einen Schlag in Brand.

Doch der Mann stieg die Leiter hinauf. Quasimodo sah ihn nun wieder deutlich. Er trug eine Frau auf der Schulter, ein weiß gekleidetes Mädchen, dem eine Schlinge um den Hals hing. Quasimodo erkannte es. Ja, es war die Vermißte.

Der Mann gelangte ans obere Ende der Leiter. Dort machte er die Schlinge fest. Hier stieg der Priester, um besser zu sehen, auf die Brüstung

Der Hochchor von Notre Dame

und ließ sich dort auf die Knie nieder. Plötzlich stieß der Mann am Galgen mit dem Absatz heftig die Leiter zurück, und dann sah Quasimodo, der seit einer Weile den Atem verhielt, das arme Kind, zwei Klafter hoch über dem Pflaster, am Seilende baumeln und über ihm hockend den Mann, der die Füße auf seine Schultern gestemmt hatte. Das Seil drehte sich mehrmals um sich selber, und dabei durchliefen grauenvolle Zuckungen den Körper der Zigeunerin. Der Priester verfolgte die Greuelszene zwischen dem Mann und dem Mädchen, der Spinne und dem Insekt, mit vorgestrecktem Kopf und mit Augen, die ihm fast aus den Höhlen traten.

Im Augenblick des ärgsten Grauens brach aus dem fahlen Gesicht des Geistlichen ein dämonisches Lachen hervor, ein Lachen, wie es nur hervorbringt, wer kein Mensch mehr ist. Quasimodo hörte es nicht, aber er sah es.

Da zog sich der Glöckner ein paar Schritte weit hinter den Archidiakonen zurück, schoß auf einmal wutschnaubend auf ihn los und stieß ihn mit seinen beiden Pratzen von hinten in die Tiefe, über die er sich beugte.

»Verdammnis!« schrie der Priester und stürzte.

Der Wasserspeier unter ihm hemmte seinen Fall. Mit verzweifeltem Griff klammerte er sich daran, und eben als er den Mund zu einem zweiten Schrei auftat, sah er über sich die fürchterliche Rächermiene Quasimodos am Geländerrand auftauchen. Da verstummte er.

Unter ihm gähnte der Abgrund. Ein Sturz von mehr als zweihundert Fuß, und dann das Pflaster. Kein Wort, kein Seufzer drang dem Archidiakonen in dieser qualvollen Lage über die Lippen. Er wand sich einzig an dem Wasserspeier und bemühte sich verbissen, wieder hochzukommen. Doch der glatte Stein bot seinen Händen keinen Griff, und seine Füße, die das altersgraue Mauerwerk scharrten, fanden keinen Halt. Wer schon die Türme der Notre-Dame-Kirche bestiegen hat, kennt das vorkragende Kranzgesims gleich unter dem Geländer. An diesem Wulst kämpfte sich der elende Archidiakon ab. Er hatte es nicht mit einer lotrecht abfallenden, sondern mit einer zurückspringenden Mauer zu tun.

Quasimodo hätte dem Priester bloß die Hand zu reichen brauchen, um ihn aus dem Schlund zu reißen, doch er beachtete ihn nicht einmal. Er schaute zum Grève-Platz hinüber. Er hatte den Galgen und die Zigeunerin im Auge. Der Taube lehnte am Geländer, dort, wo eben noch der Archidiakon gewesen war, und er verwandte keinen Blick vom einzigen, das es für ihn in diesem Moment auf der Welt gab, reglos und stumm, wie ein vom Blitz Getroffener, und dazu rann aus seinem Auge, das bisher erst eine Zähre vergossen hatte, leise ein ganzer Bach von Tränen.

Der Archidiakon keuchte. Von seiner kahlen Stirne strömte der Schweiß, seine Nägel krallten sich an den Steinen blutig, seine Knie scheuerten sich an der Mauer wund. Er hörte, wie sein Priesterrock, welcher sich am Wasserspeier verfangen hatte, bei jeder Bewegung krachte und aus den Nähten ging. Zu allem Unglück lief der Wasserspeier noch in einer Bleiröhre aus, die unter dem Gewicht seines Körpers nachgab. Der Archidiakon spürte, wie sie sich langsam bog. Wenn seine Hände erschlafften, sein Priesterrock zerriß und die Bleiröhre durchknickte, dann, so sagte sich der Elende, war sein Sturz gewiß, und dabei packte ihn der Schrecken bis ins Innerste seines Leibes. Mit irrem Blick schielte er manchmal auf einen kleinen flachen Vorsprung hinab, den eine herausragende Plastik etwa zehn Fuß unter ihm bildete, und im tiefsten Grunde seiner verängstigten Seele bat er den Himmel, er möge ihn sein Leben auf jenem zwei Quadratfuß großen Känzelchen beenden lassen, und sollte es hundert Jahre dauern. Einmal maß er den Abgrund unter sich bis zum Domplatz; als er den Kopf wieder hob, hatte er die Augen geschlossen, und die ihm verbleibenden Haare waren gesträubt.

Das Schweigen der beiden Männer hatte etwas Erschreckendes. Während – wenige Fuß unter ihm – der Archidiakon diesen grauenhaften Todeskampf ausstand, weinte Quasimodo, den Grève-Platz vor dem Auge.

Als der Archidiakon sah, daß sein ganzes Gezappel einzig den schwachen Halt, der ihm verblieb, noch mehr schwächte, beschloß er, sich nicht mehr zu bewegen. So hielt er sich denn mit seiner ganzen Last an den Wasserspeier geklammert, atmete kaum und rührte sich nicht mehr; nur in der Bauchhöhle spürte er die gleichen unbeherrschbaren Krämpfe, wie man sie in Träumen hat, wenn man zu fallen wähnt. Seine Augen waren überweit geöffnet, sein Blick entgeistert. Allmählich aber sank er, seine Finger glitten am Wasserspeier ab, er fühlte seine Arme erlahmen und seinen Körper schwerer werden; die Bleiröhre, an der er sich hielt, bog sich zusehends mehr dem Abgrunde zu. Unter sich sah er, o Schreck, das Dach der Saint-Jean-le-Rond-Kirche, klein wie eine gefaltete Spielkarte. Er ließ den Blick dem Turm entlang über all die fühllosen Steinfiguren gleiten, die, wie er, über dem Abgrund hingen, aber keinerlei Furcht für sich selber und kein Erbarmen mit ihm empfanden. Alles rings um ihn war steinern: die großschnauzigen Ungeheuer vor ihm, und ganz zutiefst unter ihm der Platz und das Pflaster, und über ihm der weinende Quasimodo.

Ein paar unbescholtene Gaffer auf dem Domplatz suchten herauszufinden, wer wohl der Wahnwitzige war, der sich auf so absonderliche Weise belustigte. Da ihre Stimmen, schrill, aber vernehmbar, bis zu ihm empordrangen, hörte sie der Priester sagen: »Der wird sich noch das Genick brechen.«

Quasimodo weinte.

Endlich begriff der Archidiakon, schäumend vor Wut und Schrecken, daß alles vergeblich war. Dennoch raffte er alle ihm noch verbleibenden Kräfte zu einer letzten Anstrengung zusammen. Er bäumte sich unter dem Wasserspeier auf, stemmte sich mit beiden Knien von der Mauer ab, verkrallte sich mit den Händen in einer Spalte zwischen den Steinen und vermochte sich so schätzungsweise einen Fuß höher zu hissen; doch unter dieser Erschütterung knickte die Bleiröhre, auf die er sich stützte. Gleichzeitig schlitzte er dadurch seinen Rock ganz auf. Da, als er alles unter sich schwinden fühlte und sich nur noch mit steifen, versagenden Händen halten konnte, schloß der Unglückliche die Augen und ließ den Wasserspeier los. Er fiel.

Quasimodo sah ihn fallen.

Aus so großer Höhe stürzt ein Körper selten, ohne sich zu überschlagen. Der Archidiakon fiel zuerst kopfvoran und mit ausgestreckten Händen durch den Raum, dann drehte er sich etliche Male um sich selber. Der Wind trieb ihn aus der Fallinie ab und auf ein Hausdach, wo er die ersten Brüche erlitt. Doch war er bei diesem Aufschlag noch nicht tot. Der Glöckner sah, wie er sich am Hausgiebel mit den Nägeln festzuhalten suchte. Dieser war aber zu steil, und zudem fehlte ihm die Kraft. So glitt er rasch über das Dach hinunter, wie ein losgelöster Ziegel. Dann fiel er auf das Pflaster nieder, und dort rührte er sich nicht mehr.

Darauf schaute Quasimodo wieder zur Zigeunerin am Galgen hinüber und sah, wie dort, in der Ferne, ihr Körper sich unter dem weißen Rock in den letzten Zuckungen des Todeskampfes wand. Schließlich blickte er nochmals auf den Archidiakon nieder, der, keiner menschlichen Gestalt mehr ähnlich, auf dem Boden lag. Dann sagte er, aus tiefster Brust aufschluchzend: »Ach! Alles, was ich geliebt habe!«
(ebda., S. 729 ff.)

Danach verschwand Quasimodo für immer. Der Fund zweier sich umarmender Skelette auf dem Friedhof Montfauçon, wo früher Hingerichtete und folglich auch Esmeralda verscharrt wurden, trug zu der Legende bei, der Bucklige habe sich im Tode mit Esmeralda vermählt.

Victor Hugo Museum

Zuletzt suchen wir das Victor Hugo Museum auf der Place des Vosges auf. Wir schlendern die Rue de Rivoli und deren Fortsetzung Rue St. Antoine entlang, biegen in die kleine Gasse Rue de Birague ein, die uns direkt auf den Platz führt. Wir kommen auf einen streng symmetrisch gestalteten Platz, der bis heute eine städtebauliche Kostbarkeit darstellt. Konzipiert wurde er nach den Vorstellungen Heinrichs IV. als städtische Festkulisse, als prunkvoller Rahmen für Turniere, Hochzeiten, Empfänge und ähnliche gesellschaftliche Vergnügungen. Die Gestaltung wurde nach strenger Planung durchgeführt: im Erdgeschoß Arkaden, im Obergeschoß hohe Balkonfenster, die sogenannten ›porte-fenêtres‹ (›französische Fenster‹), darüber Fenster geringerer Höhe und abschließend das hohe Dach. Die Wiederholung der Ordnung rhythmisiert die ganze Anlage. Die beiden Torbauten, der ›pavillon de la Reine‹ und der ›pavillon du Roi‹, durch den wir den Platz betreten haben, stehen sich wie Wächter der insgesamt 36 Einheiten mit je 4 Arkaden und 4 Fenstern auf jeder Etage einander gegenüber. Farblich belebt werden die Wände durch den Wechsel des Materials zwischen rötlichem Backstein und dem hellgrauen Haustein.

Der Bau der Anlage dauerte sieben Jahre. Am 5. April 1612 weihte der Sohn Heinrichs IV, Ludwig XIII, diesen Platz mit einem dreitägigen Fest ein, an dem etwa hunderttausend Schaulustige den Turnieren zuschauten.

Der Platz und seine Umgebung wurde schnell zum Brennpunkt des Lebens der feinen Welt. Im Haus Nr. 21 soll Kardinal Richelieu gewohnt haben, im Haus Nr. 17 der berühmte Prediger Bischof Bossuet, im Haus Nr. 1 Madame de Sevigné, bevor sie das Hôtel Carnavalet, das heutige Stadtmuseum, mietete, um dort ihre glanzvollen Empfänge zu geben. Doch nach dem Umzug des Hofes nach Versailles verlor der Platz seine Bedeutung, vollends dann während der Revolution. 1799 erhielt die Anlage ihren noch heute gültigen Namen als Dank dafür, daß das

Departement Vosges nach der Revolution als erstes wieder seiner Steuerpflicht nachgekommen war.

Das Victor Hugo Museum befindet sich im Eckhaus Nr. 6. Dort in der 2. Etage hat der politisch streitbare Dichter von 1832–1848 gelebt. Hier schrieb er u.a. *Lucrezia Borgia, Maria Tudor* und *Claude Gueux*. Nach einem Brandanschlag 1848 gab er auf Drängen seiner verängstigten Frau diese Wohnung auf. Nach dem Staatsstreich Napoleons III mußte Hugo 1851 ins Exil, hatte er doch vergebens das Volk auf die Barrikaden gegen den Ursupator gerufen. Er blieb im Exil bis 1870, da er die 1859 allen Exilanten gewählte Amnestie für seine Person ablehnte. Das Volk nannte den leidenschaftlichen Sozialkämpfer liebevoll ›la bouche‹ (der Mund).

Seit 1902 beherbergt dieses Haus das Museum zu Hugos Ehren. Es besitzt u.a. 400 Zeichnungen, die eine weithin unbekannte Begabung des Dichters zeigen. Viele Photos vermitteln ein Bild vom Leben Hugos im Exil. Unter den Einrichtungsgegenständen ragen das von Hugo selbst geschnitzte chinesische Eßzimmer und drei monumentale Eichenschränke sowie ein Möbelstück ganz besonderer Art heraus: der vom Mme Hugo selbst angefertigte Tisch, in dessen Platte die Tintenfässer der Dichterkollegen Hugo, Dumas, Lamartine und George Sand fest eingelassen sind.

Victor Hugo, geboren am 26.2.1802 in Besançon – gestorben am 22.5.1885 in Paris.
La bouche (»der Mund«) nannte das Volk liebevoll den leidenschaftlichen Sozialkämpfer Victor Hugo, der sich mit seiner Stimme immer an die Menschheit in ihrer Gesamtheit wandte. Er betonte, »ein tausendstimmiges Echo der Weltenmitte« zu sein. Von ihm wird gesagt, er habe die lauteste Stimme aller französischen Schriftsteller im 19. Jahrhundert gehabt. Nach dem Staatsstreich 1851 durch Napoleon III rief er vergebens das Volk auf die Barrikaden und mußte ins Exil. Dort blieb er bis 1870, da er die 1859 allen Exilanten gewährte Amnestie für seine Person ablehnte. Stärkster Antrieb für sein literarisches Schaffen war ihm sein Bewußtsein einer engen und unmittelbaren Verbundenheit mit seinem Volk. Dieses hat es gespürt und gestaltete die Überführung des Leichnams ins Panthéon zu einem Triumphzug durch Paris.

HOTEL BERTHIER-LA TOUR
CIMETIERE MONTMARTRE
AVENUE CLICHY
St MICHEL
Square des Batignolles
Ste MARIE
CAULAINCOURT
LAMARCK
St PIERRE
SACRE-CŒUR
Square Willette
Moulin-Rouge
Th. des Deux Anes
Th. de Dix Heures
LYCEE J.-FERRY
BOULEVARD DE CLICHY
PL. DE CLICHY
BOULEVARD DES BATIGNOLLES
LYCEE CHAPTAL
Th. Hébertot
PL. PROSPER GOUBAUX
Th. de l'Œuvre
Th. de Paris
Casino de Paris
TRINITE
LYCEE ED. QUINET
LYCEE J. DECOUR
GARE ST. LAZARE
LYCEE RACINE
St AUGUSTIN
PLACE St AUGUSTIN
BOULEVARD HAUSSMANN
RUE SAINT LAZARE
LYCEE CONDORCET
Galeries Lafayette
Printemps
Th. des Mathurins
Th. Michel
MINIST. DE L'INTERIEUR
Egl. Anglaise
PALAIS DE L'ELYSEE
Amb. d'Angleterre
Amb. des Etats-Unis
HOTEL DE CRILLON
MINIST. DE LA MARINE
Th. des Ambassadeurs (Espace P. Cardin)
Automobile Club
PETIT PALAIS
PLACE DE LA CONCORDE
COURS LA REINE
Orangerie
JARDIN DES TUILERIES
QUAI D'ORSAY
RUE DE RIVOLI
Jeu de Paume
HOTEL INTER CONTINENTAL
Hôtel Meurice
ASSOMPTION
MINIST. DE LA JUSTICE
PLACE VENDOME
Trois Quartiers
MADELEINE
BOUL. DES CAPUCINES
Th. de l'Athénée (Louis Jouvet)
Olympia
Grand Hôtel
OPERA
AVENUE DE L'OPERA
BOUL. DES ITALIENS
OPERA STUDIO
HOTEL AMBASSADOR
HOTEL COMMODORE
MAIRIE DU 9e
Musée Grévin
Folies Bergère
Th. des Nouveautés
Th. des Variétés
BOUL. POISSONNIERE
PL. DE LA BOURSE
BOURSE
BIBLIOTH. NAT.
Sq. Louvois
Th. Palais Royal
PALAIS ROYAL
COMEDIE FRANÇAISE
PL. ANDRE MALRAUX
Hotel Régina
St ROCH
BANQUE DE FRANCE
HOT. DES POSTES
BOURSE DU COMMERCE
St EUSTACHE
FORUM DES HALLES
ORATOIRE
CHATEAUDUN
N.D. DE LORETTE
SYNAGOGUE
KOSSUTH
LAMARTINE
PL. St GEORGES
Th. St Georges
PL. D'ESTIENNE D'ORVES
PLACE DE L'EUROPE
MAIRIE DU 17e ARR.
ECOLE NORMALE D'INSTITUTRICES

Quer durch das Zentrum von Paris mit Heine und Balzac

ROUTE: (Metro Linien 8 und 9 Bonne Nouvelle) Rue de l'Échiquier – Die großen Boulevards – Börse – Nationalbibliothek – Palais Royal – Comédie Française – Place Vendôme – Place de la Concorde – Letzte »Matratzengruft« in der Avenue Matignon – Friedhof Montmartre

Bei diesem Spaziergang werden wir von **Heinrich Heine** begleitet. Ausgangspunkt ist deshalb Rue de l'Échiquier Nr. 38, dem zweiten der insgesamt 15 Wohnsitze Heines in Paris. Mit ihm räsonnieren wir vor wichtigen Gebäuden und markanten Punkten des politischen Lebens Frankreichs wie Börse, Palais Royal, Comédie Française, die Säulen auf den Plätzen Vendôme und Concorde, schlendern dann eine Wegstrecke entlang den Champs-Elysées hin zur letzten »Matratzengruft«, und beschließen den Tag mit einem Besuch am Grab Heines auf dem Friedhof Montmartre.

Farbige Schilderungen des städtischen Lebens aus den Federn von **Balzcac** und den **Brüdern Goncourt** zeichnen ein buntes Bild des gesellschaftlichen Lebens in der französischen Metropole des letzten Jahrhunderts.

Kunstbegriff und politische Erwartung

»Was ist in der Kunst das Höchste? Das, was auch in allen anderen Manifestationen des Lebens das Höchste ist: die selbstbewußte Freiheit des Geistes.« (Heinrich Heine, Lutezia, 2. Teil, aus: Heinrich Heine, Schriften über Frankreich, Heine Werke, Bd. 3, Frankfurt a.M. 1968, S. 499)

Das Höchste der Kunst in Beziehung zu »allen anderen Manifestationen des Lebens« zu sehen, das erfordert die volle Autonomie des Künstlers und die Verwirklichung des Rechts auf Freiheit für alle. Damit wollte Heine die in Deutschland vertretene Betonung der Kunst als etwas vom Zeitgeist Abgehobenes in Frage stellen. Nicht durch olympische Entfernung vom politischen Zeitbezug, sondern nur in der Auseinandersetzung mit der unmittelbaren Gegenwart entsteht nach seiner Ansicht bedeutende Kunst. Aufgrund der verschärften Zensurmaßnahmen zwischen 1830 und 1840 und der enttäuschenden politischen Zustände in Deutschland siedelte Heinrich Heine 1831 mit großen Erwartungen nach Paris über, wo er bis zu seinem Tod 1856 blieb. Frankreich galt für Heine nach den beiden Revolutionen von 1789 und 1830 als das Land der Freiheit auch für diejenige Klasse, deren Rechte bislang durch die Privilegien des Adels und der Kirche eng beschnitten waren. Doch neben euphorisch klingenden Zeilen über Paris und seinem dortigen Wohlbefinden meldete sich sehr schnell die bittere Erkenntnis zu Wort, daß seine Erwartungen bei weitem nicht mit den politischen und sozialen Gegebenheiten übereinstimmten. Entsprechend wählte Heine als Motto für die Berichte ›Französische Zustände‹ (1831/32): *Vive la France! quand même-*.

Heines Berichte über Frankreich, verfaßt für Cottas ›Augsburger Allgemeine Zeitung‹, sollten dem besseren Verständnis des Nachbarlandes dienen. Leitidee war ihm, durch das Begreifen der politischen Gegenwart Frankreichs, das Bewußtsein der Deutschen zu verändern mit dem Ziel, daß sich seine Landsleute nicht mehr von Kriegsgewinnlern der Geldaristokratie zu Haß und Krieg gegen das Nachbarland aufhetzen lassen.

Ich benutze diese Gelegenheit, um aufs bestimmteste zu erklären, daß ich, seit zwei Jahren, in keinem politischen Journal Deutschlands, außer der Allgemeinen Zeitung, eine Zeile drucken lassen. Letztere, die ihre weltberühmte Autorität so sehr verdient und die man wohl die Allgemeine Zeitung von Europa nennen dürfte, schien mir eben wegen ihres Ansehens und ihres unerhört großen Absatzes, das geeignete Blatt für Berichterstattungen, die nur das Verständnis der Gegenwart beabsichtigen. Wenn wir es dahin bringen, daß die große Menge die Gegenwart versteht, so lassen die Völker sich nicht mehr von den Lohnschreibern der Aristokratie zu Haß und Krieg verhetzen, das große Völkerbündnis, die Heilige Allianz der Nationen, kommt zu Stande, wir brauchen aus wechselseitigem Mißtrauen keine stehenden

Heine-Porträt von Franz Kugler, 1829

Heinrich Heine, geboren am 13. 12. 1797 in Düsseldorf – gestorben am 17. 2. 1856 in Paris. Durch das »Herz des Dichters« geht »der große Weltriß«. Mit diesem Satz zeigt Heine seine eigene Widersprüchlichkeit und Zerissenheit, die dazu geführt hat, daß er wie kein anderer zugleich bewundert und gescholten wurde. Dies gilt für seine Lyrik wie für seine politisch engagierte Literatur, mit der er als Mittler zwischen Frankreich und Deutschland auftrat. Ziel war ihm, mit seiner Literatur zur Veränderung der zeitgenössischen Wirklichkeit beizutragen. Das führte zwangsläufig zur Bewegungs- und Verwandlungsfähigkeit im Denken und Schreiben. Nichts fürchtete er bei sich mehr als Erstarrung und vorzeitige Fixierung auf Lebensstandpunkte. Das höchste Ideal des Dichters war für ihn nicht Unbeirrbarkeit, sondern lebendiges, wandlungsfähiges Verhalten gegenüber der Wirklichkeit.

Heere von vielen hunderttausend Mördern mehr zu füttern, wir benutzen zum Pflug ihre Schwerter und Rosse, und wir erlangen Friede und Wohlstand und Freiheit. Dieser Wirksamkeit bleibt mein Leben gewidmet; es ist mein Amt.
(Heine, Französische Zustände 1832, aus: Heine, Schriften über Frankreich, a.a.O., S. 64f)

Der Zielsetzung entsprechend beabsichtigten Heines literarisch-journalistische Arbeiten weniger eine gängige Berichterstattung als vielmehr politisch-ideologische Orientierung. Durch die ganz spezifische Eigenart seines Sehens wollte er die Leser herausfordern und zum geistigen Mitdenken anregen.

Um der deutschen Zensur zu entgehen und doch seiner Aufgabe als politisch bewußter Journalist mit literarischem Anspruch nachkommen zu können, griff Heine auf das alte Mittel der Unterscheidung von äußerem Wortlaut und innerem Wortsinn zurück:

Indem ich die Briefe, die ich vor geraumer Zeit anonym erscheinen ließ, jetzt unter meinem eignen Namen herausgebe, bin ich wohl berechtigt, bei dieser Anerkennung meiner Autorschaft das sogenannte Benefizium Inventarii in Anspruch zu nehmen, wie bei einer bedenklichen Erbschaft. Von der Billigkeit des Lesers erwarte ich, daß er sowohl die örtlichen als die zeitlichen Schwierigkeiten beachte, mit welchen ich zu kämpfen hatte, als ich jene Briefe zuerst drucken ließ. Für die Wahrheit dessen, was ich sagte, will ich allenfalls verantwortlich sein, nicht aber für die Art und Weise, wie ich die Ding sagte. Wer sich an das bloße Wort hält, dem wird es leicht werden, in meinen Berichten eine Menge von Widersprüchen und Leichtsinnigkeiten oder gar einen Mangel an ehrlichem Wollen herauszuklauben. Wer aber den Geist meiner Mittheilungen auffaßt, wird die strengste Einheit der Ansichten und unwandelbare Liebe für die Sache der Menschheit und ein Beharren in meinen demokratischen Grundsätzen, überall erblicken. Die örtlichen Schwierigkeiten, die ich eben erwähnt, waren die Censur; diejenige welche die Redakzion der Allg. Ztg. ausübte, war noch beengender als die Censur der bayrischen Staatsbehörde. Ich mußte das Schiff meines Gedankens oft mit Flaggen bewimpeln, deren Embleme nicht eben der rechte Ausdruck meiner Gesinnung waren. Aber den publizistischen Freibeuter kümmerte es wenig, von welcher Farbe der Lappen war, der am Mastbaum seines Fahrzeugs hing und womit die Winde ihr luftiges Spiel trieben: ich dachte nur an die gute Ladung, die ich an Bord hatte und in den Hafen der öffentlichen Meinung hineinschmuggeln wollte. Dieses gelang mir oft, und man darf mich nicht an dem Mittel mäkeln, das ich zuweilen anwandte, um den frommen Zweck zu erreichen. Die Tradizionen der Allg. Ztg. kennend, wußte ich z.B., daß sie es sich immer zur Aufgabe gestellt hatte, alle Fakta der Zeit nicht blos zur schnellsten Kenntniß des Publikums zu bringen, sondern sie

auch vollständig gleichsam wie in einem Weltarchiv einzuregistriren. Ich mußte daher darauf bedacht sein, alles was ich insinuiren wollte, das Ereigniß sowohl als meine Ansicht darüber, alles was ich dachte und fühlte, in die Form des Faktums zu kleiden, indem ich etwa fremden Personen meine Privatmeinungen in den Mund legte, oder gar parabolisch verfuhr. Meine Briefe enthalten daher viel Historietten und Arabesken, deren Symbolik nicht Jedem verständlich ist, und die dem rohen Gaffer als kleinliche Anekdotenkrämerei oder gar als Commerage erscheinen konnte. Bei diesem Bestreben, die Form des Faktums vorwalten zu laßen, war auch die Tonart ein wichtiges Mittel, wodurch ich es möglich machte, das Verfänglichste zu referiren. Die probateste Tonart war aber die Indifferenz.
(Heine, Lutezia, 1855, a.a.O., S. 313f)

Die Boulevards

Ein interessantes Beispiel für Heines Art des reflektierenden Schreibens erleben wir vor der Börse. Wir verlassen mit ihm seine enge Wohnstatt im Hinterhof der schattigen Rue de l'Échiquier und kommen schnell auf die großen Boulevards Poissonnière und Montmartre. Wir bewegen uns dabei auf der früheren Befestigungsanlage von Paris, die im Zuge der Ausweitung der Stadt durch die ständig wachsende Anzahl der Zuwanderer abgerissen worden ist. Die alte Befestigung trug den holländischen Namen ›bulwark‹, das ›Bohlenwerk‹ bedeutet und mit der deutschen Bezeichnung ›Bollwerk‹ identisch ist. Das durch die Abrißarbeiten freigewordene Terrain wurde nun nicht bebaut, sondern auf dem flachen Halbbogen um die Stadt rechts der Seine wurden zuerst Bäume gepflanzt, die man ›Cours‹ oder ›Rempart‹ nannte. Später ist dann die alte volkstümliche Bezeichnung wieder aufgenommen worden, und zwar in ihrer französischen Variante: ›Boulevard‹. Dieser Name wurde generell die Bezeichnung für jenen Typus der Baumstraße, die im Paris des 19. Jahrhunderts zum Zentrum des gesellschaftlichen Lebens wurde. **Honoré de Balzac** (1799–1850) nannte die Boulevards euphorisch das »Gedicht von Paris, in dem die Stadt sich ausdrückt oder ganz besonders sie selbst ist.« Den gesellschaftlichen Höhepunkt des Tages erfährt dieses pulsierende Herz der Metropole am Nachmittag:

Endlich, von 14.00 bis 17.00 Uhr, gelangt sein Leben auf den Höhepunkt; er (der Boulevard) gibt gratis seine große Vorstellung. Seine drei tausend Boutiquen glitzern, und das große Gedicht der Auslagen singt seine Strophen der Farben, von der Madeleine bis hin zum Tor St. Denis. Alle Künstler wider Willen spielen die Passanten dabei die Rolle des Chors in der antiken Tragödie: sie lachen, sie lieben, sie weinen, sie schmunzeln, sie träumen dumpf! Wie Schatten oder wie flackerndes Feuer bewegen sie sich!... Man passiert nicht zwei Boulevards, ohne einen Freund oder einen Feind zu treffen, oder ein Original, das zum Lachen oder zum Nachdenken anhält, oder

einen Armen, der um einen Sou bittet, oder einen Possenreißer, der nach einer Darstellung sucht, auch Bedürftige, aber der eine viel reicher als der andere.«
(Balzac, Histoire et Physiologie des Boulevards de Paris, Paris 1845, S. 91)

Das bunte Treiben auf den breiten Boulevards entstammt der vorindustriellen Zeit, als Leben und Arbeiten noch unter einem Dach vereint waren. In das Neben- und Miteinander des gesellschaftlichen Lebens waren auch die Straßen einbezogen, und zwar als Freiraum. Zeugnis davon legt die auch heute noch große Lust der Pariser ab, auf den Straßen zu sitzen, einen Kaffee zu trinken oder gar zu dinieren. Die Boulevards bargen nicht nur Geschäfte und Kleinbetriebe, sondern auch Theater und Konzertcafés, Varietés und feine Clubs, den Treffpunkten des soliden Bürgertums und der lässigen Bohème, von ›Monde‹ und ›Demi-monde‹. Angesichts der farbigen Lebenslust auf den Straßen ließ Heine sich zu dem Bild verleiten, der liebe Gott selbst, wenn er sich langweile, würde die Fenster seines Himmels öffnen, um sich vom geschäftigen Treiben auf den Boulevards unterhalten zu lassen.

Börsenspekulation

Mit Heine biegen wir nach links in die Rue Vivienne und stehen bald vor der Börse. Dieses monumentale Gebäude aus der Zeit Napoleons I mit den Stilanleihen bei antiken Tempelbauten veranlaßt den Dichter und Journalisten, der Ideologie der Geschäftemacher nachzusinnen, die im Innern der Börse so emsig mit ihren Pfunden wuchern:

Ich ärgere mich jedesmal, wenn ich die Börse betrete, das schöne Marmorhaus, erbaut im edelsten griechischen Stile, und geweiht dem nichtswürdig-

Die Börse, Stich um 1840

sten Geschäfte, dem Staatspapierenschacher. Es ist das schönste Gebäude von Paris; Napoleon hat es bauen lassen. In demselben Stile und Maßstabe ließ er einen Tempel des Ruhms bauen. Ach, der Tempel des Ruhms ist nicht fertig geworden; die Bourbonen verwandelten ihn in eine Kirche, und weihten diese der reuigen Magdalene; aber die Börse steht fertig in ihrem vollendetsten Glanze und ihrem Einflusse ist es wohl zuzuschreiben, daß ihre edlere Nebenbuhlerin, der Tempel des Ruhms, noch immer unvollendet und noch immer, in schmählichster Verhöhnung, der reuigen Magdalene geweiht bleibt. Hier, in dem ungeheuren Raume der hochgewölbten Börsenhalle, hier ist es, wo der Staatspapierenschacher, mit allen seinen grellen Gestalten und Mißtönen, wogend und brausend sich bewegt, wie ein Meer des Eigennutzes, wo aus den wüsten Menschenwellen die großen Bankiers gleich Haifischen hervorschnappen, wo ein Ungetüm das andere verschlingt, und wo oben auf der Galerie, gleich lauernden Raubvögeln auf einer Meerklippe, sogar spekulierende Damen bemerkbar sind. Hier ist es jedoch, wo die Interessen wohnen, die in dieser Zeit über Krieg und Frieden entscheiden.

Daher ist die Börse auch für uns Publizisten so wichtig. Es ist aber nicht leicht, die Natur jener Interessen, nach dem einwirkenden Ereignisse, genau zu begreifen, und die Folgen danach würdigen zu können. Der Kurs der Staatspapiere und des Diskontos ist freilich ein politischer Thermometer, aber man würde sich irren, wenn man glaubte, dieser Thermometer zeige den Siegesgrad der einen oder der anderen großen Fragen, die jetzt die Menschheit bewegen. Das Steigen und Fallen der Kurse beweist nicht das Steigen oder Fallen der liberalen oder servilen Partei, sondern die größere oder geringere Hoffnung, die man hegt für die Pazifikation Europas, für die Erhaltung des Bestehenden, oder vielmehr für die Sicherung der Verhältnisse, wovon die Auszahlung der Staatsschuldzinsen abhängt.
(Heine, Französische Zustände VIII, a.a.O., S. 158f)

Das Charakterbild der Börsenspekulanten spiegelt sich deutlich in deren Mienen, wie Heine am 7. Juni 1832 nach der Niederschlagung des republikanischen Aufstandes vom 5./6. Juni notiert. Trotz des stark emotional gefärbten Schreibstils ist nicht zu verkennen, wie geschickt Heine hier vorgeht, um der Zensur in Deutschland zu entschlüpfen, wenn er in seiner Schilderung der Ereignisse unvermittelt den Hinweis einflicht, er sei kein Republikaner.

Paris, 7. Jun.

Als ich gestern nach der Börse ging, um meinen Brief in den Postkasten zu werfen, stand das ganze Spekulantenvolk unter den Kolonnen, vor der breiten Börsentreppe. Da eben die Nachricht anlangte, daß die Niederlage der Patrioten gewiß sei, zog sich die süßeste Zufriedenheit über sämtliche Gesichter; man konnte sagen, die ganze Börse lächelte. Unter Kanonendonner gingen die Fonds um zehn Sous in die Höhe. Man schoß nämlich noch bis fünf Uhr; um sechs Uhr war der ganze Revolutionsversuch unterdrückt. Die Journale konnten also darüber schon heute so viel Belehrung mitteilen, als ihnen ratsam schien. Der Constitutionnel und die Débats scheinen die Hauptzüge der Ereignisse einigermaßen richtig getroffen zu haben. Nur das Kolorit und der Maßstab ist falsch. Ich komme eben von dem Schauplatze des gestrigen Kampfes, wo ich mich überzeugt habe, wie schwer es wäre, die ganze Wahrheit zu ermitteln. Dieser Schauplatz ist nämlich eine der größten und volksreichsten Straßen von Paris, die Rue St.-Martin, die an der Pforte dieses Namens auf dem Boulevard beginnt und erst an der Seine, an der Pont de Notre Dame, aufhört. An beiden Enden der Straße hörte ich die Anzahl der ›Patrioten‹, oder wie sie heute heißen, der ›Rebellen‹, die sich dort geschlagen, auf fünfhundert bis tausend angeben; jedoch, gegen die Mitte der Straße ward diese Angabe immer kleiner, und schmolz endlich bis auf fünfzig. Wie ist die Wahrheit! sagt Pontios Pilatus.

Die Anzahl der Linientruppen ist leichter zu ermitteln, es sollen gestern (selbst dem Journal des Débats zufolge) 40000 Mann schlagartig in Paris gestanden haben. Rechnet man dazu wenigstens 20000 Nationalgarden, so schlug sich jene Handvoll Menschen gegen 60000 Mann. Einstimmig wird der Heldenmut dieser Tollkühnen gerühmt; sie sollen Wunder der Tapferkeit vollbracht haben. Sie riefen beständig: Vive la République! und sie fanden kein Echo in der Brust des Volks. Hätten sie, statt dessen: Vive Napoléon! gerufen, so würde, wie man heute in allen Volksgruppen behauptet, die Linie schwerlich auf sie geschossen haben, und die große Menge der Ouvriers wäre ihnen zu Hülfe gekommen. Aber sie verschmähten die Lüge. Es waren die reinsten, jedoch keineswegs die klügsten Freunde der Freiheit. Und doch ist man heute albern genug, sie des Einverständnisses mit den Karlisten zu beschuldigen! Wahrlich, wer so todesmutig für den heiligen Irrtum seines Herzens stirbt, für den schönen Wahn einer idealischen Zukunft, der verbindet sich nicht mit jenem feigen Kot, den uns die Vergangenheit, unter dem Namen: Karlisten, hinterlassen hat. Ich bin, bei Gott! kein Republikaner, ich weiß, wenn die Republikaner siegen, so schneiden sie mir die Kehle ab, und zwar weil ich nicht auch alles bewundere, was sie bewundern; – aber dennoch, die nackten Tränen traten mir heute in die Augen, als ich die Orte betrat, die noch von ihrem Blute gerötet sind. Es wäre mir lieber gewesen, ich und alle meine Mitgemäßigten wären, statt jener Republikaner, gestorben.

Die Nationalgardisten freuen sich sehr ihres Sieges. In ihrer Siegestrunkenheit hätten sie gestern Abend fast mir selber, der ich doch zu ihrer Partei gehöre, eine ganz ungesunde Kugel in den Leib gejagt; sie schossen, nämlich heldenmütig auf jeden, der ihren Posten zu nahe kam. – Es war ein regnichter, sternloser, widerwärtiger Abend. Wenig Licht auf den Straßen, da fast alle Läden, eben so wie den Tag über, geschlossen waren. Heute ist wieder alles in bunter Bewegung, und man sollte glauben, nichts wäre vorgegangen.

Sogar auf der Straße St.-Martin sind alle Läden geöffnet. Trotz dem, daß man, wegen des aufgerissenen Pflasters und der Reste der Barrikaden, dort schwer passiert, wälzt sich jetzt, aus Neugier, eine ungeheure Menschenmasse durch die Straße, die sehr lang und ziemlich eng ist, und deren Häuser ungeheuer hoch gebaut. Fast überall hat dort der Kanonendonner die Fensterscheiben zerbrochen und überall sieht man die frischen Spuren der Kugeln; denn von beiden Seiten wurde mit Kanonen in die Straße hineingeschossen, bis die Republikaner sich in die Mitte derselben zusammengedrängt sahen. Gestern sagte man, in der Kirche St.-Mery seien sie endlich von allen Seiten eingeschlossen gewesen. Diesem aber hörte ich am Orte selbst widersprechen. Ein etwas hervorragendes Haus, Café Leclerque geheißen und an der Ecke des Gäßchens St.-Mery gelegen, scheint das Hauptquartier der Republikaner gewesen zu sein. Hier hielten sie sich am längsten; hier leisteten sie den letzten Widerstand. Sie verlangten keine Gnade und wurden meistens durch die Bajonette gejagt. Hier fielen die Schüler der Alfortschen Schule. Hier floß das glühendste Blut Frankreichs. –« (Heine, Franz. Zustände, Tagesberichte, a.a.O., S. 205 f)

Unweit der Börse, dieser Schaltzentrale der Hochfinanz, lädt eine Bücherherberge (mit ca. 7 Millionen Gästen) zur Stippvisite ein: die Nationalbibliothek (Eingang Rue de Richelieu Nr. 58). Seit 1724 ist sie die zentrale Bibliothek von Frankreich. Eines ihrer Herzstücke – abgesehen von den zierlichen Kleinodien, den prachtvollen alten Handschriften, den Inkunabeln und frühen Drucken und den vielen bibliophilen Raritäten – ist der Hauptsaal. Die 1868 erbaute imposante Eisenkonstruktion wird von 16 schlanken Säulen getragen und von einer Glaskuppel gekrönt. Acht Doppelreihen mit je zwölf Arbeitsplätzen, in deren Mitte Jugendstillampen mit abwechselnd grünem und schwarzem Schirm für ausreichend Licht sorgen, laden zur Lektüre der erlesensten Textzeugnisse aus der europäischen Geistesgeschichte ein. Auch Heine nahm dort gerne einen der sehr begehrten Lese- und Studienplätze ein. Er erzählte, »daß ich gleich bei meiner Ankunft nach der Bibliothek Royale (der alte Name für die Bibliothek, V. M.) gegangen und mir vom Aufseher der Manuskripte den Manessischen Kodex der Minnesänger hervorholen ließ. Seit Jahren gelüstete mich, mit eigenen Augen die teuren Blätter zu sehen, die uns unter anderen die Gedichte Walthers von der Vogelweide, des größten deutschen Lyrikers, aufbewahrt haben.« (Günther, Deutsche Dichter erleben Paris, Pfullingen 1979, S. 25)

Palais Royal

Wir verlassen die Nationalbibliothek und gelangen schnell in den Innenhof des Palais Royal, heute eine wertvolle Ruhezone inmitten der Hektik des Großstadtverkehrs. Ehemals hieß der Palais Royal ›Palais Cardinal‹, wurde er doch 1634–1639 auf dem Terrain ehemaliger Festungswälle

Der große Lesesaal der Nationalbibliothek, Stich 1869

als Dienstsitz für Kardinal Richelieu gebaut. Nach dessen Tod 1642 ging er an Ludwig XIII. Der Name wurde geändert, als der Palast zur Heimat der Königin Anna von Österreich wurde.

1692 wurde Philippe d'Orléans, der Bruder Ludwigs XIV, Besitzer des Palastes. Seine turbulente Geschichte begann 1780, als sich der Eigentümer des Palais Philippe Egalité, Duc de Chartres, wegen großer finanzieller Schwierigkeiten entschloß, aus dem toten Kapital des schönen Lustgartens Profit zu ziehen. Gegen große Widerstände setzte er durch, daß zweistöckige Häuserzeilen mit überdachten Promenaden und Säulenhallen so angeordnet und gebaut wurden, daß sie mit dem alten Palast ein Geviert nach dem Vorbild des Markusplatzes in Venedig bildeten. Der Duc legte dann in einer Hausordnung fest, daß nur Luxusgeschäfte und Vergnügungsstätten mit gehobenem Anspruch sich dort etablieren durften. Zu diesem *Palais Marchand* (›Palast der Händler‹), wie der Volksmund ihn schnell nennen sollte, hatte die Polizei keinen Zutritt. Deshalb siedelten sich dort nicht nur teure Geschäfte und Restaurants an, sondern auch die liberalen Clubs, konnte man doch dort die neuen politischen, meist antimonarchistischen Ideen ungehindert diskutieren und proklamieren. So wurde dieser Ort zu einer politischen Nachrichtenbörse und Gerüchteküche. Hier wurde letztendlich die große Revolution geistig vorbereitet. Für Danton war der Palais Royal der täglich aufgesuchte Lieblingsort, für Balzac dagegen ein einziger Ort des Lasters:

Es wird nicht überflüssig sein, ein Bild dieser anrüchigen Stätte zu zeichnen, die sechsunddreißig Jahre lang eine so große Rolle im Pariser Leben gespielt hat, so daß es wenig Leute über vierzig Jahre geben wird, denen eine für die heutige Jugend ganz unglaubhafte Beschreibung nicht noch jetzt Freude macht. Eine dreifache Reihe von Buden bildete zwei Galerien, die etwa zwölf Fuß hoch waren. Die in der Mitte gelegenen Buden gingen auf die beiden Galerien, deren Luft mephitisch war, und durch deren immer schmutzige Dachscheiben wenig Licht fiel. Diese Höhlen hatten infolge des Zustroms der Besucher einen solchen Preis erreicht, daß einige für tausend Taler vermietet wurden, obwohl sie kaum sechs Fuß breit und acht bis zehn lang waren. Die Bude, die auf den Garten und auf den Hof gingen, waren mit kleinen grünen Gittern umzogen, vielleicht um zu verhindern, daß die Menge durch ihre bloße Berührung die schlechten Gipswände eindrückte, aus denen die Hinterfront der Läden bestand. Auf diesem Zwischenraum von zwei oder drei Fuß Breite wuchsen die bizarrsten Erzeugnisse einer der Wissenschaft unbekannten Botanik und vermischten sich mit denen einiger anderer blühenden Industrien. Ein Stück Altpapier krönte einen Rosenstrauch, derart daß die Blumen der Beredsamkeit ihren Duft von den verkümmerten Blüten bezogen, die in diesem schlecht gepflegten, aber zum Nachteil der Nase reichlich begossenen Garten wuchsen. In den Büschen glühten Bänder oder die Zettel, die man in die Hand gedrückt bekommt, in allen Farben...

So schien von zwei Seiten eine übelriechende, abstoßende Borde die empfindlichen Leute vom Besuch der Galerien abzuhalten; aber die empfindlichen Leute schreckten vor diesen scheußlichen Dingen ebensowenig zurück wie in den Märchen die Prinzen vor den Drachen und den Hindernissen der bösen Fee. Durch die Galerien führte wie heute ein Durchgang, und wie heute begannen sie mit Säulenhalbbogen, die vor der Revolution begonnen und dann aus Geldmangel nicht weitergeführt worden waren. Die schöne steinerne Galerie, die zum Théâtre Français führt, bildete damals einen engen Durchgang von übermäßiger Höhe, der so schlecht bedeckt war, daß es oft hineinregnete. Sie hieß im Unterschied zu den hölzernen Galerien die gläserne Galerie. Diese Dächer waren überall in so schlechtem Zustand, daß das Haus Orléans in einen Prozeß mit einem berühmten Kaschmirhändler verwickelt wurde, dem eines Nachts ein großer Posten Ware verregnete. Der Kaufmann gewann den Prozeß. Bisweilen spannte man einfach zwei geteerte Leinwanddecken aus. Der Boden der gläsernen Galerie, wo Chevet den Grundstock zu seinem Vermögen legte, und der der hölzernen Galerie war der natürliche Boden von Paris, vermehrt um den Schmutz, den die Stiefel und Schuhe der Passanten herbeitrugen. Fortwährend stieß man auf Täler und Gebirge von verhärtetem Kot, den die Kaufleute unermüdlich zusammenfegten; man mußte an diese Art der Fortbewegung gewöhnt sein...

Zwanzig Jahre lang behauptete sich gegenüber, im Erdgeschoß des

Palais, die Börse. Alles wurde hier gemacht, die öffentliche Meinung, der Ruf, politische und finanzielle Geschäfte. Man gab sich vor und nach der Börse Stelldichein in den Galerien. Das Paris der Bankiers und Kaufleute füllte oft den Hof des Palais Royal und flutete, wenn es regnete, in die Galerien hinein, deren Akustik bewirkte, daß jedes Gelächter widerhallte, und daß man an dem einen Ende sofort wußte, worüber am anderen gestritten wurde. Es gab hier Buchhändler, Dichtung, Politik und Prosa, Modemagazine und schließlich Freudenmädchen, die nur am Abend kamen. Es war das Paradies der Nachrichten und der Bücher, des jungen und des alten Ruhms, der Verschwörungen der Tribüne und der Lügen der Buchhändler. Hier wurden die Neuerscheinungen dem Publikum verkauft, das sich darauf versteifte, sie nur hier zu kaufen. Hier sind an einem einzigen Abend mehrere tausend Exemplare irgendeiner der Schmähschriften Paul Louis Couriers oder jener »Abenteuer einer Königstochter« abgesetzt worden, mit denen das Haus Orléans den Kampf gegen die Verfassung Ludwigs XVIII. begann...

Die Läden der Modistinnen waren mit unbeschreiblichen Hüten gefüllt, die weniger zum Verkauf als zur Schau auszuliegen schienen, hingen sie doch alle zu hunderten an eisernen, oben wie Pilze geformten Spießen, waren mit ihren tausend Farben der Flaggenschmuck der Galerie. Zwanzig Jahre lang haben alle Spaziergänger sich gefragt, auf welchen Köpfen diese

Zola vor der Büste Balzac's, Karikatur von Daumier

Honoré de Balzac, geboren 1799 in Tours – gestorben 1850 in Paris.
»Was seinem Degen nicht gelang, will ich mit der Feder erreichen.« Diese selbstbewußte Zeile ritzte Balzac als junger Mann in den Sockel einer Napoleon-Statue. Der kleine, untersetzte und beleibte Tourainer mit den glutvollen gelbfunkelnden Augen setzte sich kein geringeres literarisches Ziel als Dantes ›Göttliche Komödie‹ irdisch zu wenden. Dazu bedurfte es einer Gabe, die Balzac allerdings in reichem Maße besaß: eine überschwengliche Phantasie, die fähig war, »einen vollkommenen zweiten Kosmos neben den irdischen zu stellen« (Stefan Zweig). Mittels einer Vielzahl teils mehr, teils weniger lokker miteinander verknüpfter Romane und Erzählungen, deren Gesamt ein einziges monumentales Werk ergibt, wollte er ein genaues Bild der Gesellschaft seiner Zeit wiedergeben, eine alle Facetten der menschlichen Gesellschaft umfassende ›Geschichte der Sitten‹ zeichnen, die ›Menschliche Komödie‹ (*Comedie Humaine*). Mit ihr begründete er den soziologischen Realismus im modernen Roman.

staubigen Hüte wohl ihre Tage beschlossen. Arbeiterinnen, die im allgemeinen häßlich, aber ausgelassen waren, ahmten in den Rufen, die sie den Frauen nachriefen, die Sprache der Hallen nach. Eine Grisette, deren Zunge ebenso ungebunden wie ihre Augen angreiferisch waren, saß auf einem Schemel und bot den Damen einen hübschen Hut, den Herren irgend etwas nach Wahl an. Zu dem reichen und malerischen Wortschatz kamen noch die Modulationen, die Blicke und die Bemerkungen über die Vorübergehenden...

Die Pariser Bevölkerung fand sich gegen drei Uhr, zur Börsenstunde, ein. Dann begannen die jungen Leute, die nach Literatur hungrig waren und kein Geld besaßen, ihre kostenlose Lektüre. Die Angestellten, deren Aufgabe es war, die ausgestellten Bücher zu bewachen, duldeten diese Sitte. Wenn es sich um einen Band von zweihundert Seiten handelte, wie etwa Smarra, Peter Schlemihl, Johann Sbogar oder Jocko, dann war er in zwei Sitzungen verschlungen. Damals gab es keine Lesekabinette; wenn man ein Buch lesen wollte, mußte man es kaufen; daher wurden auch Romane zu jener Zeit in einer Höhe abgesetzt, die heute märchenhaft erschiene. Man kann also in jenem den wißbegierigen und armen jungen Menschen gemachten Almosen einen französischen Zug sehn. Mit Anbruch der Nacht erreichte die Anziehungskraft des Bazars ihren Höhepunkt. Aus allen anliegenden Gassen strömte eine Unmenge von Dirnen zusammen, die sich hier frei bewegen durften. Aus allen Teilen von Paris eilten die Freudenmädchen in das Palais. Die steinernen Galerien gehörten bevorzugten Häusern, die dank besonderen Abgaben das Recht hatten, zwischen soundsoviel Säulengängen und davor im Garten Geschöpfe auszustellen, die wie Prinzessinnen gekleidet waren. Die hölzernen Galerien hingegen waren der Prostitution überwiesen, und das Palais bedeutete damals den Tempel des käuflichen Gewerbes schlechthin. Jede Frau konnte das Palais ungehindert mit ihrer Beute verlassen; daher traf sich abends in den hölzernen Galerien eine so beträchtliche Menge, daß man wie bei einer Prozession oder beim Maskenball im Schritt gehn mußte. Es störte niemand und ermöglichte die Prüfung. Die Frauen kleideten sich auf eine Weise, die nicht mehr existiert; sie waren bis zur Mitte des Rückens und auch auf der Brust sehr tief ausgeschnitten. Ihre seltsamen Frisuren, mit denen sie die Blicke auf sich zu lenken suchten – die eine kam als Spanierin, die andere mit Locken wie ein Pudel, die dritte mit glatten Bändern – die Beine in den engen weißen Strümpfen und den irgendwie immer sichtbaren Waden, diese ganze anrüchige Poesie ist verloren gegangen. Der Freimut, mit dem gefragt und geantwortet wurde, der herkömmliche Zynismus, der mit dem Ort in Einklang stand, findet sich weder auf dem Maskenball der Oper noch auf den heute so berühmten Bällen wieder. Es war abscheulich, und es war fröhlich. Das Fleisch der Schultern und der Brüste stach aus dem Dunkel der männlichen Kleidung hervor und bewirkte den prachtvollsten Gegensatz...

(Honoré de Balzac, Verlorene Illusionen, Reinbek 1977, S. 351 ff.

Ehe die Renovierungsarbeiten des Tuilerieschlosses beendet waren, wohnte der Sohn des Duc, der Bürgerkönig Louis-Philippe, in diesem Palais. An dessen Regierung hatten sich so viele Hoffnungen geknüpft, die doch sehr schnell zunichte gemacht werden sollten. Die ganze Unsicherheit des Souveräns gegenüber seinem Regierungsamt und die des Volkes in der Einschätzung des Bürgerkönigs umreißt Heine mit folgender Anekdote:

Ich erinnere mich noch sehr gut, daß ich bei meiner Ankunft gleich nach dem Palais Royal eilte, um Ludwig Philipp zu sehen. Der Freund, der mich führte, erzählte mir, daß der König jetzt nur zu bestimmten Stunden auf der Terrasse erscheine; früher aber, noch vor wenigen Wochen, habe man ihn zu jeder Zeit sehen können, und zwar für fünf Francs. Für fünf Francs! – rief ich mit Verwunderung – zeigt er sich denn für Geld? Nein, aber er wird für Geld gezeigt, und es hat damit folgende Bewandtnis: es gibt eine Sozietät von Claqueurs, Marchands de Contremarques und sonstigem Lumpengesindel die jedem Fremden anbieten, ihm für fünf Frs. den König zu zeigen; gäbe man ihnen zehn Frs., so werde man ihn sehen, wie er die Augen gen Himmel richtet und die Hand beteuernd aufs Herz legt; gäbe man aber zwanzig Frs., so solle er auch die Marseillaise singen. Gab man nun jenen Kerls ein Fünffrankenstück, so erhoben sie ein jubelndes Vivatrufen unter den Fenstern des Königs, und höchstderselbe erschien auf der Terrasse, verbeugte sich und trat wieder ab. Hatte man jenen Kerls zehn Frs. gegeben, so schrien sie noch viel lauter und gebärdeten sich wie besessen während der König erschien, welcher alsdann zum Zeichen seiner stummen Rührung die Augen gen Himmel richtete, und die Hand beteuernd aufs Herz legte. Die Engländer aber ließen es sich manchmal zwanzig Francs kosten, und dann ward der Enthusiasmus aufs höchste gesteigert, und sobald der König auf der Terrasse erschien, ward die Marseillaise angestimmt und so fürchterlich gegrölt, bis Ludwig Philipp, vielleicht nur um dem Gesang ein Ende zu machen, sich verbeugte, die Augen gen Himmel richtete, die Hand aufs Herz legte und die Marseillaise mitsang. Ob er auch mit dem Fuße den Takt schlug, wie behauptet wird, weiß ich nicht. Ich kann überhaupt die Wahrheit dieser Anekdote nicht verbürgen. Der Freund, der sie mir erzählte, ist seit sieben Jahren tot; seit sieben Jahren hat er nicht gelogen.
(Heine, Lutezia I, a.a.O., S. 400f)

Comédie Française

An der Westecke des Gevierts des Palais Royal wurde 1786–1790 das Théâtre Français (heute Comédie Française) errichtet (die Fassade zur Avenue de l'Opéra entstand erst 1863 im Zuge der großen Stadtsanierung). 1812 wurde das Haus von Napoleon I zum offiziellen Staatstheater erklärt und stand von da im Licht der öffentlichen Kritik. So meckert denn auch der leidenschaftliche Schauspielbesucher Heinrich Heine:

Das Théâtre Français besuchte ich sehr wenig; dieses Haus hat für mich etwas Ödes, Unerfreuliches. Hier spuken noch die Gespenster der alten Tragödie, mit Dolch und Giftbecher in den bleichen Händen; hier stäubt noch der Puder der klassischen Perücken. Daß man auf diesem klassischen Boden manchmal der modernen Romantik ihre tollen Spiele erlaubt, oder daß man den Anforderungen des älteren und des jüngeren Publikums, durch eine Mischung des Klassischen und Romantischen entgegenkommt, daß man gleichsam ein tragisches Juste-milieu gebildet hat, das ist am unerträglichsten. Diese französische Tragödiendichter sind emanzipierte Sklaven, die immer noch ein Stück der alten klassischen Kette mit sich herumschleppen; ein feines Ohr hört bei jedem ihrer Tritte noch immer ein Geklirre, wie zur Zeit der Herrschaft Agamemnons und Talmas.
(Heine, Französische Bühne, 6. Brief, a.a.O., S. 267)

Treppenhaus im Théâtre Français

Heines Kritik am Repertoire dieses Theaters ist nicht gleichbedeutend mit einer negativen Bewertung der schauspielerischen Fähigkeiten der Franzosen. Ganz im Gegenteil, wie ein Vergleich zwischen dem Spiel der französischen und der deutschen Mimen veranschaulicht:

Was aber das eigentliche Spiel der französischen Schauspieler betrifft, so überragen sie ihre Kollegen in allen Landen, und zwar aus dem natürlichen Grunde, weil alle Franzosen geborene Komödianten sind. Das weiß sich in alle Lebensrollen so leicht hineinzustudieren und immer so vorteilhaft zu drapieren, daß es eine Freude ist anzusehen. Die Franzosen sind die Hofschauspieler des lieben Gottes, les comédiens ordinaires du bon Dieu, eine auserlesene Truppe, und die ganze französische Geschichte kommt mir manchmal vor wie eine große Komödie, die aber zum Besten der Menschheit aufgeführt wird. Im Leben wie in der Literatur und den bildenden Künsten der Franzosen herrscht der Charakter des Theatralischen.

Was uns Deutsche betrifft, so sind wir ehrliche Leute und gute Bürger. Was uns die Natur versagt, das erzielen wir durch Studium. Nur wenn wir zu stark brüllen, fürchten wir zuweilen, daß man in den Logen erschrecken und uns bestrafen möchte, und wir insinuieren dann mit einer gewissen Schlauheit, daß wir keine wirklichen Löwen sind, sondern nur in tragische Löwenhäute eingenähte Zettel, und diese Insinuation nennen wir Ironie. Wir sind ehrliche Leute und spielen am besten ehrliche Leute. Jubilierende Staatsdiener, alte Dallners, rechtschaffene Oberforstmeister und treue Bediente sind unsere Wonne. Helden werden uns sehr sauer, doch können wir schon damit fertig werden, besonders in Garnisonstädten, wo wir gute Muster vor Augen haben. Mit Königen sind wir nicht glücklich. In fürstlichen Residenzen hindert uns der Respekt, die Königsrollen mit absoluter Keckheit zu spielen; man könnte es übel nehmen, und wir lassen uns dann unter dem Hermelin den schäbigen Kittel der Untertansdemut hervorlauschen. In den deutschen Freistaaten, in Hamburg, Lübeck, Bremen und Frankfurt, in diesen glorreichen Republiken, dürften die Schauspieler ihre Könige ganz unbefangen spielen, aber der Patriotismus verleitet sie, die Bühne zu politischen Zwecken zu mißbrauchen, und sie spielen mit Vorsatz ihre Könige so schlecht, daß sie das Königtum, wo nicht verhaßt, doch wenigstens lächerlich machen. Sie befördern indirekt den Sinn für Republikanismus, und das ist besonders in Hamburg der Fall, wo die Könige am miserabelsten gespielt werden. Wäre der dortige hochweise Senat nicht undankbar, wie die Regierungen aller Republiken, Athen, Rom, Florenz, es immer gewesen sind, so müßte die Republik Hamburg für ihre Schauspieler ein großes Pantheon errichten, mit der Aufschrift: den schlechten Komödianten das dankbare Vaterland!
(Heine, a.a.O., 7. Brief, S. 276f)

Der Erfolg eines Bühnenstückes hing in hohem Maße von der günstigen Aufnahme der Premiere durch das Publikum ab. Letztendlich entschieden die Besucher über die Anzahl der Aufführungen und damit ganz wesentlich über die finanzielle Situation des jeweiligen Autors. Es liegt auf der Hand, daß alle Dramendichter, die Debütanten genauso wie die ausgemachten Genies, ihrem Premierentag entgegenfieberten. Dies galt auch für die **Brüder Goncourt, Edmond** (1822–1896) und **Jules** (1830–1870). Als Erfinder des naturalistischen Romans und als scharfe Chronisten ihrer Zeit waren sie damals berühmt und gefürchtet zugleich. Ihrer Auffassung nach lag ihre Stärke in ihrer Gemeinsamkeit, wie sie in den Tagebüchern selbst ausführten:

Im Mai. Wir sind erstaunt darüber, noch immer nicht arriviert zu sein. Ich spreche nicht von unseren Büchern, unseren Titeln, unserem literarischen Wert. Ich denke an unsere geistige Bedeutung und Stärke. Zunächst einmal: das große Impedimentum des Mannes, die Liebe und das Weib, ist auf den einfachsten Ausdruck reduziert. Nichts von der Gefährtinnenschaft, die wir rund um uns sehen, nichts von der Dirnchenhörigkeit und den Nachäffungen der Ehe, die die Karriere des Mannes behindern, seine Gedanken beschäftigen, ihn von einem einzigen und beharrlichen Willen ablenken: die Liebe nimmt uns wöchentlich fünf Stunden, von sechs bis elf, und vorher und nachher keinerlei Gedanken.

Eine andere von unseren Stärken, eine ebenso seltene, ist unsere Beobachtungsgabe, die Musterung der Leute, ein Wissen und Lernen als moralische Physionomisten, das uns die Charaktere von der Nase ablesen und alle bis auf den Boden durchschauen läßt, an denen wir uns reiben, das uns ermöglicht, alle Sprungfedern der Marionetten zu berühren und jedermanns menschliche Natur zu erraten und abzuleiten: eine große Befähigung, um die Chancen für sich zu nützen, die Karten zu zinken, mit denen man spielt, das Glück zu bemogeln und den Nächsten zum besten zu haben.

Weiterhin noch der Charakter, eine positive Form der Seele, ein fester Standpunkt für Willen und Bewußtsein, der Charakter, der dem Handeln Festigkeit und dem Leben Folgerichtigkeit verleiht. Ratschlägen gegenüber keine Schwäche, gut fundierte Ideen, die uns eigenständig sind und die nichts ankränkelt.

Und dann vor allem, – und das ist wichtiger noch als die unablässig auf ein Ziel gerichtete Spannkraft des Geistes und des gesamten Wesens – sind wir zu zweit, er und ich. Den zweisamen Egoismus der Liebe, wir besitzen ihn mit all seiner Kraft und mit einer nie nachlassenden Intensität in der Brüderlichkeit. Man stelle sich, wenn man es vermag, zwei Menschen vor, zwei Gehirne, zwei Seelen, zwei Aktivitäten, zwei Willen, die miteinander verbunden, zusammengeschmiedet, noch bis in die Eitelkeit hinein verknüpft und verschmolzen sind! Sich gegenseitig stützend und stärkend, sich aneinander stemmend, ohne das Bedürfnis nach Zerstreuung, nach Hingabe zu

haben, und die sich nur gegenseitig ins Vertrauen ziehen; gekoppelte Geschosse, die denselben Weg machen, selbst wo es eine Kurve gibt. Wie kommt es nur, daß sie noch immer nicht ein Loch gerissen haben?
(Goncourt, Tagebücher, Frankfurt 1983, S. 102f.)

Trotz ihres Selbstbewußtseins zitterten also auch die Brüder Goncourt der Uraufführung ihres Theaterstückes *Henriette Marechal* entgegen:

5. Dezember. Wir kommen ins Theater. Es scheint uns ziemlich lebhaft und rundum voll Bewegung. Als Sieger des Abends klettern wir die Treppe hinauf, die wir so oft schon mit allerlei Ängsten erstiegen haben. Während des Tages haben wir uns fest geschworen, daß wir uns, sollten wir gegen Ende des Stückes sehen, wie die Begeisterung überhand nimmt, uns davonstehlen werden, um nicht im Triumph auf die Bühne gezerrt zu werden.

Neun Uhr. Beim Tabakhändler höre ich sagen, daß ein Stück von Ponsard ausgepfiffen worden ist. Heiße Ohren. Wir brauchen keinen Überzieher.

Die Theaterkorridore sind voller Leute. Bei allen herrscht etwas wie eine geschwätzige Erregung. Im Flug erhaschen wir Worte, das Raunen von Gerüchten: »Beim Anstehen hat man die Schalterbarriere zerbrochen!« Guichard kommt ins Foyer, in römischem Kostüm, ziemlich verwirrt: er ist in dem Stück von Ponsard ausgepfiffen worden. Nach und nach beginnen wir Gewitterluft zu atmen. Wir gehen hinab, reden mit unseren Schauspielern. Got sagt uns mit merkwürdigem Lächeln über die Zuschauer: »Sind nicht sehr zärtlich.«

Wir gehen zum Loch im Vorhang, versuchen in den Zuschauerraum zu sehen und erblicken nur eine Art Flimmern einer grell beleuchteten Menge. Und plötzlich hören wir, daß schon gespielt wird. Das Aufgehen des Vorhangs, die drei Schläge, diese feierlichen Momente, auf die wir warteten, sind uns völlig entgangen.

Und dann hören wir ganz verblüfft einen Pfiff, zwei Pfiffe, drei Pfiffe, einen Sturm von Schreien, dem ein Gewitter von Bravos antwortet.

Wir stehen hinter den Kulissen zwischen den Masken an einen Stützpfosten gelehnt. Wie mechanisch blicke ich auf den Ärmel aus blauer Seide am Kostüm einer Frau neben mir. Mir ist, als würfen mir die Statisten beim Vorüberkommen mitleidige Blicke zu. Und immer noch wird gepfiffen, und dann wird geklatscht.

Der Vorhang fällt, ohne Überzieher treten wir ins Freie. Uns ist heiß. Dann beginnt der zweite Akt: das Pfeifen setzt wütend von neuem ein, tierisches Geschrei, Nachäffen von Intonationen der Schauspieler. Alles wird ausgepfiffen, sogar noch die stummen Szenen. Und so geht die Schlacht weiter zwischen den Schauspielern, einem zahlreichen Publikum vom Orchester bis zu den Logen, das applaudiert, und dem ganzen Olymp droben, der mit Gewalt durch Schreie, Unterbrechungen, zornige Rufe, Gassenjungenwitze das Fallen des Vorhangs erzwingen will.

»Ah, es geht ein bißchen hoch her!« sagt Got von Zeit zu Zeit zu uns. Die ganze Zeit über bleiben wir an den Stützpfosten gelehnt stehen, empfangen es mitten ins Herz, bleich, nervös, aber aufrecht, ohne mit der Wimper zu zucken; durch unser beharrliches Dableiben zwingen wir die Schauspieler, bis zum Ende durchzuhalten.

Der Pistolenschuß ist gefallen. Der Vorhang sinkt beim Gejohle des Zuschauerraums. Ich sehe Madame Plessy (eine der Hauptdarstellerinnen) vorbeikommen, mit der Wut einer Löwin, halblaut stößt sie Verwünschungen gegen das Publikum aus, das sie beschimpft hat. Und hinter dem Vorhang hören wir während einer Viertelstunde wütendes Geschrei, das verhindern will, daß Got unsere Namen nennt.

Zwischen lärmenden und schreienden Gruppen hindurch, die die Galerien des Théâtre-Français füllen, gehen wir hinaus. Wir gehen mit Flaubert, Bouilhet, Pouthier und d'Osmoy in die Maison d'Or soupieren. Wir machen dort sehr gute Figur trotz einer Nervenkrise, die uns den Magen zuschnürt und uns Brechreiz verursacht, wenn wir irgend etwas an unsere Lippen führen. Flaubert kann sich nicht enthalten, uns zu sagen, er fände uns prächtig; und wir kehren heim, müde von der unermeßlichen Müdigkeit unseres Lebens, müde, als hätten wir zehn Nächte am Spieltisch verbracht. (Goncourt, a.a.O., S. 316ff.)

Es ist nachgewiesen, daß das Theaterstück der Goncourts einer politischen Kabale zum Opfer fiel. Denn die Brüder gehörten zum Hofstaat der Prinzessin Mathilde. Diese war aber die Rivalin der Kaiserin, die wiederum die Polizei auf ihrer Seite hatte. Indem man nun das Theaterstück der Günstlinge der Prinzessin auspfiff, glaubte man, deren Gönnerin selbst zu kränken. Die Rolle der claqueurs war bekannt und berüchtigt. Weniger bekannt, doch nicht minder wichtig, war die Rolle des *chatouilleur*. Aber was ist ein *chatouilleur*?

Wissen Sie, was ein Chatouilleur ist? Ich selber kenne die Bedeutung dieses Wortes erst seit kurzem, und verdanke dieser Belehrung meinem Barbier, dessen Bruder als Chatouilleur bei einem Boulevardstheater angestellt ist. Er wird nämlich dafür bezahlt, daß er bei der Vorstellung von Lustspielen, jedesmal wenn ein guter Witz gerissen wird, laut lacht und die Lachlust des Publikums aufreizt. Dieses ist ein sehr wichtiges Amt, und der Succès von vielen Lustspielen hängt davon ab. Denn manchmal sind die guten Witze sehr schlecht, und das Publikum würde durchaus nicht lachen, wenn nicht der Chatouilleur die Kunst verstände, durch allerlei Modulationen seines Lachens, vom leisesten Kichern bis zum herzlichsten Wonnegrunzen, das Mitgelächter der Menge zu erzwingen. Das Lachen hat einen epidemischen Charakter wie das Gähnen, und ich empfehle Ihnen für die deutsche Bühne die Einführung eines Chatouilleurs, eines Vorlachers. Vorgähner besitzen Sie dort gewiß genug. Aber es ist nicht leicht, jenes Amt zu verrichten, und

wie mir mein Barbier versichert, es gehört viel Talent dazu. Sein Bruder übt es jetzt schon seit fünfzehn Jahren, und brachte es darin zu einer solchen Virtuosität, daß er nur einen einzigen seiner feineren, halbgedämpften, halbentschlüpfenden Fistellaute anzuschlagen braucht, um die Menge in ein volles Juchzen ausbrechen zu lassen. Er ist ein Mann von Talent, setzte mein Barbier hinzu, und er verdient mehr Geld als ich.
(Heine, Französische Bühne, 8. Brief, a.a.O., S. 283)

Vendômesäule contra Obelisk

Wir verlassen den schönen und ruhigen Innenhof des Palais Royal und schlendern an den Geschäften mit den eleganten Auslagen der Rue St. Honoré vorbei, biegen an der Rue Castiglione nach rechts ab und kommen auf den Place Vendôme. Diese städtebauliche Kostbarkeit verdankt ihre Gestaltung dem Hofarchitekten Louvois unter Ludwig XIV. Louvois rettete durch seinen Einfluß auf den ›Sonnenkönig‹ diesen Platz, denn er stand damals zum Verkauf an. Aufgrund der Bevölkerungsexplosion im Viertel St. Honoré wollte die Stadtverwaltung den Platz parzellieren, um mehr Wohnraum zu schaffen. Nach der Idee eines Forums ließ Louvois den Platz als Rechteck mit abgekanteten Ecken anlegen und forderte eine strenge Außensymmetrie bei der Gestaltung der Fassaden. Es entstand ein Wohnraum für reiche Bürger, hohe Beamte und Steuerpächter, und wurde ein Ort für wichtige Ereignisse und weniger wichtige Klatschgeschichten. In den Jahren 1891–1895 lebte Theodor Herzl im

Die Vendômesäule, Stich 1860

Haus Nr. 15 und schrieb das politisch so brisante Buch über den Zionismus, ›Der Judenstaat‹. 1898 erwarb der Schweizer Bauernsohn Cesar Ritz das Haus und wandelte es in das legendäre Hotel Ritz um. Dort gab Marcel Proust seine Diners, dort hielt die Küche jede Nacht für den unweit entfernt leidenden und schreibenden Romancier ein frisches Glas Bier bereit, dort war Hemingway nach dem 2. Weltkrieg zu Hause, dort spielte die berühmte Filmschnulze ›Love in the Afternoon‹ mit Audry Hepburn und Gary Cooper. Im Haus Nr. 12 lebte und starb der polnische Komponist Chopin (1849), im Haus Nr. 19 wohnte zeitweise der berühmte Maler Antoine Watteau (1684–1721).

Solche Ereignisse, die sich entweder vor oder nach Heines Zeit dort abspielten, interessierten den politisch engagierten Dichter nicht. Sein Augenmerk war allein auf die Mitte des Platzes gerichtet. Dort nämlich stand und steht heute noch eine Säule, die eine sehr wechselvolle Geschichte erlebt hat.

Zuerst zierte ein Reiterstandbild Ludwigs XIV den Platz. Selbstverständlich wurde es während der Großen Revolution zerstört. Dann weihte Kaiser Napoleon I den Platz zu seinen Ehren mit einer Säule, die aus den in Austerlitz erbeuteten Kanonen gegossen und der Trajanssäule von Rom nachgebildet war. Doch nach Napoleons Sturz wurde sie 1814 demoliert und durch eine riesige Bourbonen-Lilie ersetzt. Nach der Abdankung der Bourbonen 1830 verschwand die Lilie und die Mitte des Platzes blieb erst einmal leer. Dann aber begann erneut die Diskussion über die zukünftige Gestaltung. Vor allem erhitzten sich die Gemüter an der Streitfrage, ob man den Korsen durch die Wiederherstellung des Denkmals mit seiner Statue posthum ehren sollte oder nicht. Heine bemerkte dazu mit gewohnter Schärfe:

Als ob die Vendômesäule nicht eben durch ihre Größe unsere Bewunderung erregte. Eben weil sie so groß ist und stark, will sich das Volk an sie lehnen, in dieser vagen, schwankenden Zeit, wo die Vendômesäule das Einzige in Frankreich ist, was fest steht.

Um diese Säule drehen sich alle Gedanken des Volks. Sie ist sein unverwüstliches eisernes Geschichtsbuch, und es liest darauf seine eigenen Heldentaten. Besonders aber lebt in seiner Erinnerung die schmähliche Art, wie von den Deutschen das Standbild dieser Säule mißhandelt worden, wie man dem armen Kaiser die Füße abgesägt, wie man ihm gleich einem Diebe, einen Strick um den Hals gebunden, und ihn herabgerissen von seiner Höhe. Die guten Deutschen haben ihre Schuldigkeit getan. Jeder hat seine Sendung auf dieser Erde, unbewußt erfüllt er sie und hinterläßt ein Symbol dieser Erfüllung. So sollte Napoleon in allen Ländern den Sieg der Revolution erfechten; aber uneingedenk dieser Sendung, wollte er durch den Sieg sich selbst verherrlichen, und egoistisch erhaben stellte er sein eigenes Bild auf die erbeuteten Trophäen der Revolution, auf die zusammengegossenen

Kanonen der Vendômesäule. Da hatten die Deutschen nun die Sendung, die Revolution zu rächen, und den Imperator wieder herabzureißen von der usurpierten Höhe, von der Höhe der Vendômesäule. Nur der dreifarbigen Fahne gebührt dieser Platz, und seit den Juliustagen flattert sie dort siegreich und verheißend. Wenn man in der Folge den Napoleon wieder hinaufsetzt auf die Vendômesäule, so steht er dort nicht mehr als Imperator, als Cäsar, sondern als ein durch Unglück gesühnter und durch Tod gereinigter Repräsentant der Revolution, als ein Sinnbild der siegenden Volksgewalt.
(Heine, Französische Zustände Art. V, a.a.O., S. 129)

Heine erinnert in jenen Tagen kühn an Waterloo, indem er das Desaster des Kaisers und die Neuaufstellung des Denkmals in dem Sinne zusammenfügte, daß die Statue des Kaisers Sinnbild für die Bemühungen um einen bleibenden Frieden in Europa werden würde:

Auf diese eiserne Säule stellt den Napoleon, den eisernen Mann, hier wie im Leben fußend auf seinen Kanonenruhm, und schauerlich isoliert emporragend in den Wolken, so daß jedem ehrgeizigen Soldaten, wenn er ihn dort oben, den Unerreichbaren, erblickt, das gedemütigte Herz geheilt wird von der eitlen Ruhmsucht, und solchermaßen diese kolossale Metallsäule, als ein Gewitterableiter des Heldentums, den friedlichsten Nutzen stifte in Europa.
(Heine, a.a.O., S. 129)

1833 wurde Napoleon wieder auf die Säule gestellt, zuerst mit seinem Dreispitz, 1868 aber erneut in einer römischen Toga. 1871 wurde unter Anführung des Malers Courbet, der die Säule respektlos ›Zwiebelflöte‹ nannte, das Denkmal ein weiteres Mal gestürzt, 1874 aber auf Kosten des Malers wieder aufgestellt. Heute ziert Napoleon in römischer Toga und der luftigen Höhe von 44 m den Platz, wobei die Frage erlaubt sein darf, ob diese Höhe nicht die doch sehr genauen und schönen Proportionen der Anlage empfindlich stört.

Wir verlassen den Platz und kommen an der Kirche Madeleine vorbei. Diese erkor Napoleon I einst zur Ruhmeshalle für seine Armee. Später wurde sie dann der Kirche übergeben und dient heute vornehmlich als Ort, wo sich die Schickeria trauen läßt. Heine mochte diesen Bau nicht und stufte ihn als häßliches Gegenstück zur Börse ein.

Entlang der Rue Royale kommen wir auf den weiträumigen Place de la Concorde. Von seinem Mittelpunkt aus hat man einen schönen Rundblick: vom Louvre bis hin zum Arc de Triomphe entlang der sogenannten ›Königsachse‹, hinüber auf das andere Sein-Ufer zur Depurtiertenkammer, zum Quai d'Orsay, zum Eiffel-Turm. In der Mitte des Platzes erhebt sich der 22,8 m hohe und 230 Tonnen schwere Obelisk aus Luxor, ein Monolith aus der Zeit Ramses II, also aus dem 13. Jahrhundert v. Chr.

Place de la Concorde und Champs-Elysées, Lithographie um 1840

1831 schenkte der ägyptische Pascha dem Bürgerkönig Louis Philippe diesen mächtigen Stein, dessen Transport und Aufstellung fünf Jahre in Anspruch nahm. Heine machte sich so seine Gedanken über den einsamen Obelisken inmitten des weiten Place de la Concorde:

Jener, der Obelisk, stand einst vor den lotosknäufigen Riesensäulen am Eingang des Tempels von Luxor, welcher wie ein kolossaler Sarg aussieht, und die ausgestorbene Weisheit der Vorwelt, getrocknete Königsleichen, einbalsamierten Tod enthält. Neben ihm stand ein Zwillingsbruder von demselben roten Granit und derselben pyramidalischen Gestalt, und ehe man zu diesen beiden gelangte, schritt man durch zwei Reihen Sphinxe, stumme Rätseltiere, Bestien mit Menschenköpfen, ägyptische Doktrinäre. In der Tat, solche Umgebung war für den Obelisken weit geeigneter als die, welche ihm auf der Place Louis Quinze zuteil ward, dem modernsten Platz der Welt, dem Platz, wo eigentlich die moderne Zeit angefangen und von der Vergangenheit abgeschnitten wurde mit frevelhaftem Beil. – Zittert und wackelt vielleicht wirklich der große Obelisk, weil es ihm graut, sich auf solchem gottlosen Boden zu befinden, er, der gleichsam ein steinerner Schweizer in Hieroglyphenlivree jahrtausendelang Wache hielt vor den heiligen Pforten der Pharaonengräber und des absoluten Mumientums? Jedenfalls steht er dort sehr isoliert, fast komisch isoliert, unter lauter theatralischen Architekturen der Neuzeit, Bildwerken im Rokokogeschmack, Springbrunnen mit vergoldeten Najaden, allegorischen Statuen der französischen Flüsse, deren Piedestal eine Portierloge enthält, in der Mitte zwischen dem Arc de Triomphe, den Tuilerien und der Chambre des Deputés –
(Heine, Lutezia I, a.a.O., S. 446–447)

Etwa zwei Meter neben dem Obelisken in Richtung der Champs-Elysées befindet sich ein Gedenkstein, der an das blutige Geschehen während der Großen Revolution erinnern soll. Etwa genau an der Stelle, wo Ludwig XVI guillotiniert wurde, hat die Stadt Paris anläßlich der 200jährigen Revolutionsfeiern 1989 den Stein in das Pflaster eingelassen (s. auch Kapitel 7, Place de la Concorde)

Wir schlendern auf der rechten Seite der Champs Elysées entlang, vorbei an dem legendären Toilettenhäuschen, in welches sich die Großmutter von Marcel Proust vor ihrem geliebten Enkel rettete, um vor ihm ihren Schlaganfall zu verbergen, und gelangen zum Rond-Point. Dort an der Ecke, Avenue Matignon Nr. 3, im 5. Stock, war Heines letzte Wohnung in Paris, seine letzte »Matratzengruft« (Gedenkstein oberhalb des Portals des neuen Gebäudes). Hier verfaßte er 1854 das erschütternde Gedicht ›Babylonische Sorgen‹.

Babylonische Sorgen
Mich ruft der Tod – Ich wollt, o Süße,
Daß ich dich in einem Wald verließe,
In einem jener Tannenforsten
Wo Wölfe heulen, Geier horsten
Und schrecklich grunzt die wilde Sau,
Des blonden Ebers Ehefrau.

Mich ruft der Tod – Es wär noch besser,
Müßt ich auf hohem Seegewässer
Verlassen dich, mein Weib, mein Kind,
Wenngleich der tolle Nordpol-Wind
Dort peitscht die Wellen, und aus den Tiefen
Die Ungetüme, die dort schliefen,
Haifisch' und Krokodile, kommen
Mit offnem Rachen emporgeschwommen –
Glaub mir, mein Kind, mein Weib, Mathilde,
Nicht so gefährlich ist das wilde,
Erzürnte Meer und der trotzige Wald,
Als unser jetziger Aufenthalt!
Wie schrecklich auch der Wolf und der Geier,
Haifische und sonstige Meerungeheuer:
Viel grimmere, schlimmere Bestien enthält
Paris, die leuchtende Hauptstadt der Welt,
Das singende, springende, schöne Paris,
Die Hölle der Engel, der Teufel Paradies –
Daß ich dich hier verlassen soll,
Das macht mich verrückt, das macht mich toll!

Mit spöttischem Sumsen mein Bett umschwirrn
Die schwarzen Fliegen; auf Nas und Stirn
Setzen sie sich – fatales Gelichter!
Etwelche haben wie Menschengesichter,
Auch Elefantenrüssel daran,
Wie Gott Ganesa in Hindostan. – –
In meinem Hirne rumort es und knackt,
Ich glaube, da wird ein Koffer gepackt,
Und mein Verstand reist ab – o wehe –
Noch früher als ich selber gehe.
(Heinrich Heine, Sämtliche Schriften 6,1, Darmstadt 1975, S. 193 f.)

Heines Grab auf dem Montmartre-Friedhof

Mit der Metro Linie 13 (Station Champs-Elysée Clemenceau) fahren wir nun zur Place Clichy und besuchen Heines Grab auf dem Friedhof Montmartre. Das Grab wird geschmückt von einer Skulptur des dänischen Bildhauers Hasselriis. Im Auftrag gegeben hatte diese Arbeit die österreichische Kaiserin (›Sissy‹) Elisabeth. Sie wollte die Skulptur Heines Gebursstadt Düsseldorf schenken, die aber dankend ablehnte. Also zierte der Kopf des kritischen Denkers die Villa der Kaiserin ›Achilleion‹ auf Korfu. Nach ihrer Ermordung kaufte Kaiser Wilhelm II die Villa, wollte aber aufgrund seiner Abneigung gegenüber dem kritischen Dichter Heines Büste nicht mit übernehmen. So kam sie endlich nach Paris. Ein Abguß befindet sich in der Eingangshalle des ›Maison Heinrich Heine‹, dem deutschen Haus in der Cité Internationale Universitaire de Paris. Auf dem Grabstein Heines ist das Gedicht ›Wo?‹ aus der ›Nachlese‹ eingraviert:

Wo?
Wo wird einst des Wandermüden
Letzte Ruhestätte sein?
Unter Palmen in dem Süden?
Unter Linden an dem Rhein?

Werd ich wo in einer Wüste
Eingescharrt von fremder Hand?
Oder ruh ich an der Küste
Eines Meeres in dem Sand?

Immerhin! Mich wird umgeben
Gotteshimmel, dort wie hier,
Und als Totenlampen schweben
Nachts die Sterne über mir.
(Heine, Schriften I, a.a.O., S. 266)

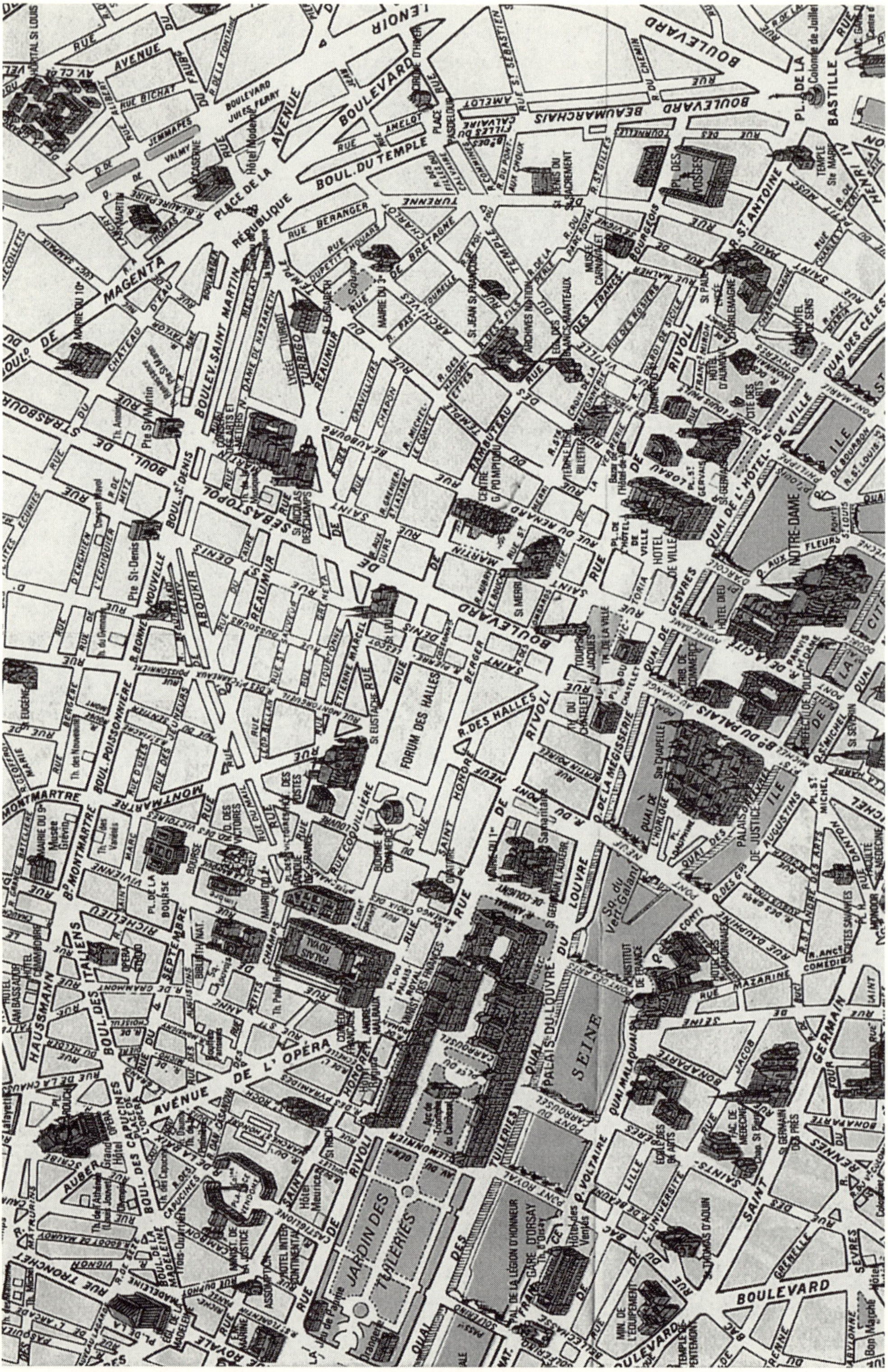

BOULEVARD BEAUMARCHAIS
BOUL. DU TEMPLE
PLACE DE LA RÉPUBLIQUE
MAGENTA
BOUL. DE STRASBOURG
BOULEV. SAINT MARTIN
SEBASTOPOL
REAUMUR
FORUM DES HALLES
RIVOLI
CENTRE G. POMPIDOU
HOTEL DE VILLE
NOTRE-DAME
SEINE
PL. DES VOSGES
BASTILLE
JARDIN DES TUILERIES
AVENUE DE L'OPÉRA
HAUSSMANN
PALAIS ROYAL
MONTMARTRE
QUAI DU LOUVRE
INSTITUT DE FRANCE
BONAPARTE
BOULEVARD

Die Erneuerung von Paris während der Ära Haussmann im Werk von Emile Zola

Die Ära Haussmann während des 2. Kaiserreichs 1852–1871 wurde für Paris zu jener Epoche, in der sie sich zur modernen Metropole entwikkelte, die sie zur Hauptstadt Europas werden ließ. Die zwei Jahrzehnte bewegter Stadtumwandlung fanden ihren literarischen Niederschlag im Romanwerk von **Emile Zola**, das sehr detailliert über jene Zeit mit ihren lichten und dunklen Seiten Aufschluß gibt.

Um jener Epoche ein wenig näherzukommen, empfiehlt es sich, anhand einer Auswahl des gewaltigen, 20 Bände umfassenden Opus zwei Spaziergänge zu machen, wobei auch Balzac und die Brüder Goncourt zur Schilderung der großen Metamorphose von Paris beitragen.

Die erste Wanderung konzentriert sich auf die Stadtmitte, während der zweite Spaziergang den Bezirk zwischen Oper, Montmartre und dem Viertel der ganz Reichen erkundet.

Erster Spaziergang

ROUTE: (Metro Station Palais Royal Linien 1 und 7) Cour Napoléon mit Glaspyramide – Rue de Rivoli – Forum des Halles – Centre Pompidou

Baron Haussmann und die ›Transformation de Paris‹

Seit Mitte der siebziger Jahre dieses Jahrhunderts greifen große Bauobjekte tief in die Stadtlandschaft von Paris ein und führen zu einer Veränderung des urbanen und sozialen Aussehens der Metropole (z. B. Centre Pompidou 1977, Forum des Halles 1979, Musée d'Orsay 1986, Palais Omnisports Bercy 1984, Opéra Bastille 1989, Parc urbain de la Villette 1986, la Défense 1975–1989). Doch so kühn und zukunftsweisend sich die futuristischen Gebilde auch ausnehmen mögen: ihr heute noch erlebbares Gesicht hat die Seine-Stadt vor mehr als hundert Jahren erhalten. Die derzeitige Erneuerung kann so gesehen allenfalls ergänzen und aktualisieren, ohne jedoch die Züge jener Handschrift zu verwischen, mit der das zweite Kaiserreich sein Paris umgestaltet hat.

»Seine Majestät der Kaiser hatte Eile, mir einen Plan von Paris zu zeigen, auf dem er eigenhändig mit blauen, roten, grünen oder gelben Strichen, je nach ihrer Dringlichkeit, die neuen Straßenzüge eingezeichnet hatte, die er anlegen lassen wollte.« Baron **Georges-Eugène Haussmann** (1809–1891) datiert diese Szene auf den 23. Juni 1853, als er von Napoleon III zum Präfekten des Seine-Départements ernannt und mit der Aufgabe betraut worden war, die ›Transformation de Paris‹ unverzüglich in Angriff zu nehmen. Die Notwendigkeit einer Stadterneuerung ist mehrfach gefordert worden, wie immer wieder behauptet wird. Selbstverständlich wollte die Regierung mit einem neuen Straßenkonzept auch die

Baron Georges-Eugène Haussmann

Möglichkeit eines Barrikadenbaus in den engen Gassen zu verhindern suchen, die bei Revolutionsversuchen so schnell errichtet werden konnten, und in der Tat die Ile de la Cité 1848 zu einer nicht einnehmbaren Festung gemacht hatten. Es spielten auch andere Gründe mit, die eine umfassende Stadtsanierung unumgänglich machten: so die unhaltbaren hygienischen Zustände und der aufkommende Verkehr im Zuge der Industrialisierung. Es bleibt aber anzumerken, daß Haussmanns Pläne und Arbeiten keineswegs ohne Vorgeschichte in Paris waren. Vielmehr hat er nur mit der Kaltblütigkeit eines Militäringenieurs und mit den technischen Mitteln des Industriezeitalters das vollendet, was schon Generationen zuvor dem Stadtbild eingeschrieben worden war, nämlich die geometrisch kühle Rationalität der im 17. und 18. Jahrhundert geschaffenen Achsen, Plätze und Monumente als Ausdruck eines rationalen Verkehrsschemas, das letztendlich auf die Stadtarchitektur der Römer zurückging.

Unser Spaziergang soll auf dem Cour Napoléon, dem Innenbereich des Louvre, beginnen. Hier lassen wir uns von Balzac farbig und bissig die urbane Szenerie schildern, wie sie vor der Neugestaltung bestand.

Daß man das alte Häuserviertel längs des Louvre noch immer bestehen ließ, war einer der vielen Widersprüche gegen den gesunden Menschenverstand, den die Franzosen sich leisteten, um Europa zu beweisen, daß der Fortschritt gar nicht so gefährlich ist, wie er immer hingestellt wird. Es mag sein, daß man damit unbewußt eine große politische Idee verfolgte. Und darum erscheint es uns wichtig genug, diesen Schmutzwinkel im modernen Paris zu beschreiben. In späterer Zeit wird man es vielleicht kaum glauben wollen, daß so etwas tatsächlich existiert hat. Unsere Enkel, die zweifellos das Louvre vollendet sehen werden, werden es ganz gewiß nicht für möglich halten, daß es so lange in einer ihm unwürdigen Umgebung stehen konnte. Dieses Palais, im Herzen von Paris, in dem drei Dynastien in einem Zeitraum von sechsunddreißig Jahren die geistigen und politischen Spitzen Frankreichs und ganz Europas empfangen haben.

Von dem Tor aus, das nach dem Pont du Carrousel und der Rue du Musée führt, fallen einem sofort etwa ein Dutzend Häuser auf, deren Fassaden einen äußerst baufälligen Eindruck machen. Die Besitzer halten es nicht der Mühe wert, diese alten Baracken zu renovieren. Sie sind die Überbleibsel eines Viertels, das zerstört wurde, als Napoleon mit Macht daran ging, das Louvre zu vollenden. Die Rue du Doyenne mit ihrer finsteren Sackgasse sind die einzigen Zufahrten zu diesem Stadtteil, dessen Bewohner ein gei-

Straßendurchbruch in der Ära Haussmann

sterhaftes Schattendasein führen. Man sieht sehr selten einen Menschen auf der Straße. Das Pflaster, viel tiefer als das der Rue du Musée, liegt auf gleicher Höhe mit dem der Rue Froidmanteau. Schon durch die Erhöhung des Platzes sind diese Häuser wie von Lava verschüttet. Dazu kommt noch, daß die undurchdringlichen Schatten, die die hohen, vom Nordwind geschwärzten Galerien des Louvre werfen, wie ein Herbstabend auf das zurückgedämmte Licht drücken. Finsternis, Schweigen, eisige Luft und die kellerartige Tiefe des Bodens machen diese Häuser zu Grüften, zu Gräbern mit lebendig hinuntergestoßenen Menschen. Wer in einem Wagen an diesem schauerlichen Viertel entlangfährt, kann das Gruseln bekommen, und man kann es keinem übelnehmen, wenn er sich ohne Not nicht hineinwagt, besonders nachts nicht, wenn sich der Abschaum von Paris hier ein Stelldichein gibt und alle Laster sich breit machen können. Dieses an sich schon beunruhigende Gefühl bedrückt einen vollends, wenn man auf die langhingestreckten Moräste sieht, die sich von hier aus nach der Rue de Richelieu zu hinziehen, auf die unglaubliche Wüstenei von Pflastersteinen, auf unheimliche Baracken, Holzstöße und Abfallgerümpel. Heinrich der Dritte und seine Lieblinge, die ihre Hosen, und Margaretes Liebhaber, die ihre Köpfe suchen, mögen im unheimlichen Schein des Mondes in dieser Wüstenei ihre Menuetts tanzen. Und eine schwarzgrün emporgewölbte Kuppel beherrscht die Szene. Und steht da, als wolle sie obendrein beweisen, wie mächtig die katholische Kirche in Frankreich trotz allem noch ist.

Seit vierzig Jahren schreit das Louvre aus allen offenen Mäulern seiner geborstenen Mauern, aus den ewig gähnenden Fensterhöhlen: Vertilgt diesen Schandfleck von meinem Körper! Ohne Zweifel sieht man aber in dieser Räuberhöhle etwas unbedingt Notwendiges, nämlich im Herzen von Paris das Elend gleichsam als Symbol gegen den aufdringlichen Glanz des Reich-

tums zu stellen. Und wer kann wissen, ob nicht diese Ruinen, in deren Höhlen sich die Zeitung der Legitimisten die tödliche Krankheit holte, diese verruchten Baracken der Rue du Musée mit ihren Bretterbuden und Kramständen ein längeres und glücklicheres Dasein haben werden als alle die drei Herrscherhäuser zusammen!
(Balzac, Tante Lisbeth, Reinbek 1977, S. 96)

Für die Aufgabe, die ›Transformation de Paris‹ so schnell als möglich in Angriff nehmen zu können, schuf Baron Haussmann zuerst die notwendige rechtliche Voraussetzung: er boxte gegen alle Widerstände ein neues Enteignungsgesetz durch, womit ihm möglich wurde, die anstehenden Abrißarbeiten ganzer Straßenzüge, so z. B. auch die inmitten des Cour Napoléon, durchzuführen.

Einige Zahlen illustrieren das Ausmaß der ›Transformation de Paris‹ unter Haussmann: im alten Innenstadtbezirk wurden 25000 Gebäude abgerissen und dafür am Stadtrand 40000 Neubauten erstellt. Die Gesamtlänge der neu angelegten Straßenzüge beträgt 90 km, die sich zwischen den beiden ›Zentralgestirnen‹ Place de l'Etoile (heute Place Charles de Gaulle) im Westen und Place du Trône (heute Place de la Nation) im Osten ausdehnten. Wie aufgehängt erscheint das gesamte Straßennetz zwischen diesen beiden Verkehrsknotenpunkte.

Aus der Vielzahl der Bauobjekte, die damals entstanden, seien hier nur die neue Oper (Palais Garnier), die aber erst 1875, also nach der Ära Napoleons III fertiggestellt wurde, die neuen Markthallen und das gesamte Kanalisationssystem genannt; es blieb nicht aus, daß die umfangreichen Bauarbeiten auch zur Zerstörung ehemals als malerisch geltender Stadtviertel führte; so wurde vor allem das Herz von Paris, die Ile de la Cité, durch die Ausweitung der klobigen Verwaltungsgebäude (Justizpalast, Polizeipräfektur und Handelsgericht) seines ursprünglichen Charakters entkleidet. Eigentlich wollte Haussmann die Insel vollständig entvölkern, doch wohnten dort viele Advokaten, die durch juristische Winkelzüge einige Häuserzeilen vor der Enteignung retten konnten, so vor allem den heute noch etwas verträumten Place Dauphin.

Emile Zola

Die bewegte Epoche der Ära Haussmann bildet den zeitlichen Rahmen für die zwanzig Bände umfassende ›Natur- und Sozialgeschichte der Familie Rougon-Macquart im zweiten Kaiserreich‹ von Emile Zola (1840–1902). Den streitbaren Provençalen italienischer Abstammung, der als Leitfigur des naturalistischen Romans gilt, beschreiben die Brüder Goncourt gerade in seiner menschlichen Ambivalenz:

14. Dezember 1868
Beim Mittagessen sahen wir unseren Bewunderer und Schüler Zola.

Wir begegneten ihm zum ersten Mal. Unser erster Eindruck von ihm war der eines abgeschlafften Normalien, der zugleich vierschrötig und schmächtig ist, von der Kragenweite eines Sarcey und mit blutleerem wächsernen Teint; er ist ein ganz junger, feinfühliger Mensch, mit Gesichtszügen, die wie dünnes Porzellan modelliert sind: die Zeichnung der Lider, die außerordentlichen Flächen der Nase, die Hände. Die ganze Person ist ein wenig zugeschnitten wie seine Gestalten, die er aus zwei konträren Typen bildet, Figuren, bei denen er Männliches und Weibliches vermischt; und selbst in seiner seelischen Verfassung schimmert eine Ähnlichkeit mit der Psyche seiner Geschöpfe durch, die voller zweideutiger Kontraste sind.

Vorherrschend ist die kränkliche, leidende, ultranervöse Seite, die in einem für Augenblicke die eindringliche Empfindung erzeugt, er sei das zarte Opfer eines Herzleidens. Ein unbegreifliches, tiefes, eigentlich gemischtes Wesen; leiderfüllt, von Ängsten gepeinigt, zwiespältig, schwankend.

Er redet mit uns über das Problem seines Lebensunterhalts, den Wunsch und das Bedürfnis nach einem Verleger, der ihn zu 30000 Francs auf

Emile Zola, geboren am 2.4.1840 in Paris – gestorben am 19.11.1902 in Paris.
Der große Moralist mit südlichem Temperament gilt als Leitfigur für den französischen Naturalismus. Zola wollte den Roman selbst zum beweiskräftigen Dokument machen, indem er mit den zeitgenössischen Theorien der analytischen Wissenschaften eine Gesellschaftsphysiologie zeichnete. Nicht von allgemeinen und abstrakten Konzepten ging er in seinem literarischen Schaffen aus, sondern von individuellen Realitäten sowie von dem, was ihnen zugrunde liegt: das alltägliche Leben, die Triebe, die Gier nach Reichtum, das Verlangen nach dem Verbotenen, die Mythen. Nach dem Vorbild von Balzacs *Comedie humaine* wollte er in seinem Romanzyklus *Rougon Macquart*, der letztendlich aber nur ein Drittel seiner gesamten schriftstellerischen Arbeiten ausmacht, eine umfassende Gesellschaftsanalyse seiner Zeit leisten. In ihm ragt *Germinal* (1888) heraus, der erste Arbeiterroman der Weltliteratur. Als Jugendfreund von Cézanne förderte er den Impressionismus. Als unerschrockener Verfechter der Menschenrechte stürzte er mit der Dreyfus-Affäre Frankreich in eine schwere innenpolitische Krise, weshalb er schweren Angriffen aus allen Teilen der Gesellschaft ausgesetzt war. Posthum aber wurde er durch die Überführung seiner Leiche ins Panthéon öffentlich geehrt.

sechs Jahre kaufe, ihm jedes Jahr 6000 Francs garantiere: den Unterhalt für ihn und seine Mutter, und die Möglichkeit, ›Die Geschichte einer Familie‹ – einen Roman in zehn Bänden – zu schreiben.

Er würde sich nämlich gern an Großes wagen, und nicht mehr diese »schändlichen, infamen Artikel schreiben«, sagt er in einem Tonfall der Entrüstung über sich selbst, »die ich zur Zeit gezwungen bin, für die ›Tribune‹ zu verfassen, umgeben von Leuten, deren idiotische Meinungen ich genötigt bin zu übernehmen. Denn es muß ja mal gesagt sein, diese Regierung wälzt mit ihrer Indifferenz, ihrer Verkennung des Talents und all dessen, was sich sehen lassen kann, unser Elend auf die Zeitungen der Opposition ab, die einzigen, die uns wenigstens zu essen geben! Wahrhaftig, es bleibt uns nichts anderes übrig!... Bei den vielen Feinden, die ich habe! Da ist es verdammt schwer, von sich reden zu machen!«

Ab und zu bricht in dieser bitteren Nörgelei, in der er – sich ständig wiederholend – betont, daß er erst achtundzwanzig Jahre alt sei, der vibrierende Ton eines scharfen Willens und einer wütenden Energie durch:

»Und außerdem muß ich noch vieles herausfinden... Ja, Sie haben ganz recht, mein Roman entgleist, ich hätte es bei den drei Figuren belassen sollen. Aber ich werde Ihrem Rat folgen, ich werde mein Theaterstück so machen... Und dann sind wir ja auch die Zuletztgekommenen: wir wissen, daß Flaubert und Sie unsere Vorläufer sind. Sie, bei denen selbst die Gegner zugeben, daß Sie Ihre Kunst erfunden haben; Sie glauben, das bedeute nichts, während es doch alles ist!«

15. Oktober 1876

Gestern zeigten mir die Charpentiers einen Zola, der mir bislang unbekannt war: einen Gierschlund, ein Leckermaul, einen Feinschmecker, einen Zola, der all sein Geld für Leckereien ausgibt, der von einem renommierten Delikatessen- und Spezereihändler zum anderen läuft und sich nur von Primeur-Gemüse ernährt. Er schilderte mir diesen nervösen Menschen, wie ihm beim Mittagessen in Piriac vor Glück über die Seemuscheln die Finger so zitterten, daß er sie zunächst gar nicht essen konnte.

Dieses Schlemmertum wird bei dem Romancier durch seine Kochkenntnisse noch verdoppelt, die es ihm erlauben, auf der Stelle zu sagen, was bei einem Gericht fehlt, sei es ein bestimmtes seltenes Gewürz, sei es die Anzahl der Minuten, die es noch hätte schmoren sollen. Nach Prüfung der Delle eines gekochten Eies, gibt er einem pedantisch genau auf Tag oder Stunde an, wie alt das Ei sei.

Wie es scheint, bestehen die Vergnügungen und Ausschweifungen des sinnlichen Schriftstellers vor allem in den kleinen Gerichten, die seine Frau für ihn zubereitet, zubereitet wie in der Provinz, zubereitet im treuen Glauben an das Genie ihres Meisters. Und der Meister hält es nicht für unter seiner Würde, kulinarische Auskünfte zu erteilen, mit seinem Blick zu ermun-

tern und manchmal sogar mit einem Ruck aus dem Handgelenk den Bodensatz einer Pfanne zu lösen.
(Edmont u. Jules de Goncourt, Blitzlichter, Nördlingen 1989, S. 284ff.)

In seinem Romanwerk schildert Zola aus möglichst unterschiedlichen Blickwinkeln die bestimmenden Kräfte der Gesellschaft, porträtiert Zeitgeist und Zeitgenossen und leistet auf diese Weise eine farbige und detaillierte Zeitstudie. Dabei gelingen dem Romancier faszinierende Milieubeschreibungen, bei denen er sich vornehmlich auf die Wechselwirkung von Individuum und Gesellschaft konzentriert und seine Helden im Spannungsfeld der nach wie vor aktuellen Sozialtheorie ansiedelt, nämlich dem Wechselspiel von Darwinismus und Milieutheorie. Um dem Werk eine straffe und überschaubare Ordnung zu geben, begrenzt Zola die Natur- und Sozialgeschichte seiner Romanfamilie exakt auf die Jahre 1851–1871. Einige Zeilen aus dem Vorwort zum ersten Band der gesamten Reihe erläutern die Absicht des Autors.

Ich möchte erläutern, wie sich eine Familie, eine kleine Gruppe von Wesen, in einer Gesellschaft verhält, indem sie sich entfaltet, um zehn, zwanzig Einzelwesen hervorzubringen, die auf den ersten Blick grundverschieden erscheinen, die aber, wie die Analyse zeigt, innig miteinander verbunden sind. Die Vererbung hat ihre Gesetze wie die Schwerkraft.

Ich werde versuchen, durch Lösung der zwiefachen Frage des Temperaments und der Umwelt den Faden zu finden und zu verfolgen, der mit mathematischer Genauigkeit von einem Menschen zum anderen führt. Und wenn ich alle Fäden habe, wenn ich eine ganze soziale Gruppe in Händen halte, werde ich zeigen, wie diese Gruppe als Handlungsträger einer geschichtlichen Epoche am Werk ist und wie sich diese von mir zu schaffende Gruppe in der Vielschichtigkeit ihrer Bemühungen betätigt, ich werde das ganze Wollen jedes einzelnen ihrer Mitglieder und den ihnen allen gemeinsamen Drang analysieren.
(Emile Zola, Das Glück der Familie Rougon, Gütersloh 1975–1978, S. 5)

»Der Bauch von Paris« und die neuen Hallen

Der Cour Napoléon besitzt heute ein neues Wahrzeichen moderner Architekturgeschichte: die Glaspyramide. Geschaffen wurde sie aus reiner Platznot. Denn der Louvre ist ein Konglomerat von verschiedenen Gebäudekomplexen. Ursprünglich als Festung im 12. Jahrhundert erbaut, diente er nach mehreren Anbauten ab dem 17. Jahrhundert u. a. als königliche Residenz, Gefängnis, Kaserne, Akademie, Ministerium und Kunsthochschule. 1793 zog dort das Museum mit seinen riesigen Sammlungen ein, deren Ausmaß und Wert Heinrich Heine zu der Meinung veranlaßte, der Louvre gehöre nicht Frankreich, sondern der ganzen Welt. Selbstverständlich konnten die bestehenden Räumlichkeiten den Ansprüchen des Museums bald nicht mehr gerecht werden. Es fehlte an geeigneten Verbindungen zwischen den einzelnen Abteilungen und vor allem an Ausstellungsfläche, an Platz für Depots, Werkstätten und Museumshilfsdienste, und nicht zuletzt an Raum für drei bis vier Millionen Besucher, die Jahr für Jahr aus aller Welt herbeiströmen.

1983 beauftragte Staatspräsident Mitterand den amerikanischen Architekten I. M. Pei mit der Aufgabe, eine Neuordnung des Louvre zu planen, bei der auch die akuten Platznöte genügend berücksichtigt werden sollten. Der Architekt fand die Lösung der schwierigen Aufgabe in dem neuen Organisationszentrum, das von einer Glaspyramide gekrönt werden sollte. Gegen große Widerstände wurde das ehrgeizige Programm verwirklicht und die Pyramide rechtzeitig vor den Revolutionsfeiern fertiggestellt. Ihre ins Auge fallende Kennzeichen sind optische Transparenz, um den Blick auf den alten Gebäudekomplex nicht zu verstellen, und höchste technische Präzision. Die ›Gläserne Laterne‹ erhält ihre den altägyptischen Vorbildern entlehnte Form aus Glasscheiben, die insgesamt eine Fläche von 1900 qm ausmachen. Sie wiegt 86 Tonnen, ist 35 m breit und 21,60 m hoch. Sie überdeckt den Haupteingang mit dem Informationszentrum unter der Erde und bildet den Kristallisationspunkt der neuen Ordnung des Museums. Durch die Auslagerung aller anderen Institutionen aus dem Louvre wurde die Ausstellungsfläche um 80 %, von ca. 30 000 auf 55 000 qm erhöht und der Publikumsbereich um 160 % vergrößert.

Wir verlassen den Cour Napoléon mit seiner gläsernen Pyramide durch den Pavillon Richelieu und kommen auf die Rue de Rivoli. Früher war diese Straße entlang der Tuilerie-Gärten in Fortsetzung des Louvre Teilstück einer Ost-West-Achse, deren Bau schon unter Napoleon I begonnen, damals aber nicht vollendet wurde. Bei der ›Transformation de Paris‹ lieferte die Gestaltung dieser Straße das Modell für das Aussehen der neuen Boulevards, den *style haussmannien*: einheitlich gegliederte Fassadenflucht, viergeschossige Bebauung, gleichförmige Fensterformen, korinthische Pilaster, rund gewölbtes Dach. Diese Fassadenform setzte sich im gesamten westlichen Viertel durch und machte diesen großen Teil von Paris zum *le beau Paris*, allerdings mit der Konsequenz, daß das Kleinbürgertum wegen der starken Verteuerung der Lebenskosten ausziehen mußte, d. h. während der Ära Haussmann fand so etwas wie eine erste soziale Absonderung der Innenstadtbewohner statt.

Wir schlendern unter den Arkaden entlang bis zur Rue du Louvre, wenden uns nach links und biegen dann nach rechts in die Rue Berger, die uns zum Areal der alten Hallen führt.

Auf diesem weiten Terrain vor der altehrwürdigen Kirche St. Eustache standen schon seit dem 12. Jahrhundert Markthallen, die in der Zeit von 1854 bis 1866 unter dem Architekten Victor Baltard den neuen ökonomischen Anforderungen der Metropole angepaßt wurden. Es entstanden die zentralen Markthallen, Konstruktionen aus Gußeisen, Stahl und Glas, insgesamt zehn an der Zahl. Im Volk hießen sie ›Regenschirme‹; Emile Zola nannte diesen Ort, von dem ganz Paris mit Lebensmitteln versorgt wurde, sehr bildhaft ›Bauch von Paris‹. Unter gleichem Namen *(Le Ventre)* erschien 1873 der Roman, der erzählt, wie die bürgerliche Metzgersfrau Lisa Quenu ihren regierungsfeindlichen und ehemals verbannten Schwager Florent langsam aber sicher zur Strecke bringt. In impressionistischer Manier entwirft Zola ein farbiges Stilleben der neuen ›Kathedralen des 19. Jahrhunderts‹, so daß ein bizarrer Kontrast zwischen der Lebendigkeit und Geschäftigkeit des Marktlebens und der alten und bedeutungslos gewordenen Kirche St. Eustache entsteht.

Das beleuchtete Zifferblatt von Saint-Eustache verblich, starb hin wie ein vom Morgen überraschtes Nachtlicht. Bei den Weinhändlern hinten in den benachbarten Straßen erloschen eine nach der andern die Gaslampen wie in Licht fallende Sterne. Und Florent sah zu, wie die großen Hallen aus dem Dunkel, aus dem Traum hervortraten, in dem er sie gesehen hatte, und ihre Paläste sich grenzenlos im Tageslicht dehnten. Sie nahmen feste Formen von grünlichem Grau an, wurden noch riesenhafter mit ihrem gewaltigen Mastwerk, das die unendlichen Flächen ihrer Dächer trug. Sie schichteten ihre geometrischen Körper aufeinander, und als alle innere Helligkeit erloschen

Rue de Rivoli, Lithographie um 1840

war und sie viereckig und gleichförmig im aufgehenden Tageslicht badeten, erschienen sie wie eine über alles Maß hinausgehende große moderne Maschine, wie eine Dampfmaschine, ein für die Verdauung eines ganzen Volkes bestimmter Kessel, ein riesiger metallischer Bauch, verbolzt, vernietet, aus Holz, Glas und Eisen zusammengesetzt, von der Eleganz und Leistungsfähigkeit eines Antriebmotors, der dort in Tätigkeit war mit der Hitze der Heizung, dem schwindelnden Drehen, dem rasenden Beben der Räder.

Claude aber war vor Begeisterung auf die Bank gestiegen. Er zwang seinen Begleiter, den über dem Gemüse aufgehenden Tag zu bewundern. Es war ein Meer, das sich zwischen den beiden Gruppen der Hallen von der Pointe Saint-Eustache bis zur Rue des Halles erstreckte. Und an beiden Enden, an den beiden Kreuzungen, stieg die Flut noch an, überschwemmte das Gemüse das Pflaster. Langsam erhob sich der Tag in ganz zartem Grau und wusch alle Dinge in einem hellen Aquarellton. Diese wie dichte Wellen wogenden Haufen und dieser Strom von Grün, der in der Eindeichung des Fahrdamms zu fließen schien gleich dem Hereinbrechen der Herbstregen, nahmen zarte und beperlte Schatten, weiches Veilchenblau, milchig getöntes Rosa, in Gelb ertrunkenes Grün, alle bleichen Farben an, die beim Sonnenaufgang den Himmel zu schillernde Seide werden lassen; und in dem Maße, wie der Brand des Morgens in Stichflammen hinten in der Rue Rambuteau emporstieg, erwachte das Gemüse mehr und mehr und stach ab von der tiefen Bläue, die sich schwer über die Erde hinzog. Salat, Endivie, Lattich, Schikoree zeigten, noch von der fetten Gartenerde bedeckt, ihre strahlenden

Alte Markthallen vor St. Eustache, Stich um 1780

Herzen; die Spinat- und Ampferpacken, die Artischockensträuße, die Bohnen- und Erbsenhaufen, die Stapel von mit Strohhalmen zusammengebundenen römischem Salat sangen die ganze Tonleiter des Grüns vom Lackgrün der Schoten bis zum derben Grün der Blätter, eine anhaltende Tonleiter, die erst bei den Flecken der Selleriestengel und den Porreebunden erstarb. Aber die gellendsten Töne, die am lautesten erklangen, waren noch immer die lebhaften Flecke der Möhren und die reinen Flecke der Kohlrüben, die in ungeheurer Menge über den ganzen Markt verstreut waren und ihn mit der grellen Zusammenstellung ihrer beiden Farben erhellten. An der Kreuzung der Rue des Halles türmte sich der Kohl zu Bergen; riesige Köpfe Weißkohl, fest und hart wie Kugeln aus bleichem Metall, Wirsingkohl, dessen große Blätter flachen Bronzebecken ähnelten, Rotkohl, den die Morgenröte in herrliche weinrote Blütenpracht mit karmin und dunkelpurpur Druckstellen verwandelte. Am anderen Ende, an der Kreuzung bei der Pointe Saint-Eustache, war der Zugang zur Rue Rambuteau durch eine Barrikade von orangefarbenen Kürbissen versperrt, die sich in zwei Reihen zur Schau stellten und ihre Bäuche vorstreckten. Und hier und da entflammten der Goldkäferlack eines Korbes Zwiebeln, das blutige Rot eines Haufens Tomaten, das verwischte Gelb einer Ladung Gurken, das dunkle Violett einer Traube Eierfrüchte, während große, zu Trauertüchern nebeneinandergelegte Schwarzrettiche Löcher von Finsternis inmitten der bebenden Freuden des Erwachens übrigließen.
(Zola, Der Bauch von Paris, a.a.O., S. 42 ff.)

Forum des Halles mit der Kirche St. Eustache

Die gußeisernen Markthallen drängten sich so vor, daß sie von allen Seiten sichtbar waren. Ihre gigantischen Ausmaße boten Platz für alle Arten von Händlern; zugleich waren sie ein bevorzugter Ort für Straßengören und Maler bei deren Streifzügen nach einem reizvollen Motiv. Wir überqueren von der Rue Berger das neue begrünte Terrain. Am Beginn der Rue Montmartre erleben wir mit dem Maler Claude Lantier und den beiden Halbwüchsigen Cadine und Marjolin die mächtige Architektur der Hallen mit ihrer regen Geschäftigkeit.

Und bei den großen Rundreisen, wenn alle drei, Claude, Cadine und Marjolin, um die Markthallen herumschweiften, gewahrten sie von jeder Straßenecke aus ein Stück des gußeisernen Giganten. Es waren dies plötzliche Ausblicke, unvorhergesehene Architekturen, das gleiche Blickfeld, das sich unaufhörlich unter anderen Aspekten auftat. Besonders in der Rue Mont-

Die Hallen, Foto 1954

martre wandte sich Claude um, wenn sie an der Kirche vorbeigekommen waren. Die aus einem schiefen Winkel von fern geschauten Markthallen begeisterten ihn: ein großer Bogengang, ein hohes Tor, tat sich gähnend auf; dann türmten sich die Hallen mit ihren zweistöckigen Dächern, ihren unendlichen Jalousien, ihren ungeheuren Markisen; man hatte den Eindruck von den Profilen übereinandergestellter Häuser und Paläste, einem metallenen Babel von indischer Schwerelosigkeit, das von hängenden Terrassen, von schwebenden Wandelgängen und über die Leere geworfenen fliegenden Brücken durchzogen war. Immer wieder kamen sie dorthin zurück, zu dieser Stadt, um die sie herumschlenderten, ohne sich jemals mehr als hundert Schritte von ihr entfernen zu können. Sie kehrten heim in die warmen Nachmittage der Markthallen. Oben sind die Jalousien geschlossen, die Markisen herabgelassen. In den überdachten Straßen ist die Luft eingeschlafen und von einem Aschgrau, das von den Sonnenflecken, die durch die hohen Fenster fallen, mit gelben Stäben durchschnitten wird. Gedämpftes Gemurmel dringt aus dem Markt. Die Schritte der wenigen geschäftigen Vorübergehenden hallen auf den Bürgersteigen, während die Lastträger mit ihren Blechmarken in langer Reihe an den Ecken der Hallen auf den steinernen Einfassungen sitzen, ihre dicken Schuhe ausziehen und ihre schmerzenden Füße pflegen. Es ist der Friede des ruhenden Riesen, worin von Zeit zu Zeit ein Hahnenschrei aus dem Keller der Geflügelhalle aufsteigt. Oft gingen sie dann zuschauen, wie die leeren Körbe auf die Rollwagen geladen wurden, die sie jeden Nachmittag holen kamen, um sie zu den Spediteuren zurückzubringen. Die mit schwarzen Buchstaben und Ziffern bezeichneten Körbe bildeten Gebirge vor den Kommissionslagern in der Rue Berger. Stapel für Stapel stellten die Männer sie symmetrisch auf. Wenn der Stapel auf dem Rollwagen die Höhe eines ersten Stockwerks erreicht hatte, mußte der Mann, der unten geblieben war und ihn im Gleichgewicht hielt, Schwung holen, um ihn seinem Kameraden zuzuwerfen, der mit vorgestreckten Armen oben saß. Claude, der Kraft und Geschicklichkeit liebte, blieb stundenlang, um den Flug der Korbmassen zu verfolgen, und lachte, wenn ein allzu kräftiger Schwung sie davontrug und über den Haufen hinweg auf den Fahrdamm schleuderte. Er schwärmte auch für den Bürgersteig der Rue Rambuteau und den der Rue du Pont-Neuf an der Ecke der Obsthallen, die Gegend, wo sich die Kleinhändlerinnen aufhielten. Die Gemüse im Freien auf den mit schwarzen feuchten Tüchern bedeckten Tischen entzückten ihn. Um vier Uhr entzündete die Sonne diesen ganzen Winkel von Grünzeug. Neugierig auf die farbigen Köpfe der Händlerinnen, schlenderte er die Gänge hinunter: die vom herben Leben bereits versengten jungen mit dem von einem Netz festgehaltenen Haar, die gebrochenen und verhutzelten alten mit dem roten Gesicht unter dem gelben Foulard ihres Kopftuchs. Cadine und Marjolin lehnten ab, ihm zu folgen, als sie von weitem Mutter Chantemesse erkannten, die ihnen, wütend, sie sich zusammen herumtreiben zu sehen, die Faust zeigte. Auf dem anderen Bürgersteig traf

Claude sie dann wieder. Dort fand Claude quer über die Straße hinweg ein prachtvolles Motiv für ein Gemälde: die Kleinhändlerinnen unter ihren großen verschossenen roten, blauen, violetten Sonnenschirmen, die an Stöcken befestigt waren, Buckel auf dem Markt bildeten und ihre kräftigen Rundungen in den Brand des Sonnenuntergangs setzten, der über den Möhren und Kohlrüben erstarb. Eine Händlerin, eine alte Vettel von hundert Jahren, barg unter einem jämmerlichen zerrissenen rosa Seidenschirm drei magere Salatköpfe.
(ebda. S. 292 ff.)

Das bunte Treiben in den riesigen Hallen kann auf die Menschen völlig unterschiedlich wirken. Das spiegelt sich wider in einem Gespräch zwischen dem Heimkehrer Florent und dem Maler Claude Lantier. Dabei bewertet der Künstler mittels eines Vergleichs die neuen ›Kathedralen‹ mit St. Eustache, dem Baudenkmal aus der alten Zeit.

Auf den Champs-Elysées wurde der Maler, als er rechts und links nur noch Baumkronen und die große grüne Masse des Jardin des Tuileries im Hintergrunde gewahrte, munter und begann vor sich hin zu sprechen. Als sie an der Rue du Roule vorbeigekommen waren, hatte er das Seitenportal von Saint-Eustache betrachtet, das von weitem unter dem riesigen Schuppen einer überdachten Straße der Markthallen zu sehen war. Er kam unaufhörlich darauf zurück und wollte ein Symbol darin sehen.

»Es ist das ein eigenartiges Zusammentreffen«, sagte er, »dieses Stück Kirche, eingerahmt von dieser Straße aus Eisen... Das eine wird das andere vernichten, das Eisen wird den Stein töten, und die Zeiten sind nah... Glauben Sie an den Zufall, Florent? Ich stelle mir vor, daß nicht das Erfordernis der Baulinienführung allein die Rosette von Saint-Eustache in dieser Weise mitten in die Zentralmarkthallen gestellt hat. Sehen Sie, das ist ein ganzes Manifest, das ist die moderne Kunst, der Realismus, der Naturalismus, wie Sie es nennen wollen, die gegenüber der alten Kunst heranwachsen... Sind Sie nicht auch dieser Meinung?«

Florent bewahrte Schweigen.

Er fuhr fort:

»Diese Kirche hat übrigens eine Bastardarchitektur. Das Mittelalter liegt hier im Sterben, und die Renaissance lallt erst... Ist Ihnen aufgefallen, was für Kirchen man uns heute baut? Die ähneln allem, was man will: Bibliotheken, Sternwarten, Taubenschlägen, Kasernen; aber sicherlich ist niemand überzeugt, daß der liebe Gott darin wohnt. Die Baumeister des lieben Gottes sind tot; es wäre eine große Weisheit, nicht mehr diese häßlichen Steingerippe zu errichten, in denen wir niemand unterzubringen haben... Seit dem Beginn unseres Jahrhunderts ist nur ein einziges originales Baudenkmal gebaut worden, ein Baudenkmal, das in nichts nachgemacht ist, das natürlich aus dem Boden des Zeitalters emporgesprossen ist, und das sind

die Zentralmarkthallen, verstehen Sie, Florent, ein verwegenes Werk, sehen Sie, und das erst eine schüchterne Offenbarung des zwanzigsten Jahrhunderts ist... Deswegen ist Saint-Eustache versunken, weiß Gott! Da hinten steht Saint-Eustache mit seiner Rosette, leer von seinem frommen Volk, während sich die Markthallen daneben ausbreiten, über und über summend von Leben... Das ist es, was ich sehe, mein Lieber!«
(ebda., S. 321 f.)

Deutlich wird hier Zolas Bekenntnis zur modernen Zeit mit ihren neuen Ausdrucksmöglichkeiten und Lebensperspektiven. Auch die Bauästhetik, ja die Kunst insgesamt, ist in diese Bewegung eingebunden. Denn nach Zola kann sich auch die Kunst dem für seine Begriffe radikalen Wandel des Zeitgeistes nicht entziehen. Nach ihm muß sie sich notwendig von der überholten Tradition lösen und nach solchen Gestaltungsprinzipien suchen, die der neuen Zeit sachlich entsprechen.

Die Bewirtschaftung der riesigen Hallen führte zu einer weiteren Innovation in der Metropole, wohl Haussmanns Meisterwerk. Der ›Bauch von Paris‹ hatte täglich viele hundert Tonnen Lebensmittel zu verdauen. Seine Abwässer flossen aber ungefiltert einfach in die Seine. Leicht einzusehen, daß eine Entwässerungsanlage notwendig wurde. So entstand ein Netz von 2200 km unterirdischer Kanäle, die seit Mitte der sechziger Jahre des letzten Jahrhunderts die Abwässer statt in die Seine auf besonders präparierte Riesenfelder außerhalb der Stadt leiten.

Doch die weitere ökonomische Entwicklung in diesem Jahrhundert überrollte auch die neuen Markthallen. Aus den neuen wurden alte, die den gegenwärtigen Anforderungen nicht mehr genügen konnten. Deshalb entstand 1969 in Rungis in der Nähe des Flughafens Orly ein gigantischer Großmarkt, der sich schnell zur Luxusspeisekammer Europas entwickelt hat. Dann entschloß man sich, die alten Hallen im Herzen der Metropole abzureißen. Es erhob sich ein Sturm der Entrüstung in der ganzen Welt, doch vergeblich: der einzigartige Biotop der Fleischlichkeit, das bedeutende Zeugnis der Industriearchitektur des letzten Jahrhunderts wurde 1971–73 abgerissen. Es entstand ein riesiges Loch, das langsam zubetoniert wurde zu einer gekünstelt wirkenden Stadt- und Parklandschaft, es entstand das ›Forum des Halles‹.

Auf dem 30 ha großen Gelände versammeln sich auf vier Etagen, die sich in die Tiefe graben, ca. 200 Geschäfte, die alles anbieten von der Haute Courture bis hin zu kleinen Andenken. Restaurants, Cafés, Kinos, Aquarium, Freibad, Ausstellungssäle, das Wachsfigurenkabinett für das 19. und 20. Jahrhundert aber auch Wohnungen und der größte Untergrundbahnhof der Metropole sorgen für ein hektisches Treiben. Die ›Architektur des Lichts‹, wie sich das Forum gerne nennen läßt, würdigt mit ihren bogenartigen Streben an den gewölbten Glaswänden die Rundbögen der von Zola totgesagten Kirche St. Eustache, deren Rosette heute schöner denn je erstrahlt. Übrigens: In ihrem Innern beherbergt die Kirche eine Skulptur zur Erinnerung an das alte Marktleben von einst. Es empfiehlt sich, von hier aus durch die Fußgängerzone zum nächsten Grand' Objet zu gehen, dem Kulturzentrum ›Centre Pompidou‹, liebevoll ›Boubou‹ genannt, oder von Kritikern als »riesige Maschine« bezeichnet, die aussieht wie ein »klappriges Gestell«. Das Centre Pompidou, das mit seinen schwankenden Zwischenböden schon wenige Jahre nach seiner Eröffnung 1977 schrottreif zu sein schien, schafft es binnen kurzer Zeit, die gesamte Pariser Kulturszene zu beleben und Massen aus dem In- und Ausland anzuziehen. Dadurch entwickelte sich das einst schäbige und unattraktive Hinterhof-Quartier zwischen dem Marais-Viertel und dem Zentrum zu einer der belebtesten Flanierzonen der Stadt.

Das »Riesenschiff«, wie es auch im Volksmund bezeichnet wird, beherbergt das ›Musée national d'art moderne‹, in dem man sich der Frage überlassen kann, ob die moderne Kunst der Forderung Zola's nachgekommen ist und sich dem bewegenden Zeitgeist je angepaßt oder gar eine Vorreiterrolle gespielt hat. Zugleich ist das Haus ein Zentrum für moderne Musik, zeigt Ausstellungen zur Industrieästhetik und bietet jedem Interessierten viele Aktivitäten und eine große Bibliothek zur eigenen Weiterbildung.

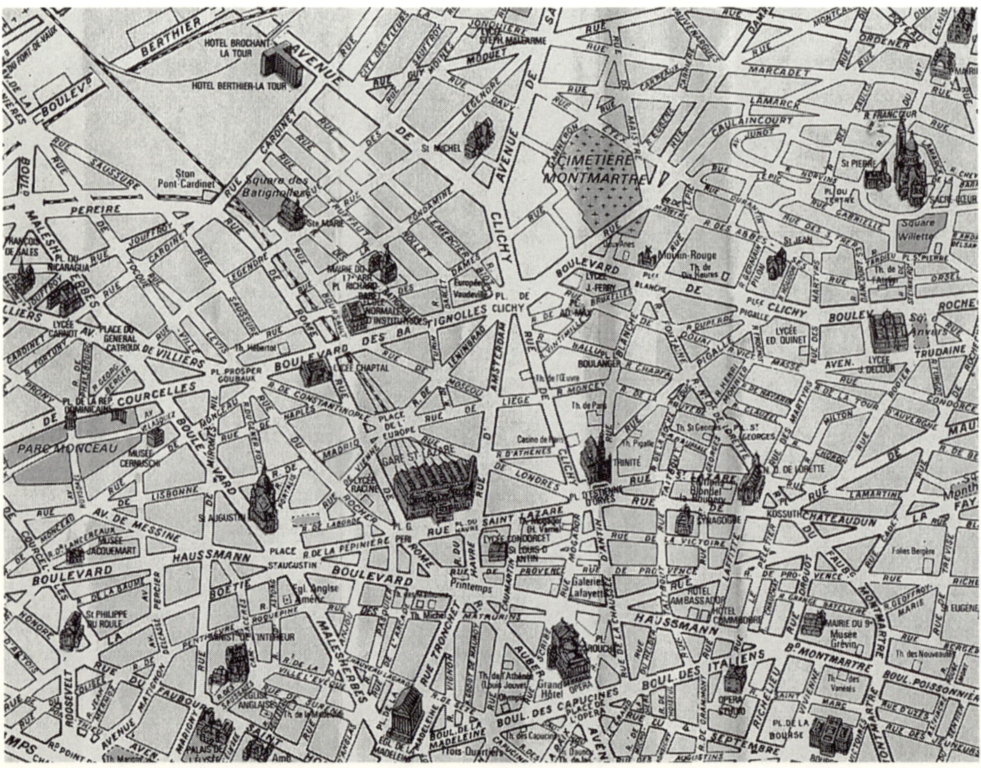

Zweiter Spaziergang mit Emile Zola

ROUTE: Place de l'Opéra – Oper – Place Clichy – Rue Lepik – Butte Montmartre – Sacre Coeur – Le Quartier Goutte d'Or – Boulevard Malesherbes – Parc Monceau

Dieser Spaziergang wird illustriert von Szenen aus den Romanen ›Die Beute‹ (*La Curée*, 1872), ›Der Totschläger‹ oder ›Die Schnapsbude‹ (*L'Assommoir*, 1876/77) und ›Das Paradies der Damen‹ (*Le Paradis des Dames*, 1882). Der Spaziergang soll die Dialektik der urbanistischen Entwicklung der Ära Haussmann aufzeigen: auf der einen Seite ist da der Ausbau von *le beau Paris* als Ausdruck der hochkapitalistischen Wirtschaftskraft mit der Möglichkeit, sich zu bereichern, auf der anderen Seite entsteht eine Verelendung der Massen in einem Quartier, das noch heute, nur unter anderen Bedingungen, eines der heikelsten Sanierungsgebiete von Paris darstellt.

Der Weg führt vom städtebaulichen Zentrum der Arbeiten Haussmanns zu einem Restaurant auf dem Montmartre, wo Zola die Vision vom großen Reichtum durch anstehende Bodenspekulationen aus dem Mund eines rücksichtslosen Spekulanten wild schreien läßt, führt über das Goutte d'Or, heute ein Araber- und Afrikanerviertel, hinüber zur ersten Wohnadresse, den Stadtpalästen am Parc Monceau.

Palais Garnier

Wir beginnen den Spaziergang mit der Besichtigung der jetzt alten Oper. Der Palais Garnier, benannt nach seinem Architekten, wurde unter Napoleon III 1858 zum repräsentativen Prunkstück aller Baumaßnahmen erkoren. Schon durch die Verkehrslage wurde die Bedeutung des Baus hervorgehoben, war er doch als Schnittpunkt zweier Boulevards und als Zielpunkt einer neuen Prachtstraße, der Avenue de l'Opéra geplant, die vom Louvre direkt auf das neue Musikhaus zuführt. Opernhaus und Opernplatz werden durch diese Raumordnung sozusagen veredelt, erfahren eine Art Apotheose, ganz im Sinne der damaligen Stadtplaner, die urbanistische Neuerungen mit künstlerischen Zielsetzungen verbinden wollten. Solchem Ehrgeiz entspricht auch die Außenfassade der Oper, die ganz auf herrschaftliche Wirkung ausgerichtet ist: eine barocke Palastfront, die von einer reich geschmückten Kuppel gekrönt wird. Diese Kuppel ist auf den 1991 Plätze fassenden Zuschauerraum aufgesetzt und leitet zum großen Giebel des Bühnenhauses über.

Im Innern nehmen die Gesellschaftsräume mehr Platz ein als Zuschauerraum und Bühne zusammen. Die Treppenhalle ist 30 m hoch und wird von 30 Marmorsäulen gesäumt. Sie wirkt so riesig, daß der Architekt und Restaurator von Notre Dame, Violett-le-Duc, kritisch äußerte: »Der Zuschauerraum scheint für die Treppe gemacht und nicht die Treppe für den Zuschauerraum.« Ähnlich das Grand Foyer, ein 58 m langer und 18 m hoher, ganz in Gold gehaltener Wandelsaal, d.h. das Innere des Hauses ähnelt dem Raumprogramm eines barocken Schlosses, um dem Anspruch des auf Selbstdarstellung bedachten neureichen Bürgertums der damaligen Zeit zu genügen.

Diesen Prachtbau wählte der französische Jurist und Journalist Gaston Leroux für seinen 1939 erschienenen Erfolgsroman ›Das Phantom der Oper‹, der viermal verfilmt und in ein Musical umgeschrieben wurde. Es handelt sich dabei in Anlehnung an Victor Hugos Weltroman ›Der Glöckner von Notre Dame‹ um die traurige Geschichte eines verunstalteten Mannes und seiner unglücklichen Liebe zu der jungen Sängerin Christine Daae. Der im Unterleib der Oper versteckte Lebende versuchte mit allen Mitteln, die von ihm Erwählte zu einem Star zu machen und verwandelt das ehrwürdige Gebäude bald in ein Tollhaus. Doch die Schöne, die zuerst dem Werben nachzugeben scheint, verliebt sich in einen Spielgefährten ihrer Kindheit, den Vicomte de Chagny. Die beiden Helden beginnen um die Schöne zu ringen. Und so nimmt die Tragödie ihren Lauf.

Die Warenhäuser

Wir verlassen das Musiktheater, das heute, abgelöst von der Bastille-Oper, allein dem Ballett zur Verfügung steht, und gelangen zu den großen Warenhäusern am Boulevard Haussmann. Deren Hauptgebäude bergen riesige Hallen, die von reich geschmückten Jugendstilglaskup-

Die große Treppe der Pariser Oper

Avenue de l'Opéra, Foto ca. 1900

peln gekrönt werden. Die Kaufhäuser sind augenfällige Repräsentanten jener Warenhausentwicklung, die in der Mitte des letzten Jahrhunderts begonnen hatte. Zolas Roman ›Das Paradies der Damen‹ hat deren Entwicklung zum Thema. Dabei flicht Zola sein »hohes Lied« auf die fortschreitende Lebenskraft in die rührselige Liebesgeschichte zwischen Denise, einem Mädchen aus der Provinz, und dem hochkapitalistisch gesonnenen Kaufhauschef Mouret. Was zählt, ist das, was Kraft zum Leben hat und sich behaupten kann. Und der Mensch kann es, wenn er nur will.

Diese Ansicht wird deutlich ausgesprochen in der Diskussion zwischen dem Kaufhauschef Octave Mouret und dem Schöngeist Vallagnosc. Beide sind ehemalige Schulkameraden und sehen sich nach langer Zeit wieder einmal.

»Ja«, sagte Vallagnosc. »Man hat mir erzählt, du habest dich dem Handel zugewandt. Du hast das große Geschäft am Place Gaillon, nicht wahr?«

»Ganz richtig... Ellenritter, mein Alter!« Mouret hatte den Kopf erhoben, schlug dem anderen abermals aufs Knie und wiederholte mit der handfesten Heiterkeit eines fidelen Bruders, der sich des Handwerks, das ihn reich macht, nicht schämt: »Ellenritter, ganz und gar! – Auf Ehre, du erinnerst dich wohl, daß ich keinen Geschmack an ihren Sächelchen fand, obwohl ich mich im stillen nie für dümmer gehalten habe als andere. Als ich mein Abitur gemacht hatte, um meine Familie zufriedenzustellen, hätte ich genauso Rechtsanwalt oder Arzt werden können wie die Schulkameraden; aber vor diesen Berufen grauste es mich, so viele Leute sieht man darin am Hungertuch nagen. Da habe ich, mein Gott, die Gelehrsamkeit an den Nagel gehängt, oh, ohne Bedauern, und ich habe mich kopfüber in den Handel gestürzt.«

Vallagnosc lächelte mit verlegener Miene. Schließlich murmelte er:

»Dein Diplom als Bakkalaureus kann dir in der Tat beim Leinwandverkaufen nicht viel nutzen.«

»Auf Ehre«, entgegnete Mouret fröhlich, »alles, was ich verlange, ist, daß es mich nicht behindert... Und du weißt, wenn man die Dummheit begangen hat, sich so was ans Bein zu binden, ist es nicht einfach, es wieder loszuwerden. Man kommt damit im Leben nur im Schneckentempo weiter, während die anderen, die, welche nackte Füße haben, laufen, als hätten sie keine Milz.« Da er merkte, daß sein Freund peinlich berührt zu sein schien, faßte er dann dessen Hände und fuhr fort: »Nun, ich will dir nicht weh tun, aber gib zu, daß deine Diplome nicht ein einziges deiner Bedürfnisse befriedigt haben... Weißt du, daß mein Rayonchef von der Seidenabteilung dieses Jahr mehr als zwölftausend Francs beziehen wird? Jawohl, ein sehr klardenkender junger Mann, der es bei der Orthographie und den vier Rechnungsarten hat bewenden lassen... Die gewöhnlichen Verkäufer bringen es bei mir auf drei- bis viertausend Francs, auf mehr also, als du selber verdienst. Und für ihre Bildung brauchten keine Kosten aufgewendet zu werden; sie hat man nicht in die Welt hinausgeschickt mit der verbrieften Zusage, daß sie sie erobern würden... Geldverdienen ist zweifellos nicht alles. Nur gibt es bei mir, auf Ehre, kein Schwanken zwischen den armen, von der Wissenschaft beleckten Teufeln, die die geistigen Berufe überfüllen, ohne sich satt essen zu können, und den praktischen jungen Menschen, die für das Leben gerüstet sind, weil sie ihr Handwerk von Grund auf verstehen. Ich bin für diese und gegen jene, ich finde, daß diese Burschen ihre Zeit ausgezeichnet begreifen!«
(Zola, Das Paradies der Damen, a.a.O., S. 106f.)

Mourets Verkaufsstrategie besteht nun darin, die Kundschaft so zu betören, daß sie sich wie willenlos dem Angebot unterwirft. Da aber dem herkömmlichen Gesellschaftsbild nach Frauen vornehmlich die Kundschaft stellen, sind sie es, auf die alle Anstrengungen gerichtet sind.

Mouret hatte inzwischen einen Blick in den Salon geworfen. Und mit einigen Worten, die er Baron Hartmann ins Ohr flüsterte, als mache er ihm eines jener vertraulichen Liebesgeständnisse, wie sie zuweilen zwischen Männern vorkommen, beendete er seine Erklärung des großartigen neuzeitlichen Geschäftsbetriebes. Nun wurde plötzlich hoch über den bereits mitgeteilten Tatsachen, auf dem Gipfel, die Ausbeutung der Frau sichtbar. Alles lief darauf hinaus, das fortwährend erneuerte Kapital, das System der Warenanhäufung, die Verlockung durch die niedrigen Preise, die beruhigende Auszeichnung in nichtchiffrierten Zahlen. Die Frau war es, die sich die Firmen durch die Konkurrenz einander streitig machten, die Frau, der sie durch die billigen Gelegenheitskäufe ständig Fallen stellten, nachdem sie ihr durch die Auslagen den Kopf verdreht hatten. Sie hatten in ihren Sinnen neue Gelüste erweckt, stellten eine ungeheure Versuchung dar, der sie unvermeidlich erlag, indem sie sich zunächst zu Einkäufen einer sparsamen Hausfrau verleiten ließ, dann von der Gefallsucht bestochen und schließlich verschlungen wurde. Dadurch, daß man den Absatz verzehnfachte, den Luxus in die Massen trug, wurden die Modewarenhandlungen zu einem furchtbaren Agenten des Aufwands, richteten die Haushalte zugrunde, arbeiteten mit der jähen Wirkung der Modetorheiten, die immer kostspieliger wurden. Und wenn bei ihnen die Frau Königin war, wenn sie heuchlerisch umschmeichelt wurde, man ihre Schwächen beschönigte und sie mit Zuvorkommenheit umgab, so herrschte sie dort als verliebte Königin, deren Untertanen Handel treiben und die jede ihrer Launen mit einem Tropfen ihres Blutes bezahlt. So ließ Mouret sogar unter seiner liebenswürdigen Galanterie die Brutalität eines Krämers zum Vorschein kommen, der die Frau pfundweise verkauft. Er errichtete ihr einen Tempel, ließ ihr von einer Legion Kommis Weihrauch streuen, schuf den Ritus eines neuen Kults. Er dachte nur an sie, war unablässig bemüht, stärkere Verführungskünste zu ersinnen; und hinter ihrem Rücken war er, wenn er ihr die Taschen geleert und die Nerven zerrüttet hatte, von der heimlichen Verachtung erfüllt, die ein Mann empfindet, dessen Geliebte soeben die Dummheit begangen hat, sich ihm hinzugeben.

»Bemächtigen Sie sich also der Frauen«, sagte er sehr leise, mit einem dreisten Lachen zu dem Baron, »und Sie können die ganze Welt verkaufen!« (ebda., S. 123 f.)

Um dieses Ziel zu erreichen, bedarf es einer Architektur, die die Illusion nährt, der Kunde könne alles auf einmal mit den Augen fassen, und einer Dekoration, die den potentiellen Käufer zugleich betört und verwirrt. All das leistet das neue Warenhaus, als es seine neuen Verkaufsräume den herbeieilenden Neugierigen öffnet.

An einem Montag, am 14. März, eröffnet das »Paradies der Damen« seine neuen Verkaufsräume mit einer großen Ausstellung von Sommerneuheiten, die drei Tage dauern sollte. Draußen blies ein scharfer Nordwind, die Leute auf der Straße eilten, von dieser Wiederkehr des Winters überrascht, schnell dahin und knöpften ihre Paletots zu. In den Läden der Nachbarschaft aber gärte eine heftige Erregung; und man sah, wie die kleinen Kaufleute ihre bleichen Gesichter an die Scheiben drückten und die ersten Wagen zählten, die vor der neuen Ehrenpforte in der Rue Neuve-Saint-Augustin haltmachten. Dieser Eingang, hoch und tief wie ein Kirchenportal, überragt von einer

Gruppe – Industrie und Handel, die, umgeben von einer Vielfalt von Emblemen, einander die Hand reichten –, war durch eine breite Markise geschützt, deren frische Vergoldung die Bürgersteige mit einem Sonnenstrahl zu erhellen schien. [...] Wenn die kleinen Kaufleute den Kopf hoben, gewahrten sie durch die Spiegelglasscheiben, die vom Erdgeschoß bis zum zweiten Stock freien Einblick in das Haus gestatteten, den ganzen wie eine Kaserne großen Bau entlang die Anhäufung von Waren. Und der riesige Würfel, dieser kolossale Basar, versperrte ihnen den Himmel, schien ihnen mit schuld zu sein an der Kälte, die sie in ihren eisigen Läden mit den Zähnen klappern ließ. [...]

Der Architekt, ein glücklicherweise intelligenter junger Mann, der auf alles Neuzeitliche versessen war, hatte Steine nur für die Untergeschosse und die Eckpfeiler verwendet und dann das ganze Gerippe aus Eisen errichtet, die Verbundstellen der Giebel- und Deckenbalken stützten Säulen. Die Vouten an den Decken und die inneren Zwischenwände bestanden aus Ziegelsteinen. Überall hatte man Platz gewonnen, Luft und Licht hatten freien Zutritt, das Publikum bewegte sich unbehindert unter dem kühnen Wurf der nur in weiten Abständen abgestützten Dachkonstruktion. Es war die Kathedrale des neuzeitlichen Handels, fest und leicht zugleich, für ein ganzes Volk von Kunden geschaffen. [...]

Das Allerwirksamste war das Reklamewesen. Mouret gab schließlich dreihunderttausend Francs im Jahr für Kataloge, Anzeigen und Plakate aus. Für seine Verkaufsausstellung von Sommerneuheiten hatte er zweihunderttausend Kataloge verschickt, davon fünfzigtausend in alle Sprachen

Galeries Lafayette, Foto ca. 1900

übersetzte ins Ausland. Jetzt ließ er sie mit Gravüren bebildern, er fügte ihnen sogar Stoffproben bei, die auf die Blätter geklebt waren. Es war geradezu eine Überschwemmung mit Warenanpreisungen, das »Paradies der Damen« sprang der ganzen Welt in die Augen, riß die Mauern, die Zeitungen, ja selbst die Theatervorhänge an sich. Er sprach öffentlich aus, daß die Frau der Reklame gegenüber machtlos sei, daß sie schließlich zwangsläufig dem Lärm nachlaufe. Zudem legte er ihr noch kunstvollere Schlingen, er analysierte sie wie ein großer Moralist. Auf diese Weise hatte er entdeckt, daß sie der Gelegenheit zu billigen Einkäufen nicht zu widerstehen vermochte, daß sie, wenn sie einen vorteilhaften Handel abzuschließen meinte, Dinge kaufte, die sie gar nicht brauchte; und auf diese Beobachtungen gründete er sein System der Preissenkungen, er setzte die Preise der nicht verkauften Artikel immer weiter herab, da er sie, getreu seinem Grundsatz von der schnellen Erneuerung der Waren, lieber mit Verlust verkaufte. Dann hatte er das Herz der Frau noch tiefer ergründet und war auf den Einfall mit dem »Zurückgeben« gekommen, ein Meisterstück jesuitischer Verführungskunst. »Nehmen Sie es nur gnädige Frau: Sie werden uns den Artikel zurückbringen, wenn er Ihnen nicht mehr gefällt.« Und die Frau, die bis dahin widerstanden hatte, fand hierin eine endgültige Entschuldigung, die Möglichkeit, eine Torheit gutzumachen: sie kaufte mit beruhigtem Gewissen. Fortan gehörten das Rückgaberecht und die Preissenkung zum vorbildlichen Betrieb des neuen Handels.

Als unvergleichlicher Meister aber erwies sich Mouret bei der inneren Ausgestaltung der Ladenräume. Er erhob es zum Gesetz, daß kein einziger Winkel des »Paradieses der Damen« unbelebt bleiben dürfe. Überall sollte Geräusch, Gedränge, Leben herrschen; denn Leben, sagte er, zieht Leben an, gebiert neues Leben und vermehrt sich rasch. Dieses Gesetz brachte er auf jegliche Weise zur Anwendung. Zunächst sollte man beim Hereinkommen fast erdrückt werden, man mußte von der Straße her den Eindruck gewinnen, als sei hier ein Aufstand ausgebrochen; und dieses Gedränge erzielte er dadurch, daß er im Eingang die Preisschlager unterbrachte, Kästen und Körbe, die von spottbilligen Artikeln überquollen, mit dem Erfolg, daß sich hier die kleinen Leute ansammelten, den Zugang versperrten und die Vorstellung erweckten, als seien die Ladenräume zum Bersten voll, während sie oft halbleer waren. Sodann verstand er sich auf die Kunst, längs der Galerien die brachliegenden Rayons, zum Beispiel im Sommer die Schals und im Winter die Indienne, unauffällig zu machen; er umgab sie mit belebten Rayons, sorgte dafür, daß sie im Trubel verschwanden. Er allein war auch auf den Gedanken gekommen, die Teppich- und Möbelabteilungen, Abteilungen, in denen die Kunden dünner gesät waren und die im Erdgeschoß leere und kalte Stellen geschaffen haben würden, in der zweiten Etage unterzubringen. Hätte er eine Möglichkeit dazu gefunden, er würde die Straße mitten durch sein Haus haben verlaufen lassen.

(ebda., S. 366ff.)

Vor dieser Gewalt muß sich auch das tapfere Provinzmädchen beugen. Sie hat es zwar geschafft, Mourets Herz zu erobern, der Rücksichtslosigkeit des modernen Handels jedoch keinen Einhalt gebieten können.

Denise hatte abermals eine schlaflose Nacht. Sie war sich ihrer Machtlosigkeit bewußt geworden. Nicht einmal zugunsten der Ihrigen fand sie eine Erleichterungsmöglichkeit. Bis zum Ende mußte sie Zeuge des unwiderstehlichen Werks des Lebens sein, das den Tod verlangt, um fortwährend neues Leben zu säen. Sie wehrte sich nicht mehr dagegen, sie nahm dieses Gesetz des Kampfes an; aber beim Gedanken an die leidende Menschheit wurde ihre Frauenseele von weinender Güte, von geschwisterlicher Liebe erfüllt. Seit Jahren war sie selber vom Räderwerk der Maschine erfaßt. Hatte sie nicht davon geblutet? Hatte man sie nicht gequält, fortgejagt, mit Schmutz beworfen? Noch heute erschrak sie zuweilen, wenn sie sich durch den folgerichtigen Ablauf der Dinge auserwählt fühlte. Weshalb gerade sie, die so armselig war? Weshalb war ihre kleine Hand auf einmal von solchem Gewicht beim Werk des Ungeheuers geworden? Und die Kraft, die alles wegfegte, riß auch sie mit, sie, deren Kommen ein Vergeltung sein sollte. Mouret hatte diesen Mechanismus zum Zermalmen der Welt erfunden, dessen rücksichtsloses Funktionieren ihre Entrüstung hervorrief; er hatte im Stadtviertel den Ruin ausgesät, hatte die einen ausgeplündert, die anderen ums Leben gebracht; und sie liebte ihn dennoch um der Großartigkeit seines Werkes willen, sie liebte ihn nur mehr bei jedem Gewaltakt seiner Macht, ungeachtet der Flut von Tränen, die angesichts des heiligen Elends der Besiegten in ihr aufstieg.
(ebda., S. 608 f)

Die Armen und die Reichen

Mit dem Bus Linie 81 fahren wir bis zur Place de Clichy. Dort gehen wir wenige Meter die Rue de Clichy entlang, um bald nach links in die Rue de Bruxelles einzubiegen. In dieser stillen Straße mit dem schönen Platz A. Max in ihrer Mitte befand sich im Haus Nr. 11 die Pariser Stadtwohnung von Zola, in der er am 29. September 1902 infolge einer Kohlenmonoxidvergiftung starb. Das Auftreten des Giftgases im Schlafzimmer des weltberühmten Schriftstellers und Moralisten hat sofort zu den verschiedensten Gerüchten und Spekulationen Anlaß gegeben. Denn man vermutete bei der Todesart – Augenzeugen haben berichtet, Bauarbeiter hätten auf dem Dach den Schornstein von Zolas Wohnung abgedeckt, so daß die Kohlenabgase der Heizung nicht mehr entweichen konnten – einen Vergeltungsakt für Zolas erfolgreiches Eintreten zugunsten des jüdischen Hauptmann Dreyfus. Dieser war einer politischen Intrige zufolge des Hochverrats an Deutschland angeklagt und am 22. Oktober 1894 zu lebenslänglicher Haft auf der Teufelsinsel in Französisch-Guayana verbannt worden. Als Zola 1897 gewisse Dokumente zugespielt wurden, die Anlaß dazu gaben, an der Rechtmäßigkeit des Verfahrens gegen Dreyfus zu zweifeln, begann der streitbare Moralist zu recherchieren. Es gelang ihm, die wahren Hintergründe der Anklage aufzudecken, was Frankreich in eine schwere innenpolitische Krise stürzte, verbunden mit dem Selbstmord des Auslösers, Rücktritt des Ministers und der, allerdings lange herausgezögerten, Rehabilitation des Hauptmanns. Die ›Affäre Dreyfus‹ spaltete über Jahrzehnte hinweg die französische Gesellschaft in zwei Lager. So verwundert es nicht, daß auch Zolas seltsamer Tod in Zusammenhang mit dem Gesellschaftsskandal gebracht wurde. Das letzte Gerücht über seinen Tod als Resultat eines geplanten Anschlags stammt aus dem Jahre 1953.

Wir wenden uns jetzt der Place Blanche zu und gehen die Rue Lepik entlang hoch zur Butte Montmartre. Diese Straße war für die Pariser Kunstszene von Wichtigkeit: Im Haus Nr. 54 wohnten 1886–1888 die Brüder Vincent und Theo van Gogh. Ein wenig weiter zeigt eine still gelegte Kreidemühle den Ort des beliebten Lustgartens *Moulin de la Galette*, dessen buntes Treiben vielen Malern, von Renoir bis van Gogh, von Toulouse-Lautrec bis Utrillo als Motiv diente. Oben auf der Butte, auf der kleinen Place du Tertre, dem ehemaligen Dorfplatz der einst selbständigen Gemeinde Montmartre, auf dem sich Pseudokünstler und Touristen zu einem lebhaften Stelldichein treffen, befindet sich im Haus Nr. 9 ein Restaurant mit einer Terrasse, die einen weiten Blick über das westliche Paris erlaubt. Hier könnte jener Abend stattgefunden haben, an dem Zola in seinem Roman ›Die Beute‹ den gierigen Spekulanten Saccard seinen Traum vom zukünftigen Reichtum durch die Stadterneuerung ausbreiten ließ.

Rue Montmartre, Foto ca. 1900

Die Vision oder fixe Idee Rastignacs, ausgerufen auf dem in der Ferne gegenüberliegenden Hügel des Friedhofs Père Lachaise, »Paris, du oder ich! Nun wollen wir uns miteinander messen.«, beginnt Saccard auf dem Hügel Montmartre zu verwirklichen:

Zwei Monate vor Angèles Tod hatte er sie eines Sonntags auf den Montmartre geführt. Die arme Frau aß so gern im Restaurant und war glücklich, wenn er sich nach einem langen Spaziergang mit ihr in irgendeiner Vorstadtwirtschaft zu Tisch setzte. An jenem Sonntag speisten sie ganz oben auf dem Hügel in einem Restaurant, dessen Fenster einen weiten Ausblick über Paris boten, über dieses Meer von Häusern mit bläulichen Dächern, die wie eine wogende Flut den riesigen Horizont erfüllten. Ihr Tisch stand gerade vor einem dieser Fenster. Der Anblick der Dächer von Paris stimmte Saccard heiter. Zum Nachtisch ließ er eine Flasche Burgunder kommen. Er lächelte vor sich hin und war von seltener Höflichkeit. Und immer wieder glitt sein verliebter Blick über dieses lebendige, wimmelnde Meer, aus dem die dunkle Stimme der Menschenmassen zu ihm aufstieg. Es war Herbst; unter einem weiten, blassen Himmel versank die Stadt in ein weiches, zartes Grau, hier und da gefleckt von dunklem Laub, das an breite Seerosenblätter erinnerte, die auf einem Teich schwimmen; die Sonne ging soeben in einer roten Wolke unter, und während sich die Tiefe mit leichten Nebeln füllte, fiel in der Gegend der Madeleine und der Tuilerien flimmernder Goldstaub, goldener Tau auf das rechte Seine-Ufer hinab. Es war wie ein verzauberter Stadtwinkel aus Tausendundeiner Nacht, mit Smaragdbäumen, Saphirdächern und Windfahnen aus Rubinen. Und es kam ein Augenblick, da zwischen zwei Wolken ein so blendender Strahl hindurchglitt, daß die Häuser aufflammten und sich aufzulösen schienen wie Goldbarren in einem Schmelztiegel.

»Oh, sieh doch«, sagte Saccard mit einem kindlichen Auflachen, »in Paris regnet es Zwanzigfrancsstücke!«

Auch Angèle begann zu lachen. »Leider sind diese Münzen nicht leicht aufzulesen«, meinte sie. Aber ihr Mann war aufgestanden und hatte sich mit den Ellbogen auf das Fensterbrett gestützt: »Was da unten glänzt, ist die Vendôme-Säule, nicht wahr? Und hier, etwas mehr rechts, hast du die Madeleine... Ein schönes Stadtviertel, wo es noch viel zu tun gibt... Oh, jetzt steht alles in Flammen! Siehst du's? Man könnte meinen, der ganze Stadtteil glühe in der Retorte eines Chemikers.«

Seine Stimme wurde ernst und bewegt. Der Vergleich, auf den er soeben verfallen war, machte ihn anscheinend stutzig. Er hatte Burgunder getrunken, er vergaß sich und fuhr fort, Angèle, die sich neben ihm aus dem Fenster lehnte, mit ausgestrecktem Arm Paris zu zeigen.

»Ja, ja, ich habe es schon lange gesagt, mehr als ein Stadtviertel kommt in den Schmelztiegel, und Gold wird all denen an den Fingern hängenbleiben, die den Kessel schüren und den Brei umrühren. Dies große, ahnungslose Paris! Sieh doch, wie ungeheuer groß es ist und wie friedlich es jetzt einschläft! Wie dumm sie doch sind, diese großen Städte! Paris ahnt nichts von der Armee von Spitzhacken, die eines schönen Morgens über die Stadt herfallen wird, und so manches Palais der Rue d'Anjou würde nicht so in der Abendsonne glänzen, wüßte es, daß es nur noch drei oder vier Jahre zu leben hat.«

Angèle glaubte, ihr Mann scherze. Manchmal gefiel er sich in so maßlosen und beunruhigenden Späßen.

Sie lachte, jedoch mit einem unklaren Erschrecken, als sie sah, wie sich der kleine Mann über dem Riesen zu seinen Füßen hoch aufrichtete, ihm die Faust zeigte und dabei spöttisch die Lippen verkniff.

»Der Anfang ist schon gemacht«, fuhr er fort. »Aber das ist noch nichts. Sieh mal dort unten, bei den Markthallen, da hat man Paris in vier Teile zerschnitten...«

Und er fuhr mit der weit ausgestreckten Hand, die wie ein bloßes, scharfes Messer wirkte, durch die Luft, als schneide er Paris in vier Teile.

»Du meinst die Rue de Rivoli und den neuen Boulevard, den man jetzt anlegt?« fragte seine Frau.

»Ja, ›das große Fenster von Paris‹, wie sie es nennen. Der Louvre und das Hôtel de Ville sollen freigelegt werden. Aber das ist ein Kinderspiel, geeignet, dem Publikum Appetit zu machen... Sobald das erste Straßennetz fertig ist, beginnt erst der große Tanz. Das zweite wird die Stadt nach allen Richtungen hin durchbrechen, um die Vorstädte mit dem ersten Netz zu verbinden. Alles, was noch stehenbleibt, wird in Schutt und Staub erstikken... Sieh, folge meiner Hand: vom Boulevard du Temple bis zur Barrière du Trône der erst Schnitt; sodann, auf dieser Seite, ein zweiter, von der Madeleine bis zum Parc Monceau; ein dritter in dieser Richtung, ein vierter in jener, ein Schnitt hier, einer weiter entfernt, überall Schnitte, ganz Paris von Säbelhieben zerhackt, mit offenen Adern, Nahrung spendend für hunderttausend Erdarbeiter und Maurer, von herrlichen strategischen Straßen durchzogen, die die Forts mit dem Kern der alten Stadtviertel verbinden werden.«

Es wurde Nacht. Immer noch durchschnitt seine magere, nervige Hand die Leere.

Angèle befiel ein leichter Schauder angesichts dieses lebenden Messers, dieser eisernen Finger, die erbarmungslos die unendliche Menge der dunklen Dächer zerhackten. Seit wenigen Sekunden sanken leise die Nebel, die den Horizont verschleierten, an den Hängen herab, und Angèle glaubte, unter den Schatten, die sich in der Tiefe häuften, ein fernes Krachen zu vernehmen, als hätte die Hand ihres Gatten die Schnitte, von denen er sprach, wirklich vollzogen und damit Paris von einem Ende zum anderen gespalten, die Balken zerbrochen, die Steine zermalmt und lange, entsetzliche Wunden zusammenstürzender Mauern hinterlassen. Diese so kleine Hand, die gierig nach einer Riesenbeute griff, wurde denn doch beunruhigend, und während sie mühelos die Eingeweide der Riesenstadt zerriß, war es, als nähme sie in der bläulichen Dämmerung einen merkwürdigen Stahlglanz an.

»Es wird hier noch ein drittes Straßennetz entstehen«, fuhr Saccard nach einer Pause, wie im Selbstgespräch fort: »das ist aber zu weit entfernt, ich sehe es nicht so deutlich. Ich habe nur geringe Anzeichen dafür gefunden... Aber das wird dann der reine Wahnsinn sein, der Teufelsgalopp der Millionen, Rausch und Totschlag von Paris!«

Abermals schwieg er; den brennenden Blick fest auf die Stadt gerichtet, in der sich die Schatten immer mehr verdichteten, versuchte er wohl, die ferne Zukunft zu erforschen, die sich ihm noch entzog. Dann wurde es dunkel; die Stadt verschwamm, man hörte sie tief atmen wie ein Meer, von dem man nur noch die bleichen Wogenkämme sieht. Hier und dort schimmerten noch weißliche Mauerstücke, und in der Dunkelheit blinkten die gelben Gasflammen eine nach der anderen auf, Sternen gleich, die nach und nach an einem schwarzen Gewitterhimmel aufleuchten.

Angèle schüttelte ihr Unbehagen ab und kam auf den Scherz zurück, den ihr Mann beim Dessert gemacht hatte.

»O ja«, sagte sie lächelnd, »es hat tüchtig Zwanzigfrancsstücke geregnet! Jetzt sind die Pariser beim Zählen! Sieh dir doch die schönen Geldhaufen an, die man zu unseren Füßen aneinanderreiht!«

Sie wies auf die Straßen, die dem Montmartre gegenüber abwärts führten und deren Gasflammen tatsächlich ihre goldenen Flecken in zwei Reihen aufzuschichten schienen.

»Und da unten«, rief sie und zeigte mit dem Finger auf ein ganzes Sterngewimmel, »das da unten ist sicher die Hauptkasse!«

Dieser Einfall brachte Saccard zum Lachen. Sie blieben noch ein Weilchen am Fenster stehen, entzückt von diesem Geriesel von »Zwanzigfrancsstücken«, das schließlich ganz Paris in Helligkeit tauchte.
(Zola, Die Beute, a.a.O., S. 114ff.)

Zur schnellen Verwirklichung seiner Vision bedient sich der Spekulant Saccard allerlei Tricks. Die folgende Szene läßt die Gewalt, die Geschwindigkeit und das Ausmaß der Arbeiten erahnen, mit denen in das alte Bild der Seine-Stadt eingegriffen worden ist.

Zunächst verfiel Saccard auf den Trick, Häuserkäufe vorzunehmen, die angeblich auf Rechnung der Stadt geschahen. Die Stadtverwaltung war durch einen Entscheid des Staatsrates in eine schwierige Lage gekommen. Sie hatte ohne Vermittlung eine beträchtliche Anzahl von Häusern erworben, in der Hoffnung, die Mieten einstreichen und die Mieter ohne Entschädigung hinaussetzen zu können. Diese Erwerbungen wurden jedoch als regelrechte Enteignungen angesehen, und die Stadt mußte zahlen. Nun bot sich Saccard der Stadt als Strohmann an; er kaufte, nutzte die Mietkontrakte zu seinen Gunsten und lieferte dann das betreffende Haus gegen ein vereinbartes Draufgeld zum festgesetzten Termin ab. Und schließlich spielte er ein doppeltes Spiel: er kaufte gleichzeitig für die Stadt und für den Präfekten. War das Geschäft gar zu verlockend, so brachte er das Haus heimlich an sich. Der Staat zahlte. Man belohnte seine Gefälligkeiten durch Überlassung ganzer Straßenabschnitte, geplanter Kreuzungen, die er wieder abtrat, ehe noch der neue Straßenzug in Angriff genommen wurde. Das war ein wildes Spiel; man spekulierte in künftigen Stadtvierteln wie in Staatspapieren. Gewisse Damen, hübsche Mädchen, vertraute Freundinnen hoher Staatsbeamter beteiligten sich daran; eine von ihnen, berühmt wegen ihrer weißen Zähne, hat mehrmals ganze Straßenzüge aufgeknabbert. Saccard wurde immer gieriger und fühlte, wie angesichts des Geldstroms, der ihm durch die Finger lief, seine Wünsche immer größer wurden. Ihm war, als breite sich rings um ihn ein See von Zwanzigfrancsstücken, der See wurde zum Ozean, erfüllte den unendlichen Horizont mit seinem seltsamen Wogenschlag, einer metallischen Musik, die Saccard am Herzen kitzelte, und als täglich kühnerer Schwimmer wagte er sich hinaus, tauchte unter, kam wieder an die Oberfläche, schwamm bald auf dem Rücken, bald auf dem Bauch, durchquerte diese unermeßliche Weite bei Sturm und Sonnenschein, im Vertrauen darauf, daß er dank seiner Kräfte und seiner Geschicklichkeit niemals untergehen werde.

Paris versank jetzt in einer Wolke von Gipsstaub. Die Zeiten, die Saccard damals auf dem Montmartre vorausgesagt hatte, waren gekommen. Mit Säbelhieben zerteilte man die Stadt, und er war bei jedem Schnitt, bei jeder Verwundung dabei. Ihm gehörten Trümmerstätten an allen Enden der Stadt. Er war auch in die unglaubliche Geschichte jenes Schachts in der Rue de Rome verwickelt, den eine Gesellschaft ausheben ließ, um fünf- oder sechstausend Kubikmeter Erde zu bewegen und so ein riesiges Unternehmen vorzutäuschen, und den man später, als die Gesellschaft verkracht war, wieder zuschütten und die Erde dazu aus Saint-Ouen zurückholen mußte. Dank der bereitwilligen Vermittlung seines Bruders Eugène zog sich Saccard mit gutem Gewissen und gefüllten Taschen aus der Sache heraus. In Chaillot half er den Hügel abtragen und in eine Niederung werfen, damit dort der Boulevard von Arc-de-Triomphe bis zur Pont de l'Alma entlanggeführt werden konnte. Saccard war es auch, der den Gedanken hatte, den Schutt des Trocadérohügels auf die Ebene von Passy schütten zu lassen, so daß der fruchtbare Boden dort heute zwei Meter unter der Oberfläche liegt und sich sogar das Gras weigert, auf diesem Müll zu wachsen. Man hätte den Mann auf zwanzig Stellen zugleich finden können, überall da, wo ein unübersteigliches Hindernis zu überwinden war, Trümmer, mit denen man nichts anzufangen wußte, Terrainarbeiten, die man nicht zu bewältigen vermochte, ein großer Erd- oder Gipshaufen, der die mit fieberhafter Hast arbeitenden Ingenieure ungeduldig machte, in dem Saccard jedoch mit seinen Krallen wühlte und dabei zu guter Letzt immer irgendein Draufgeld oder ein Geschäft nach seinem Geschmack herausholte. Innerhalb eines

Tages konnte er von den Arbeiten beim Arc-de-Triomphe zu denen am Boulevard Saint-Michel laufen, von den Ausschachtungen am Boulevard Malesherbes zu den Aufschüttungen bei Chaillot, und immer zog er eine ganze Armee von Arbeitern, Gerichtsbeamten, Aktionären, Spitzbuben und Geprellten hinter sich her.
(ebda., S. 160ff.)

Die Stadtsanierung verteuerte den Wohnraum im *beau Paris* derart, daß die Massen in die damaligen Stadtrandviertel im Osten und Norden zogen. Ein solches Quartier suchen wir nun auf. Wir verlassen die malerischen Place du Tertre und kommen an der pompösen Kirche Sacre-Coeur vorbei. Dieses Gotteshaus verdankt sein Entstehen dem Gelübde zweier ehrbarer Bürger. Nach der Niederlage im Krieg 1870/71 gegen Preussen und der Niederschlagung des ›ruchlosen‹ Aufstandes der Kommunarden sollte als Sühne auf dem Montmartre (= Märtyrerberg) eine dem Herzen Jesu gewidmete Basilika errichtet werden, und zwar ganz auf Kosten der Gläubigen. Die Sammlungen indes flossen so spärlich, daß *La Basilique du Sacre Coeur* erst ein halbes Jahrhundert später, im Oktober 1919, geweiht werden konnte. Übrigens ist dieser Bau kein Originalwerk, sondern die etwas schwerfällig wirkende Nachahmung der im zwölften Jahrhundert erbauten Kathedrale von Périgueux.

Wir steigen nun den Hügel nach Osten hinab und gelangen in das Viertel mit dem malerischen Namen *Goutte d'Or.* Der Name geht auf das 18. Jahrhundert zurück, als auf den Abhängen des Hügels Montmartre noch der säuerlich schmeckende Rebensaft angebaut und unter dem Namen ›Goldtröpfchen‹ gehandelt wurde. Dieses Quartier bildete die Kulisse für den Roman ›Der Totschläger‹, in dem Zola die soziale Kehrseite der Ära Haussmann beschreibt.

Wir wandern die engen Straßen Rue A. del Sarto und Rue de Sofia entlang und erreichen die große Kreuzung Barbès-Rochechouart. Dort spielte sich jeden Morgen folgende bewegte Szene ab, mit der Zola den sozialkritischen Roman beginnen läßt.

Gervaise, der die Laterne im Wege war, reckte sich in die Höhe, sie preßte ihr Taschentuch noch immer auf die Lippen. Sie schaute nach rechts in Richtung des Boulevard de Rochechouart, wo Gruppen von Fleischern mit blutigen Schürzen vor den Schlachthäusern standen; und der frische Wind trug zuweilen Gestank herüber, einen wilden Geruch nach hingemetzelten Tieren. Sie schaute nach links, überflog dabei das lange Band einer Straße und verweilte fast gegenüber von ihr auf der weißen Masse des damals im Bau befindlichen Hospitals Lariboisière. Langsam folgte sie von einem Ende des Horizonts zum anderen der Stadtzollmauer, hinter der sie nachts manchmal Schreie von Ermordeten hörte. Und sie durchwühlte die entlegenen Winkel, die finsteren, vor Feuchtigkeit und Schmutz schwarzen Ecken voller Angst,

Lantiers Leiche, den Bauch von Messerstichen durchbohrt, dort zu entdekken. Als sie über dieses graue und endlose Gemäuer hinwegblickte, das die Stadt mit einer öden Einfassung umgab, gewahrte sie einen weiten Lichtschein, einen Sonnenstaub, der schon von dem morgendlichen Grollen von Paris erfüllt war. Aber immer wieder schweifte sie mit vorgestrecktem Hals zur Barrière Poissonière zurück und betäubte sich damit, die ununterbrochene Woge von Menschen, Tieren und Karren, die von den Anhöhen des Montmartre und von La Chapelle herabwallte, zwischen den beiden gedrungenen Zollhäuschen hindurchfließen zu sehen. Dort war ein Herdengetrappel, eine Menge, die durch jähe Stockungen in Lachen auf dem Fahrdamm ausgebreitet wurde, ein endloser Vorbeimarsch von Arbeitern, die mit ihrem Handwerkszeug auf dem Rücken und ihrem Brot unter dem Arm zur Arbeit gingen. Und das Gewühl ergoß sich nach Paris hinein, wo es unaufhörlich versank.
(Zola, Der Totschläger, a.a.O., S. 9f)

Wir gehen den Boulevard Barbès etwa 100 m entlang und biegen dann rechts in die Rue de la Goutte d'Or. Wir gelangen in ein Gebiet, das heute von Afrikanern und Arabern bewohnt wird und als eines der schwierigsten Sanierungsgebiete von Paris gilt. Hier spielte sich die Tragödie der einst so couragierten Wäscherin Gervaise und ihres Ehemannes, dem Trunkenbold Coupeau, ab. Die Angehörigen der Arbeiterklassen träumten von einer bescheidenen Mietswohnung. Eine solche zu ergattern war aber bei der großen Wohnungsnot und Armut des niedriegsten Standes sehr schwierig.

Und dort an der Schwelle blickte sie erneut nach oben. Innen hatten die Fassaden sechs Stockwerke, vier regelmäßige Fassaden, die das geräumige Viereck des Hofes umschlossen. Es waren graue Mauern, die von gelbem Aussatz zerfressen, durch das Tropfen von den Dächern von Besudelungen streifig waren und die ganz glatt ohne jedes Gesims vom Pflaster bis zu den Schieferplatten emporstiegen. Allein die Abflußröhren bildeten einen Knick bei den einzelnen Stockwerken, wo die klaffenden Kästen der Ausgußbecken den Fleck ihres verrosteten Gußeisens hinsetzten. Die Fenster, die keine Jalousien hatten, ließen nackte Scheiben von graugrüner Färbung wie trübes Wasser sehen. Einige standen offen, und aus ihnen hingen blaukarierte Matratzen zum Auslüften; vor anderen trockneten auf gespannten Leinen Wäschestücke, die gesamte Wäsche eines Haushalts: die Hemden des Mannes, die Unterhemden der Frau und die kurzen Hosen der Buben. Im dritten Stock war ein Fenster, in dem eine mit Unrat verkleisterte Kinderunterlage ausgebreitet lag. Von oben bis unten barsten nach außen die zu kleinen Wohnungen, ließen Zipfel ihres Elends durch alle Ritzen hinaus. Unten war für jede Fassade eine hohe und schmale Tür ohne Holzverkleidung, die in den kahlen Gips eingelassen war und sich zur Höhlung eines

rissigen Hausflurs auftat, in dessen Hintergrund sich die schmutzigen Stufen einer Treppe mit eisernem Geländer emporwanden; und man zählte solcherweise vier Treppen, die durch die auf die Mauer gemalten vier Anfangsbuchstaben des Alphabets bezeichnet waren. Die Erdgeschosse waren zu riesigen Werkstätten ausgebaut, die von staubgeschwärzten Glasverschlägen abgeschlossen wurden: das Schmiedefeuer eines Schlossers loderte dort, weiter entfernt war das Hobeln eines Tischlers zu hören, während neben der Conciergeloge die Werkstätte eines Färbers jenen zartrosa Bach hervorsprudeln ließ, der unter der Toreinfahrt hindurchfloß. Der Hof war verdreckt durch Pfützen gefärbten Wassers, Hobelspäne und Kohlenschlacke, an seinen Rändern zwischen den aus den Fugen gegangenen Pflastersteinen mit Gras bewachsen und wurde von grellem Licht erhellt und gleichsam durch die Linie, wo die Sonne aufhörte, in zwei Teile zerschnitten. Auf der Schattenseite pickten rings um die Wasserleitung, die dort für ständige Feuchtigkeit sorgte, drei Hühnchen auf der Erde herum und suchten mit schmutzigen Pfoten nach Regenwürmern. Und Gervaise ließ ihren Blick langsam umherschweifen, ließ ihn vom sechsten Stock bis zum Pflaster sinken und wieder emporsteigen, war überrascht von dieser ungeheuren Größe und kam sich vor wie mitten in einem lebenden Organ, im Herzen einer Stadt; ihr Interesse war erregt durch dieses Haus, als stünde eine riesenhafte Gestalt vor ihr.
(ebda., S. 67ff.)

Pariser Dienstmädchenkammer, Foto um 1890

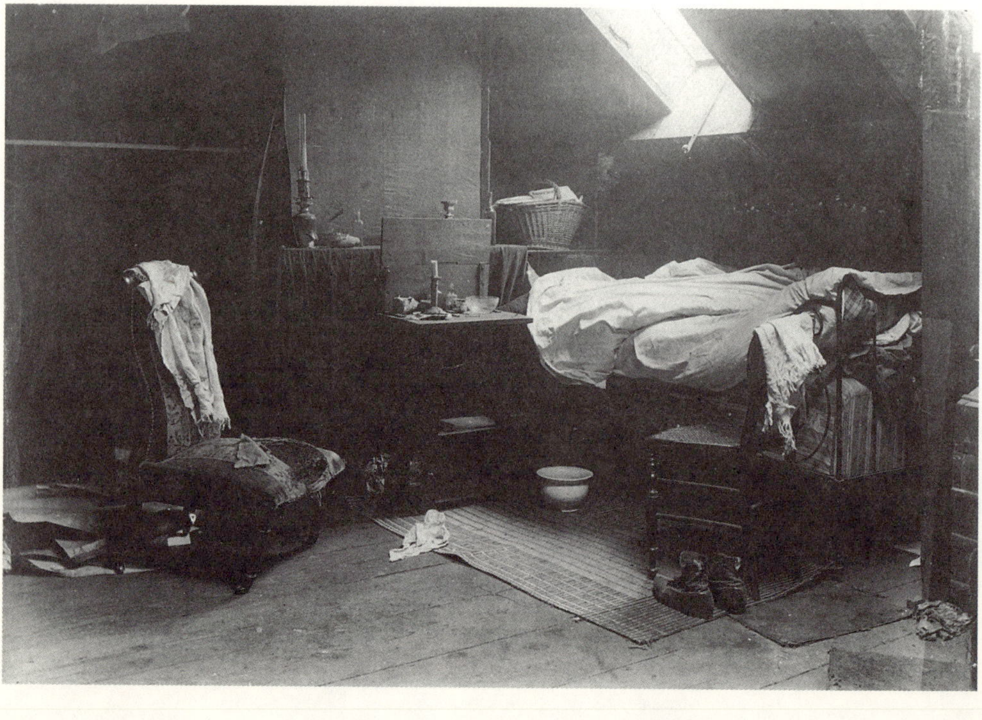

Das bescheiden anmutende und schon vom Verfall betroffene Wohnmilieu verhindert freilich, daß derartige Träume in den Himmel wachsen. Gervaise, typische Repräsentantin der classes laboureuses, spricht ihr kleines Lebensideal aus, das ihr als Resultat einer schmerzhaften Erfahrung im alltäglichen Lebenskampf noch geblieben ist.

»Mein Gott, ich bin nicht ehrgeizig, ich verlange ja nicht viel... Mein Ideal, das wäre, in Ruhe arbeiten, immer Brot zu essen haben und eine etwas saubere Bude zum Schlafen, wissen Sie, ein Bett, einen Tisch und zwei Stühle, nicht mehr... Ach, ich möchte auch meine Kinder großziehen und gute Menschen aus ihnen machen, wenn das möglich wäre... Ich habe noch ein Ideal, und das wäre, nicht geschlagen werden, wenn ich mich je wieder mit jemandem zusammentue. Nein, geschlagen werden, das würde mir nicht gefallen... Und das ist alles, sehen Sie, das ist alles...« Sie suchte, erforschte ihr Verlangen und fand nichts Ernsthaftes mehr, das sie verlockte. Nachdem sie gezögert hatte, fuhr sie allerdings fort: »Ja, schließlich kann man noch das Verlangen haben, in seinem Bett zu sterben... Wenn ich mich mein ganzes Leben abgeplackt habe, dann möchte ich gern in meinem Bett bei mir zu Hause sterben.«
(ebda., S. 61 f)

Doch nicht nur ihr Mann Coupeau hatte die Veranlagung zur Trunksucht, der er schnell erlag. Auch sie gab – nach längerem Ringen – nach, da sie sich letztendlich als zu schwach im Kampf gegen das soziale Umfeld fühlte. Wie so viele vor und neben ihr ergab auch sie sich in ihr Schicksal, hatte auch sie doch nicht die Kraft, der Not, dem Elend und dem Alkohol eine andere, eine bessere Lebenswelt entgegenzusetzen.

Nun pfiff Gervaise auf alles. Sie machte eine unbestimmte Handbewegung, um die Leute zum Teufel zu schicken. Bei jedem neuen Verdruß vertiefte sie sich in das einzige Vergnügen, ihre drei Mahlzeiten täglich zu halten. Der Laden hätte einstürzen können; vorausgesetzt, daß er sie nicht unter sich begrub, wäre sie gern auf und davon gegangen, ohne auch nur ein Hemd mitzunehmen. Und der Laden stürzte ein, nicht auf einen Schlag, sondern morgens und abends ein bißchen. Einer nach dem anderen wurden die Kunden ärgerlich und brachten ihre Wäsche woandershin. [...] Kurzum, es war ein völliges Versinken. Es roch nach Verfall.

Je mehr Faulheit und Elend einzogen, desto mehr zog natürlich auch die Unsauberkeit ein. Man hätte diesen schönen himmelblauen Laden nicht wiedererkannt, der einst Gervaises Stolz gewesen. Die Holzverkleidungen und die Scheiben des Schaufensters, die man abzuwaschen vergaß, blieben von oben bis unten vom Kot der Wagen bespritzt. Auf den Brettern an der Messingstange machten sich drei graue Lumpen breit, die von im Hospital verstorbenen Kundinnen zurückgelassen worden waren. Und im Innern

Rue Foyatier, Foto 1938

war es noch erbärmlicher: die Feuchtigkeit der unter der Decke trocknenden Wäsche hatte die Tapete losgelöst; die im Stil der Pompadourzeit bemalte Leinwand breitete ihre Fetzen aus, die gleich staubschweren Spinnweben herabhingen; die zersprungene, von Stößen mit dem Feuerhaken durchlöcherte Maschine wirkte in ihrer Ecke wie der Bruch alten Gußeisens von einem Trödler; der Werktisch schien einer ganzen Garnison als Tafel gedient zu haben, war mit Kaffee und Wein befleckt, mit Eingemachtem bekleistert und fettig von den Schmausereien am Montag. Dazu ein säuerlicher Stärkegeruch, ein Gestank, der von Schimmel, angebranntem Fett und Dreck hervorgerufen wurde. Aber Gervaise fühlte sich darin sehr wohl. Sie hatte nicht wahrgenommen, wie der Laden verdreckte; sie ließ sich gehen in ihm und gewöhnte sich an die zerfetzte Tapete, an die schmierigen Holzverkleidungen, wie sie auch dahin gelangte, ungeflickte Röcke zu tragen und sich die Ohren nicht mehr zu waschen. Sogar der Schmutz war ein warmes Nest, darin zusammenzukauern ein Genuß für sie war. Die Dinge in heillosem Durcheinander lassen, warten, bis der Staub die Löcher zustopfte und überall Samt hinlegte, fühlen, wie das Haus um sie her träge wurde in nichtstuerischem Benommensein, das war eine wahre Wollust, an der sie sich berauschte. Zuerst ihre Ruhe; um das übrige scherte sie sich den Teufel. Ihre Schulden, die doch immer noch anwuchsen, quälten sie

nicht mehr. Sie verlor an Redlichkeit; man würde bezahlen oder nicht bezahlen, die Sache blieb unbestimmt, und es war ihr lieber, nicht Bescheid zu wissen. Sperrte man ihr in einem Hause den Kredit, so nahm sie im Nebenhaus einen neuen auf. Sie rannte, daß die Funken stoben, durch das Viertel, alle zehn Schritte hatte sie Schulden. Allein schon in der Rue de la Goutte-d'Or wagte sie nicht mehr beim Kohlenhändler, beim Kaufmann und bei der Obsthändlerin vorbeizugehen, was sie veranlaßte, den Umweg durch die Rue des Poisonniers zu machen, wenn sie zum Waschhaus ging, eine Strecke von gut zehn Minuten. Die Lieferanten kamen und schimpften sie eine Schurkin. Eines Abends wiegelte der Mann, der ihr die Möbel für Lantier verkauft hatte, die Nachbarn auf; er brüllte, er werde ihr die Röcke hochheben und sich an der dummen Person schadlos halten, wenn sie ihm sein Geld nicht verabfolge. Sicher, nach solchen Auftritten zitterte sie, nur schüttelte sie sich wie ein geprügelter Hund, und es war vorbei, sie aß deswegen abends nicht schlechter. Solche unverschämten Kerle, die sie anödeten! Sie hatte gar kein Geld, sie konnte doch nicht etwa welches herstellen! Außerdem betrogen die Händler genug, sie waren dazu da, um zu warten. Und sie schlief in ihrem Loch wieder ein und vermied es, an das zu denken, was notwendigerweise eines Tages eintreten mußte. Sie würde über die Klinge springen, bei Gott, aber bis dahin wünschte sie nicht geärgert zu werden.
(ebda., S. 424ff.)

Wir durchstreifen dieses interessante Viertel um die Kirche St. Bernard de la Chapelle mit den fremdländischen Auslagen, sehen viele dringend notwendige Sanierungsmaßnahmen und viel Verfall. Diese Straßenzüge unterschieden sich diametral zu jenen, die wir nun aufsuchen, um den Wohnbereich des Spekulanten Saccard kennenzulernen. Wir kehren zur Kreuzung Barbès-Rochechouart zurück. Dort steigen wir in der gußeisernen Hochbahnstation in die Metro Linie 2 und fahren bis zur Station Monceau. Nach nur zehn Minuten Metrofahrt sind wir aus dem niederen Sozialmilieu des Goutte d'Or zu der ersten Wohnadresse von Paris gelangt.

Wir durchqueren den schönen Parc Monceau. Im 18. Jahrhundert angelegt nach englisch-chinesischem Vorbild, d. h. ohne jede symmetrische Gradlinigkeit, zeigt die Grünanlage einen alten Baumbestand, einen kleinen See, eine elegische Szenerie alter Kolonnaden, Grabsteine, Ruinen und vier große, reich dekorierte und vergoldete Gittertore, die die Zugänge von weitem anzeigen. Durch den Durchbruch der großen und vielleicht typischsten Verkehrsader aus der Zeit Haussmanns, dem Boulevard Malesherbes, wurde der Park zur Hälfte zerstört. Eine Hälfte wurde zum kostbaren Baugrund, auf dem zwischen dem Boulevard und dem Park luxuriöse Stadthäuser von denjenigen erstellt wurden, die durch die Stadtsanierung zu Glanz und Reichtum gekommen waren. Selbstverständlich kaufte sich auch der reich gewordene Spekulant Saccard dort ein. Die Schilderung des prächtigen Palastes, der im klassizistischen Stil, verziert mit ein wenig Rokoko, den alten Adelspalästen nachgestaltet war, verhehlt nicht, wie sehr Zola diese prunkvolle Innen- und Außenarchitektur bewunderte.

Die Kalesche fuhr unterdessen in den Hof und hielt vor der Freitreppe.

Diese Freitreppe mit niedrigen, breiten Stufen hatte ein großes gläsernes Schutzdach, das ein Bogenbehang mit Fransen und goldenen Quasten umsäumte. Die beiden Stockwerke der Villa lagen über den Wirtschaftsräumen, deren knapp über dem Erdboden angebrachte kleine Fenster mit Mattscheiben versehen waren. Die vorspringende Vestibültür oben auf der Freitreppe war von schmalen, in die Mauer eingelassenen Säulen flankiert und bildete so eine Art Vorbau, der, in jedem Stockwerk von einem Rundfenster durchbrochen, bis zum Dach anstieg, wo er in einem dreieckigen Giebel endete. Die Stockwerke wiesen zu beiden Seiten je fünf Fenster auf, die sich in regelmäßigen Abständen an der Fassade entlangreihten und von einfachen Steinrahmen umgeben waren. Das Mansardendach hatte vier große, beinahe senkrechte Seitenflächen.

Auf der Gartenseite aber war die Fassade sehr viel prächtiger. Eine wahrhaft königliche Freitreppe führte zu einer schmalen Terrasse, die sich an der ganzen Länge des Erdgeschosses hinzog; die Terrassenrampe, im Stil der Gitter des Parc Monceau, war noch stärker mit Gold überladen als das Schutzdach und die Laternen des Hofes. Dahinter erhob sich das Palais, mit zwei Pavillons an den Ecken, turmartigen, halb in den Block des Hauses einbezogenen Vorbauten, die im Inneren runde Gemächer bargen. In der Mitte sprang ein noch tiefer eingelassenes Türmchen nur wenig vor. Die Fenster, an den Vorbauten hoch und schmal, an den flachen Teilen der Fassade weiter voneinander entfernt und fast quadratisch, hatten im Erdgeschoß steinerne Balustraden, in den oberen Stockwerken halbhohe Gitter aus vergoldetem Schmiedeeisen. Es war eine Schaustellung, eine Verschwendung, ein Übermaß von Reichtum. Das ganze Gebäude verschwand förmlich unter Skulpturen. Rings um die Fenster und an den Gesimsen entlang schlang sich Schnörkelwerk von Zweigen und Blüten; die Balkone glichen Körben voll Laub, die von großen nackten Frauengestalten mit verdrehten Hüften und straffen Brüsten emporgehalten wurden; außerdem waren allenthalben Phantasiewappen angebracht, Weintrauben, Rosen, alles, was man aus Stein oder Marmor erblühen lassen kann. Je höher man hinaufblickte, desto blühender entfaltete sich der Zierat. Rings um das Dach lief eine Balustrade, in regelmäßigen Abständen mit Urnen besetzt, aus denen steinerne Flammen emporloderten. Und hier, zwischen den runden Mansardenfenstern, die sich in einem unglaublichen Gewirr von Früchten und Blattwerk öffneten, thronten die Glanzstücke dieser erstaunlichen Dekoration, die Giebel der Pavillons, in deren Mitte abermals große nackte Frauengestalten erschienen, die, in den verschiedensten Stellungen, zwischen Binsenbüscheln, mit Äpfeln spielten. Das mit all diesem Schmuck beladene Dach, noch überragt von Galerien aus ausgezacktem Blei, zwei Blitzableitern und vier riesigen, symmetrisch angeordneten Kaminen, die wie alles übrige mit Skulpturen versehen waren, schien die Krönung dieses architektonischen Feuerwerks darzustellen.

Rechter Hand befand sich ein geräumiges Gewächshaus, eng an den einen Flügel des Palais gelehnt und durch die Glastür des Salons mit dem Erdgeschoß verbunden. Der Garten, den ein niedriges, durch eine Hecke verstecktes Gitter vom Parc Monceau trennte, war ziemlich abschüssig. Zu klein im Verhältnis zum Wohngebäude, so eng, daß nur ein Rasen und einige Gruppen immergrüner Bäume darin Platz fanden, war er lediglich ein Hügel, eine Art grünen Sockels, auf dem das Palais in seiner Galatoilette hochmütig thronte. Vom Park aus betrachtet, über den tadellos gehaltenen Rasen und die niedrigen Bäume hinweg, deren Laub wie lackiert glänzte, hatte dieser noch neue mattweiße Riesenbau mit seiner schweren Schieferkappe, seinem vergoldeten Gitterwerk, seiner Überfülle an Skulpturen das bleiche Gesicht, die üppige und alberne Aufdringlichkeit eines Emporkömmlings. Es war ein neuer Louvre in kleinerem Maßstab, eines der charakteristischen Musterbeispiele des Stils unter dem dritten Napoleon, jenes strotzenden Bastards sämtlicher Stile. An Sommerabenden, wenn die schrägen Sonnenstrahlen das Gold des Gitterwerks an der weißen Fassade aufleuchten ließen, blieben die Parkbesucher stehen und betrachteten die gerafften rotseidenen Fenstervorhänge des Erdgeschosses; und durch die großen, klaren Fensterscheiben, die, wie die Schaufenster der großen modernen Läden, dazu geschaffen schienen, den inneren Prunk nach außen zur Schau zu stellen, gewahrten die Kleinbürgerfamilien Teile von Möbeln, Stoffstücke, Ausschnitte der Zimmerdecken von so blendendem Reichtum, daß sie beim bloßen Anblick vor Bewunderung und Neid wie angewurzelt mitten auf der Allee stehenblieben.
(ebda., S. 22 ff.)

Um dem Wohlgefühl in diesen Palästen ein wenig nachzuspüren, verlassen wir den Park in Richtung Boulevard Malesherbes und suchen das Museum Nissim de Camondo in der Rue Monceau auf, das in einem Palast aus der Zeit Ludwig XVI untergebracht ist und dessen Garten unmittelbar an den Park grenzt. Dieser Prachtbau war der Wohnsitz der in den Stand von Grafen aufgestiegenen Bankiersfamilie Camondo. Den Palast schenkte Moise de Camondo zum Andenken an seinen im I. Weltkrieg gefallenen Sohn Nissim mit der gesamten Einrichtung der *Union Centrale des Arts Décoratifs*. Die ganze Anlage einschließlich der Inneneinrichtung spiegelt in etwa die Wohnkultur jener Kreise wider, die bei der *Transformation de Paris* zu den Gewinnern zählten.

Osman-Pascha war der Spitzname für Baron Haussmann, der sich selbst unter Hinweis auf sein Meisterwerk – den Bau der Kanalisation – lieber mit ›Aquädukt‹ betitelte und die Stadtsanierung als eine »Verklärung« erlebte, die aber etwas kostete. Haussmann bezifferte später in seinen ›Memoiren‹ den Aufwand für die Arbeiten mit 5 Milliarden Francs. Und wer sollte das alles bezahlen? Dies war ein Thema, das selbstverständlich bei den Empfängen in den Palästen der Neureichen gerne den üppigen Speisen die rechte Würze gab.

Der Zynismus, der im Hause Saccards bei einer solchen Gelegenheit zum Ausdruck kam, indem man die Zeche für die Neugestaltung der Stadt einfach der zukünftigen Generation zuschob, entsprach konsequent den gesellschaftlichen Grundüberzeugungen des durch den Hochkapitalismus mächtig gewordenen Bürgertums.

Doch Herr Toutin-Laroche war nicht der Mann dazu, sich aus dem Konzept bringen zu lassen.

»Ach, meine Herren«, fuhr er fort, als sich das Gelächter gelegt hatte, »der gestrige Tag war ein großer Trost für uns, deren Geschäftsführung die Zielscheibe so vieler gemeiner Angriffe bildet. Der Magistrat wird beschuldigt, die Stadt in den Abgrund zu steuern, und – Sie sehen es alle – kaum schreibt die Stadt eine Anleihe aus, so bringt uns jedermann sein Geld, sogar diejenigen, die am meisten geschrien haben.«

»Sie haben Wunder vollbracht«, sagte Saccard. »Paris ist zur Hauptstadt der Welt geworden.«

»Ja, es ist wirklich erstaunlich«, unterbrach jetzt Herr Hupel de la Noue. »Denken Sie nur, daß selbst ich, ein alter Pariser, mich in meinem Paris nicht mehr zurechtfinde. Als ich gestern vom Hôtel de Ville zum

Café de la Paix am Boulevard des Capucines, Foto um 1900

Luxembourg gehen wollte, habe ich mich tatsächlich verlaufen. Es ist erstaunlich, erstaunlich!«

Es entstand eine Pause. All die ernsten Männer hörten jetzt zu. »Die Umgestaltung von Paris«, redete Herr Toutin-Laroche weiter, »wird der Regierung zum Ruhm gereichen. Das Volk ist undankbar: es sollte dem Kaiser die Füße küssen. Noch heute morgen, als man von dem großen Erfolg dieser Anleihe sprach, habe ich im Stadtrat gesagt: ›Meine Herren, lassen wir diese Oppositionskrakeeler ruhig schreien; Paris auf den Kopf stellen heißt, es erst richtig zum Leben erwecken!‹«

Saccard lächelte und schloß dabei die Augen, als könne er so den Scharfsinn dieses Ausspruchs besser auskosten. Er beugte sich hinter dem Rücken von Frau d'Espanet zu Herrn Hupel de la Noue hinüber und sagte laut genug, um gehört zu werden: »Er ist wirklich geistreich!«

Während des ganzen Gesprächs über die öffentlichen Arbeiten in Paris hielt Meister Charrier den Hals vorgestreckt, als wolle er sich an der Unterhaltung beteiligen. Sein Kollege Mignon war unterdessen gänzlich von Frau Sidonie in Anspruch genommen, die ihm reichlich zu schaffen machte. Schon seit Beginn des Essens hatte Saccard die beiden Unternehmer heimlich beobachtet.

»Die Verwaltung«, sagte er jetzt, »hat von Anfang an so viel guten Willen vorgefunden! Jedermann wollte zu dem großen Werk beitragen. Ohne die reichen Aktiengesellschaften, die der Stadt zu Hilfe gekommen sind, hätte sie niemals so gut und so schnell arbeiten können.«

Dann wandte er sich um und fügte mit einer Art grober Schmeichelei hinzu: »Die Herren Mignon und Charrier könnten ein Lied davon singen. Sie hatten ihr gerüttelt Maß an Arbeit dabei und werden den entsprechenden Anteil an Ruhm ernten.«

Den reichgewordenen Maurermeistern ging diese Phrase sehr glatt ein.

Mignon, zu dem Frau Sidonie gerade in geziertem Ton sagte: »Ach, mein Herr, Sie wollen mir schmeicheln; nein, Rosa wäre doch zu jugendlich für mich...«, unterbrach sie mitten im Satz, um Saccard zu entgegnen: »Sie sind allzu gütig; wir haben unser Glück dabei gemacht.«

Doch Charrier hatte mehr Schliff. Er leerte sein Glas Pommard und brachte die Erwiderung zustande: »Die Arbeiten für Paris haben dem Arbeiter Brot gegeben.«

»Fügen wir hinzu«, warf Herr Toutin-Laroche ein, »daß sie den finanziellen und industriellen Unternehmungen einen großartigen Aufschwung gebracht haben.«

»Und vergessen Sie nicht die künstlerische Seite der Sache; die neuen Straßen sind wahrhaft imposant«, bemerkte Herr Hupel de la Noue, der sich etwas auf sein Kunstverständnis einbildete.

»Ja, ja, das ist eine schöne Leistung«, murmelte Herr de Mareuil, nur um etwas zu sagen.

»Was die Kosten betrifft«, erklärte gewichtigen Tones der Abgeordnete

Haffner, der den Mund nur bei besonderen Gelegenheiten aufzutun pflegte, »so werden unsere Kinder dafür aufkommen, das ist nur recht und billig.«

Und da er bei diesen Worten zu Herrn de Saffré hinübersah, mit dem die anmutige Frau Michelin seit kurzem zu schmollen schien, wiederholte der junge Sekretär, um zu beweisen, daß er dem Gespräch gefolgt war:

»Das ist wirklich nur recht und billig.«

(ebda., S. 39ff.)

Der Empire hatte die seltsamsten Reinlichkeits-Grillen. Er verhielt sich ganz so wie bestimmte Hausfrauen, welche die Stube zwar fegen, aber den Dreck dabei unter die Möbel kehren: er fegte die Strassen von Paris sauber, aber warf gleichzeitig den ganzen Kot in die Häuser und Palais. Der Empire glich zum weiteren auch jenen Unglücklichen, die eine seidene Robe tragen, aber ansonsten einen schmutzigen Unterrock, durchlöcherte Strümpfe und ein zerrissenes Hemd anhaben. Der Empire vergoldete die Gullys; sein Traum war, die ganze Stadt zu weissen, sie in Reih und Glied zu bringen und in einen Galaanzug zu stecken, aber er begnügte sich damit, sie barfüssig zu lassen und jeden Riss, jeden Schmutzfleck hinter Spitzenklöppelei verschwinden zu lassen. Nichts ist dafür bezeichnender als diese Sorgfalt, die daran verschwendet wurde, auf der Fassade den ganzen falschen Luxus der dahinter liegenden Behausung zur Schau zu stellen. Es sind immer nur die Diebe, die ihre Redlichkeit betonen, und die ungepflegten Menschen, die beteuern, sich ihre Hände zu waschen. Die Rue de Rivoli, die Rue Lafayette, alle diese neuen Strassen sind viel zu geradlinig geraten für den Empire. [...] All der neue Putz, all die Tünche, all die grellfarbigen Malereien sollen nur die weit klaffenden Risse verdecken, die Brüchigkeit der Häuser, die unheilbaren Wunden, den bevorstehenden Zusammenbruch verbergen.

(Zola, Lettres parisiennes 1872, a.a.O., S. 106)

Zwei Würdigungen der Ära Haussmann

Aufgrund der vielen Bauskandale, der schwindelerregenden Geldtransaktionen und Börsenspekulationen kam es zu einer öffentlichen Kampagne gegen Haussmann, an der sich auch Zola beteiligte. Im Januar 1870 mußte dann der tatkräftige Baron seinen Abschied nehmen. Sein Werk ist vor allem in der Literatur sehr kritisiert worden. Auch Zola fand wenig schmeichelhafte Worte für das Programm Haussmanns:

»Das Paris von M. Haussmann ist ein einziges, ungeheures Blendwerk, die Lüge eines ins Riesenhafte gesteigerten Jesuitismus... Die Plätze, die großen Parks mit ihren Blumenrabatten zeigen ein heuchlerisches Lächeln, um von den Rauchschwaden und dem pestilenzartigen Gestank abzulenken, der unablässig über die Stadt hinwegzieht«.

Der Südfranzose Charles Cros (1842–1888) beklagte in lyrischen Tönen den Verlust von Intimität durch all das, was Haussmann in der Stadt angerichtet hatte.

A M. Haussmann

Ancien Préfet de la Seine

La maison est démolie,
Le petit nid est en l'air
Où j'eus ton cœur et ta chair,
Ma maîtresse si jolie!...

Je vois toujours dans l'ouest clair
Cette comète abolie.
Tombez pierres, ciment, fer!
L'amour jamais ne s'oublie.

Démolissez les maisons,
Changez le cours de saisons,
Plongez-moi dans l'opulence.

Vous ne pourrez effacer
La trace de son baiser.
Le vrai c'est ce que je pense.
(Charles Cros)

An Herrn Haussmann

Ex-Präfekt des Seine-Departements

Das Haus, zertrümmert, ist dahin,
Das Kuschelnest brutal zerstört...
Mein Liebchen, einst hat mir darin
Dein Herz so wie dein Leib gehört.

Im Westen schimmert nach ein Licht –
Des Meteors so flücht'ger Schein.
Stürzt, Beton, Eisen, Stein um Stein!
Wer je geliebt, vergißt das nicht.

Reißt ruhig alle Häuser ein.
Herrscht über Regen, Sonnenschein,
Erstickt mich in Bequemlichkeit,

Die Spur ihr niemals löschen könnt
Der Küsse, die sie mir gegönnt.
Was ich mir denk', ist Wirklichkeit.
(Mona Wodsak)

(aus: Poetischer Paris-Führer, Darmstadt 1994, S. 24f.

Ganz anders fällt die Würdigung von Fritz Stahl aus, der in dieser ›Transformation‹ die Voraussetzung für die moderne Metropole erblickt und Haussmanns neues Paris als ein Gesamtkunstwerk interpretiert.

Die moderne Weltstadt

Wer die Geschichte von Paris verfolgt, ist erstaunt über den Mangel an Verständnis und Dankbarkeit, dem die Leistung Napoleons III. und seines Präfekten, des Barons Haußmann, begegnete. Es gibt viele Gründe dafür. In erster Reihe wirkt die Erinnerung an den verlorenen Krieg, die mit dem Namen des zweiten Kaisers verbunden ist. Dann die allgemein verbreitete Meinung, daß eigentlich Haußmanns Eingriffe nur zu dem Zweck erfolgt seien, durch breite, gerade Straßen, die das Gewinkel durchbrachen, Aufständen zu wehren, oder sie doch ungefährlich zu machen. Die Erinnerung der Pariser hat wohl auch noch die große Schuldenlast nicht vergessen, die hinterblieb. Und es gibt und gab viele Freunde des alten Paris, die immer wieder an das mahnen, was damals zerstört worden ist, aus einem wahren Gefühl heraus, und noch mehr Menschen, die diese Klagen ohne Gefühl nachsprechen. Aber alles dieses würde nicht eine solche Wirkung üben,

Die Champs-Elysées,
Foto um 1880

wenn nicht hinzukäme, daß man gar nicht mehr recht unterscheiden kann, was von der sehr geliebten Stadt erst durch Haußmann geschaffen worden ist, und daß man erst recht nicht daran denkt, was ihr ohne seinen großartigen und natürlich auch gewaltsamen Zugriff geschehen wäre.

Da das Urteil der Franzosen auch bei uns nachgesprochen wird, so muß man zunächst die Einwürfe auf ihren Gehalt an Berechtigung prüfen.

An der strategischen Absicht der Durchbrüche ist nicht zu zweifeln. Aber einmal bestand sie doch nur für einen Teil. Und dann: wenn es sich nur um sie gehandelt hätte, ihr wäre noch besser durch baumlose, strenge Heerstraßen gedient gewesen als durch die freundlichen Boulevards, auf denen Promenaden und Kiosk die Sicht hindern. (Übrigens hat der Aufstand der Kommune sehr schnell gezeigt, daß diese Straßen nicht nur nicht die legitime Gewalt bewahren können, sondern auch der illegitimen genau so weit helfen wie ihr. Eine Revolution kann nur noch von außen bekämpft werden.)

Noch viel weniger haltbar ist der Einwurf der Pietätlosigkeit. Es ist eine Einsicht, die heute doch allgemein sein müßte, daß es unmöglich ist, gegenüber den Bedürfnissen des modernen Lebens und Verkehrs eine Stadt in ihrem alten Zustand zu erhalten. Und die ganze Phrasenhaftigkeit, die sich an die im Kern berechtigte Sorge für den Schutz der Heimat angeschlossen hat, seit sie Mode geworden ist, wird offenbar, wenn eine Pariser Zeitung in diesen Tagen meldet, diese und diese alten Häuser, eine Brutstätte der Tuberkulose, müßten niedergelegt werden, und dann dieser Meldung einen Seufzer nachschickt, daß immer mehr von dem alten Paris verschwinde. Um die Mitte des neunzehnten Jahrhunderts standen alle europäischen Großstädte an einem Scheidewege. Entweder ließ man konservativ alles stehen und gehen, oder man sorgte vor und mußte dann tief und energisch in den Stadtkörper einschneiden. Natürlich geschah fast überall das erste, nach dem Gesetz der Trägheit, das auch im Reiche des Geistes herrscht. Das war aber nur scheinbar konservativ. Das Leben bemächtigte sich der alten Straßen und Häuser und zerstörte sie auf das gründlichste. Der Handel brach Läden in die schönsten Fassaden und baute seine großen Magazine in die Straßen, deren alte Häuser fallen mußten. Und der Verkehr ist mühsam.

Jetzt stehen diese Städte vor eigentlich unlösbaren Aufgaben. Drei Generationen haben nicht gewußt, was Städtebau ist. Wir wissen es, aber die Erkenntnis bringt uns zumeist nur Kummer über verpaßte Gelegenheiten, Haußmann war der einzige, der es schon damals gewußt hat, und er hatte den Mut, und Napoleon III. gab ihm die Macht, nach dieser Erkenntnis zu handeln. Hat der Konservativismus der anderen zerstört, so hat seine Zerstörung konserviert. Ohne sie würden die Straßen des alten Paris so aussehen wie etwa die Straßen des alten Berlin oder des alten Köln, stilloser Mischmasch von alt und neu, ohne Maßstab wie ohne Charakter. Dadurch, daß dem eigentlich modernen Verkehr und Handel die breiten Wege geschaffen wurden, die er braucht, und an die die Häuser passen, wie er sie braucht, konnten die alten Straßen, die blieben, ihren Charakter und immerhin viel von ihrem Bestand an alten Häusern wahren. Nur dadurch. Es gab keinen anderen Weg.

Große Maßregeln erfordern große Mittel. Aber wenn sie richtig sind, so ist der Aufwand fruchtbar. Dieser ist fruchtbar geworden. Paris wäre ohne Haußmanns Boulevards und neue Stadtviertel sehr bald und endgültig im Zeitalter des Automobils eine unmögliche Stadt geworden, und ganz sicher nicht diese Metropole, der die ganze Welt einen unberechenbaren Tribut zahlt, reichlichste Zinsen der damals investierten Kapitalien.

Erst durch solche Erwägungen ist man vorbereitet, das Werk dieses einzigen genialen Städtebauers der modernen Zeit, der mittelbar auch alle amerikanischen Großstädte geschaffen hat, zu würdigen. Braucht nach der Geschichte der Stadt, wie sie hier erzählt worden ist, ausdrücklich gesagt zu werden, daß es kein Zufall ist, wenn dieser einzige Städtebauer in Paris auftrat? Daß es nichts anderes ist als der Wille von Paris, der ihn zu seiner Vollstreckung gerufen hat, gegen den Willen der Pariser? Haußmann hat nicht ein einzigs fremdes Element in die Stadt hineingetragen. Er hat nur die Konsequenzen für eine neue Zeit gezogen. Neu-Berlin hat mit der alten Residenz nichts gemein, Neu-Paris ist ihre gerade Fortsetzung.
(Fritz Stahl, Paris, Berlin 1928, S. 167ff.)

Das Musée Emile Zola

Nach dem großen Erfolg des Romans ›Der Totschläger‹ konnte Zola sich in Médan an der Seine, nordwestlich von Paris, 1878 ein großes Anwesen kaufen. Er ließ das Haus um einen viereckigen Turm erweitern, in dessen Oberstock sich sein Arbeitszimmer befand. Dieser Raum ist heute das kleine Prunkstück des Museums, das zu Ehren Zolas 1985 seine Tore öffnete. Im Salon des Erdgeschosses imponieren vor allem die bunten Jugendstilfenster. Médan ist ein kleiner, hübsch an der Seine liegender Ort. Man erreicht ihn vom Bahnhof St. Lazare mit den Zügen nach Mantes über Poissy. Man steigt in Villennes aus, nimmt ein Taxi oder geht 3 km zu Fuß nach Médan. Das Museum ist nur sonntags von 14.00 bis 18.00 Uhr geöffnet.

N. D. DE LORETTE
Sq. Montholon
FAYETTE
LAMARTINE
CHATEAUDUN
SYNAGOGUE
KOSSUTH
DE CHABROL
PETITS HOTELS
GARE DE L'EST
8 MAI 1945
St LAURENT
Folies Bergère
BLEUE
TRÉVISE
HAUTEVILLE
DE PARADIS
LA FIDELITE
RICHER
RUE DES PETITES ÉCURIES
HOTEL AMBASSADOR
HOTEL COMMODORE
MAIRIE DU 9e
Musée Grévin
St EUGÈNE
BOUL. DE STRASBOURG
B^d MONTMARTRE
Th. des Nouveautés
BERGÈRE
D'ENGHIEN
MAIRIE DU 10
BOUL. DES ITALIENS
Th. des Variétés
BOUL. POISSONNIÈRE
Th. du Gymnase
L'ECHIQUIER
Concert Mayol
OPERA STUDIO
RICHELIEU
VIVIENNE
Pte St-Denis
Th. Antoine
CHATEAU D'EAU
PL. DE LA BOURSE
BOURSE
MONTMARTRE
B. BONNE NOUVELLE
Pte St Martin
Th. Renaissance
Th. Pte St Martin
SEPTEMBRE
BIBLIOTH. NAT.
ABOUKIR
BOUL. St DENIS
BOULEV. SAINT MARTIN
CONSERV. DES ARTS ET METIERS
N. D. DES VICTOIRES
RUE DU MAIL
REAUMUR
SÉBASTOPOL
N. DAME DE NAZARETH
Th. de la Musique
MAIRIE DU 2e
Th. Palais Royal
BANQUE DE FRANCE
HÔT. DES POSTES
St NICOLAS DES CHAMPS
LYCÉE TURGOT
TURBIGO
PALAIS ROYAL
COMÉDIE FRANÇAISE
ANDRÉ MALRAUX
RUE COQUILLIÈRE
ETIENNE MARCEL
St EUSTACHE
St LEU
BEAUBOURG
GRAVILLIERS
CHAPON
MAIRIE DU
BOURSE DU COMMERCE
FORUM DES HALLES
MINIST. DES FINANCES
ORATOIRE
SAINT HONORÉ
ARCHIVES

Ein Müßiggang durch die Passagen mit Walter Benjamin

ROUTE: (Metro Linie 7 Le Peletier) Rue Richer – Passage Verdeau – Passage Jouffroy – Musée Grevin – Passage des Panoramas – Gallerie Montmartre – Rue des Jeûneurs – Place du Caire – Passage du Caire – Rue du Foubourg St. Denis – Rue de Paradis mit Musée de la Publicité und Musée du Cristal

»Ohne ein Dichter zu sein«, dachte er doch »dichterisch«, urteilte die Philosophin Hannah Arendt über **Walter Benjamin**. Das 1892 in Berlin »wohlgeborene Bürgerkind« jüdischer Eltern versuchte in seinem Denken, jüdisch-theologische Traditionen mystischer Prägung mit denen der Aufklärung in einer politisch engagierten Literatur zu vermitteln. Von 1927 bis kurz vor seinem Tod 1940 arbeitete er an seinem Hauptwerk ›Die Pariser Passagen‹, das unvollendet geblieben ist. Zur Einschätzung dessen, was ein solches, Fragment gebliebenes Werk für den Autor selbst bedeutet, bemerkt Benjamin in der kleinen Sammlung philosophischer Fragmente unter dem Titel ›Einbahnstraße‹ (1928): »Den Großen wiegen die vollendeten Werke leichter als jene Fragmente, an denen die Arbeit sich durch ihr Leben zieht. Denn nur der Schwächere, der Zerstreutere hat seine unvergleichliche Freude am Abschließen und fühlt damit seinem Leben sich wieder geschenkt. Dem Genius fällt jedwede Zäsur, fallen die schweren Schicksalsschläge wie der sanfte Schlaf in den Fleiß seiner Werkstatt selber.«

Die ›Pariser Passagen‹ sind ein solches unvollendetes, schwerwiegendes Werk. Der fragmentarische Charakter lag nicht allein an den äußeren Schreibbedingungen wie Flucht und Exil sie mit sich bringen. Sie sind auch Niederschlag der Arbeitsweise des Autors, die einlädt, am Denkprozeß selbst aktiv teilzunehmen. Es fällt auf, daß die vielen fragmentarischen Notizen zu Alltagsthemen wie Straße, Warenhaus, Eisenkonstruktion, Mode, Panoramen, Reklame, Weltausstellungen, Beleuchtungsarten, ja selbst die banalsten und einfachsten Dinge von Benjamin in ihrer Beschreibung definitorisch nicht abgeschlossen werden.

Das ›Passagen-Werk‹ heute studieren heißt stets, mit dem Autor selber ein Flaneur zu werden, der seinerseits den Text, den er liest, mitproduziert.

Benjamins Ziel war, mit dem ›Passagen-Werk‹ eine Urgeschichte des 19. Jahrhunderts zu entwerfen, deren entscheidende Züge seiner Meinung nach bis in die Gegenwart hineinragen und diese mit bestimmen. In zahllosen Werken der Literatur des 19. Jahrhunderts werden die frühen Passagen zwar geschildert, doch erst im 20. Jahrhundert wird das Phänomen ›Passage‹ in seinem Zwielicht zwischen Innen und Außen,

Passage Vivienne

zwischen öffentlich und privat, literarisch erfaßt und geschichtsphilosophisch bedacht.

So wollen wir denn zu Flaneurs der Passagen werden und uns dabei von Benjamin unterhalten und im Nachdenken unterrichten lassen. Der Müßiggang soll mit dem Besuch zweier etwas abgelegener, aber sehr interessanter Museen beendet werden: das Musée du Cristal und das Musée de la Publicité.

Die Passagen

Bevor in der Mitte des 19. Jahrhunderts die großen Warenhäuser im Zuge der Entwicklung des Hochkapitalismus Kunden anlockten, war die Passage ein beliebter Ort des öffentlichen Lebens. Es handelte sich dabei um eine überdachte Ladenstraße, mit der man versuchte, mittels eines vor Wind, Wetter, Kot und Straßenschmutz geschützten Kommunikationsraumes den Bedürfnissen der kauflustigen Bevölkerung nachzukommen. Wir betreten solch eine Ladenstraße von der Rue du Faubourg Montmartre aus. Es handelt sich um die ca. 350 m lange Passagenkette *Verdau, Jouffroy* und *des Panoramas.* Die sofort ins Auge fallende bunte Vielfalt der Ladenwelt deutet darauf hin, daß das Vorbild der Passagen der Palais Royal mit seiner dichten Konzentration von Geschäften, Cafés, Restaurants, Lesekabinetten, Bordellen und Spielhöllen gewesen ist, den Balzac so anschaulich beschrieben hat (s.o. S. 54ff.). Das ist nicht verwunderlich, reizte doch die Beliebtheit und die Gewinnträchtigkeit des Palastes zur Nachahmung unter den Pariser Geschäftsleuten. Benjamin nennt zwei Bedingungen, die den Bau der Passagen in Gang gesetzt haben, nämlich das Aufkommen der Textilindustrie und die Eisenkonstruktion.

Die Mehrzahl der pariser Passagen entsteht in den anderthalb Jahrzehnten nach 1822. Die erste Bedingung ihres Aufkommens ist die Hochkonjunktur des Textilhandels. Die magasins de nouveautés, die ersten Etablissements, die größere Warenlager im Hause unterhalten, beginnen sich zu zeigen. Sie sind die Vorläufer der Warenhäuser. Es war die Zeit, von der Balzac schrieb: »Le grand poème de l'étalage chante ses strophes de couleurs depuis la Madeleine jusqu'à la porte Saint-Denis.« Die Passagen sind ein Zentrum des Handels in Luxuswaren. In ihrer Ausstattung tritt die Kunst in den Dienst des Kaufmanns. Die Zeitgenossen werden nicht müde, sie zu bewundern. Noch lange bleiben sie ein Anziehungspunkt für die Fremden. Ein »Illustrierter Pariser Führer« sagt: »Diese Passagen, eine neuere Erfindung des industriellen Luxus, sind glasgedeckte, marmorgetäfelte Gänge durch ganze Häusermassen, deren Besitzer sich zu solchen Spekulationen vereinigt haben. Zu beiden Seiten dieser Gänge, die ihr Licht von oben erhalten, laufen die elegantesten Warenläden hin, so daß eine solche Passage eine Stadt, ja eine Welt im kleinen ist.« Die Passagen sind der Schauplatz der ersten Gasbeleuchtung.

Die zweite Bedingung des Entstehens der Passagen bilden die Anfänge des Eisenbaus. Das Empire sah in dieser Technik einen Beitrag zur Erneuerung der Baukunst im altgriechischen Sinne. Der Architekturtheoretiker Boetticher spricht die allgemeine Überzeugung aus, wenn er sagt, daß »hinsichtlich der Kunstformen des neuen Systems das Formenprinzip der hellenischen Weise« in kraft treten müsse. Das Empire ist der Stil des revolutionären Terrorismus, dem der Staat Selbstzweck ist. So wenig Napoleon die funktionelle Natur des Staates als Herrschaftsinstrument der Bürgerklasse erkannte, so wenig erkannten die Baumeister seiner Zeit die funktionelle Natur des Eisens, mit dem das konstruktive Prinzip seine Herrschaft in der Architektur antritt. Diese Baumeister bilden Träger der pompejanischen Säule, Fabriken den Wohnhäusern nach, wie später die ersten Bahnhöfe an Chalets sich anlehnen. »Die Konstruktion nimmt die Rolle des Unterbewußtseins ein.« Nichtsdestoweniger beginnt der Begriff des Ingenieurs, der aus den Revolutionskriegen stammt, sich durchzusetzen, und die Kämpfe zwischen Konstrukteur und Dekorateur, Ecole Polytechnique und Ecole des Beaux-Arts beginnen.

Erstmals in der Geschichte der Architektur tritt mit dem Eisen ein künstlicher Baustoff auf. Er unterliegt einer Entwicklung, deren Tempo sich im Laufe des Jahrhunderts beschleunigt. Sie erhält den entscheidenden Anstoß als sich herausstellt, daß die Lokomotive, mit der man seit Ende der zwanziger Jahre Versuche anstellte, nur auf eisernen Schienen verwendbar ist. Die Schiene wird der erste montierbare Eisenteil, die Vorgängerin des Trägers. Man vermeidet das Eisen bei Wohnbauten und verwendet es bei Passagen, Ausstellungshallen, Bahnhöfen – Bauten, die transitorischen Zwecken dienen.
(Walter Benjamin, Gesammelte Schriften V, I PW, Frankfurt 1982, S. 45 f.)

Zur baulichen Erscheinung einer Passage gehört ganz wesentlich ihre Art der Bedachung – und jede Passage besitzt eine ganz eigene Decke. Dabei handelt es sich stets um eine Glas-Eisenkonstruktion, die die Gasse in eine ›Halle‹ verwandelt.

Von den Passagen, insbesondere als Eisenbauten, gilt: »Der wesentlichste Bestandteil… ist ihre Decke. Sogar die Sprachwurzeln des Wortes ›Halle‹ selbst wird daraus abgeleitet. Es ist ein überbauter Raum, nicht ein umbauter; die Seitenwände sind gleichsam ›verborgen‹.« Gerade dies letztere trifft in besonderem Sinne auf die Passage zu, deren Wände erst in zweiter Linie die Funktion von Wänden der Halle, in erster die von Wänden oder Fronten von Häuser haben.
(Benjamin, a.a.O., S. 221 f.)

Diese mehr oder minder kunstvoll ausgestalteten Glas-Eisenkonstruktionen machen deutlich, daß die Passagen nicht einfach verkehrsberuhigte Straßendurchgänge sein sollten. Vielmehr plante man, nach dem Vorbild des Palais Royal, mit dem Bau solcher Stätten, die Menschen anzulocken und durch elegante Auslagen zum Kauf zu verführen. Um diesem Ziel näherzukommen, bediente man sich eines psychologischen Tricks: Da man der Überzeugung war, ein Mensch betrete einen Innenraum nur mit einer festgelegten Absicht, d. h. er ist nicht mehr verführbar, sollte eine Passage immer so gestaltet sein, daß sie die Illusion vermittelt, es handele sich bei ihr nicht um einen Innen-, sondern um einen Außenraum.

Deshalb wurden die Geschäftsfassaden in den Passagen betont und denen auf den Boulevards genau nachgeahmt. Und die Dachkonstruktionen aus Eisen und Glas hatten nicht die Aufgabe, einen Innenraum zu erhellen, sondern die gedämpfte Aura eines Außenraumes zu schaffen, d.h. die Passage sollte stets ein Raum sein, in dem ästhetische Gestaltungsprinzipien vorherrschen, die die Illusion vermitteln, man befinde sich in einem Straßenraum, in dem man sich frei bewegen und seinen Träumen nachgehen kann.

Handel und Verkehr sind die beiden Komponenten der Straße. Nun ist in den Passagen deren zweite abgestorben; ihr Verkehr ist rudimentär. Sie ist nur geile Straße des Handels, nur angetan, die Begierden zu wecken. Weil in dieser Straße die Säfte stocken, wuchert die Ware an ihren Rändern und geht phantastische Verbindungen wie die Gewebe in Geschwüren ein. – Der Flaneur sabotiert den Verkehr. Er ist auch nicht Käufer. Er ist Ware.
(ebda., S. 93)

Betrachten wir die Innenarchitektur einer Passage, so stellen wir fest, daß Spiegel in den Einrichtungen dominieren. Für Benjamin ist Paris überhaupt eine ›Stadt der Spiegel‹. Deren Häufigkeit geben den Passagen die Aura der Zweideutigkeit.

Zweideutigkeit der Passagen als eine Zweideutigkeit des *Raumes*. Zu diesem Phänomen dürfte der Zugang am ehesten von der vielfältigen Verwendung der Figuren in Wachsfigurenkabinetten herzustellen sein. Wie auf der anderen Seite entsprechend die in den Passagen gewonnene intentionale Einstellung auf die Zweideutigkeit des Raumes der Theorie der pariser Straßen zugute kommen muß. Den äußerlichsten nur ganz peripheren Aspekt der Zweideutigkeit der Passagen gibt ihr Reichtum an Spiegeln, der die Räume märchenhaft ausweitet und die Orientierung erschwert. Vielleicht sagt das nur wenig. Dennoch: mag sie auch mehrdeutig, ja unendlich vieldeutig sein, zweideutig bleibt sie – im Sinne der Spiegelwelt – doch. Sie blinzelt, ist immer dieses Eine und nie Nichts, aus dem ein anderes sogleich heraussteigt. Der Raum, der sich verwandelt, tut das im Schoße des Nichts. In seinen trüben beschmutzten Spiegeln tauschen die Dinge den Kaspar Hauser-Blick mit dem Nichts: es ist ein so zweideutiges Zwinkern von Nirvana herüber. Und wieder streift uns hier mit kaltem Hauch der Geckenname Odilon Redons, der diesen Blick der Dinge in den Spiegel des Nichts so wie kein anderer auffing und wie kein anderer sonst ins Einverständnis der Dinge mit dem Nichtsein sich zu mischen wußte. Blickwispern füllt die Passagen. Das ist kein Ding, das nicht ein kurzes Auge, wo man es am wenigsten vermutet, aufschlägt, blinzelnd schließt, siehst du näher hin so ist es verschwunden. Dem Wispern dieser Blicke leiht der Raum sein Echo: »Was mag, in mir, so blinzelt er, sich wohl ereignet haben?« Wir stutzen. »Ja was mag in dir sich wohl alles ereignet haben?« So fragen wir ihn leise zurück.
(ebda., S. 1050)

Führen die Spiegel zu einem Wechselspiel der Eigenbefragung der Passanten, so dienen sie auch dazu, die Vorstellungswelt der Menschen zu weiten. Benjamin behauptet, die Vielzahl der Spiegel sei sogar für die besondere Schönheit der Pariserinnen verantwortlich.

Paris ist eine Spiegelstadt. Spiegelglatter Asphalt seiner Autostraßen, vor allem bistros gläserne Verschläge. Ein Überfluß von Scheiben und Spiegeln in den Cafés, um sie innen heller zu machen und all den winzigen Gehegen und Abteilen, in die pariser Lokale zerfallen, eine erfreuliche Weite zu geben. Die Frauen sehen sich hier mehr als anderswo, daraus ist die bestimmte Schönheit der Pariserinnen entsprungen. Ehe ein Mann sie anblickt, sahen sie sich schon zehnmal gespiegelt. Aber auch der Mann sieht sich physiognomisch aufblitzen. Er gewinnt schneller sein Bild als anderswo und sieht sich auch mit diesem seinem Bilde schneller einig werden. Sogar die Augen der Passanten sind verhängte Spiegel. Und über dem großen Bette der Seine, Paris, breitet der Himmel sich wie der kristallene Spiegel über den niedrigen Betten in Freudenhäusern.
(ebda., S. 1049)

In die besondere Welt der Spiegel führt uns das *Cabinet des Mirages* im Musée de Grévin, dem Wachsfigurenkabinett. Wir erreichen dieses Museum am Ende der *Passage Jouffroy.*

Das letzte, aber auch größte Werk dieses Spiegelzaubers dankt mehr noch vielleicht als seiner heute schon nachlassenden Anziehungskraft und Rentabilität seinen großen Herstellungskosten, daß es noch immer zu sehen ist. Es ist das »Cabinet des Mirages« im Musée Grévin. Hier traten eiserne Träger und riesige, in ungezählten Winkeln zusammenstoßende Glasflächen ein letztes Mal zusammen. Manni(g)fache Verkleidungen lassen die Eisenträger bald zu griechischen Säulen, bald in ägyptische Pilaster, bald zu Laternenpfähle(n) sich verwandeln und je nachdem umgeben die Beschauer unabsehbare Säulenwälder antiker Tempel, Fluchten wie von unzähligen aneinanderstoßen(den) Bahnhöfen, Markthallen oder Passagen. Ein wechselndes Licht, eine sanfte Musik begleiten die Vorführung und jeder Verwandlung geht das klassische Klingelzeichen, der Ruck vorher, den wir von unsern frühesten Weltreisen kennen, wenn im Kaiserpanorama vor unsern Augen voller Abschiedsweh ein Bild sich langsam aus dem Stereoskope löste, um das nächste erscheinen zu lassen.
(ebda., S. 667f)

Jetzt überqueren wir den Boulevard Montmartre und tauchen ein in die Welt der *Passage des Panoramas.* Diese ist die berühmteste und vielleicht erfolgreichste Passage, was die Geschäftemacherei angeht. Um 1800 erbaut, gilt sie als Vorbild für alle neuen Passagen.

Das alles ist die Passage in unsern Augen. Und nichts von alledem ist sie gewesen. Sie (scil. die Passagen) strahlten ins Paris der Empirezeit als Grotten. Wer 1817 die Passage des Panoramas betrat, dem sangen auf der einen Seite die Sirenen des Gaslichts, und gegenüber lockten als Ölflammen Odalisken. Mit dem Aufblitzen der elektrischen Lichter verlosch das unbescholtene Leuchten in diesen Gängen, die plötzlich schwieriger zu finden waren, eine schwarze Magie der Tore betrieben, aus blinden Fenstern in ihr Inneres schauten. Das war kein Niedergang sondern der Umschlag. Mit einem Schlage waren sie die Hohlform, aus der das Bild der »Moderne« gegossen wurde. Hier spiegelte mit Süffisanz das Jahrhundert seine allerneueste Vergangenheit. Hier war das Altersheim der Wunderkinder... (ebda., S. 1045)

Das Interesse an der Ausmalung der imaginären Welt entsprach dem damaligen Wunsch, alles auf einen Blick sichtbar machen zu wollen, um ein Gefühl der Teilnahme an den umfassenden Geschehnissen in der Welt zu vermitteln.

Das Interesse am Panorama ist, die wahre Stadt zu sehen – die Stadt im Hause. Was im fensterlosen Hause steht, ist das Wahre. Übrigens ist auch die Passage ein fensterloses Haus. Die Fenster, die auf sie herabschauen sind wie Logen, aus denen man in sie hineinsehen, nicht aber aus ihr heraussehen kann. (Das Wahre hat keine Fenster; das Wahre sieht nirgends zum Universum heraus.)
(ebda., S. 661)

Der Müßiggänger

In dieser Wunderwelt begegnen wir einer Lebensart, welche die gesellschaftlichen Grundsätze von damals widerspiegelte bzw. auf sie antwortete. Es ist dies der Müßiggang des Flaneurs – Ein Flaneur ist ein langsam Spazierender, »der sieht und zuschaut, beobachtet und bemerkt; der nicht übersieht, der nachdenklich geht, ja schlendert, stehen bleibt, um einen Einfall zu notieren, von Fremden nach einer Straße gefragt wird und viele Augen öffnen kann, wenn er das Erlebnis, gefiltert durch seine Sensibilität, aufschreibt: ›Aber wer wird nicht zum Dichter, wenn er zwecklos auf der Straße treibt... Oder sagen wir bescheidener, wer wird nicht zum Phantasten?‹« (Heinz Knobloch, Die schönen Umwege, Beobachtungen, Berlin 1993, S. 42)

Mannigfaltige Notizen aus der Feder Benjamins zeichnen Erscheinung und Lebensart eines Flaneurs und Dandy aus dem 19. Jahrhundert farbig nach.

Gott hat die Schöpfung hinter sich; er ruht von ihr aus. Dieser Gott des siebenten Tages ist es, den der Bürger sich zum Vorbild seines Müßigganges genommen hat. In der flanerie verfügt er über dessen Allgegenwart; beim

Spiel über dessen Allmacht und im Studium über seine Allwissenheit. – Diese Trinität ist im Ursprung des Satanismus bei Baudelaire. – Die Gottähnlichkeit des Müßiggängers zeigt an, daß das (altprotestantische) Wort »Arbeit ist des Bürgers Zierde« seine Geltung zu verlieren begonnen hat.

Der Müßiggang kann als eine Vorform der Zerstreuung oder des Amusements betrachtet werden. Er beruht auf der Bereitwilligkeit, eine beliebige Abfolge von Sensationen allein auszukosten. Sobald aber der Produktionsprozeß große Massen ins Feld zu führen begann, entstand in denen, die »frei hatten«, das Bedürfnis, sich massenweise gegen die Arbeitenden abzusetzen.

Die imitatio dei des Müßiggängers: er verfügt als Flaneur über die Allgegenwart, als Spieler über die Allmacht und als Student über die Allwissenheit. Diesen Typ des Müßiggängers stellte am ersten die jeunesse dorée.
(Benjamin, a.a.O., S. 967)

Den Flanierenden leitet die Straße in eine entschwundene Zeit. Ihm ist eine jede abschüssig. Sie führt hinab, wenn nicht zu den Müttern, so doch in eine Vergangenheit, die um so bannender sein kann als sie nicht seine eigene, private ist. Dennoch bleibt sie immer Zeit einer Kindheit. Warum aber die seines gelebten Lebens? Im Asphalt, über den er hingeht, wecken seine Schritte eine erstaunliche Resonanz. Das Gaslicht, das auf die Fliesen herunterstrahlt, wirft ein zweideutiges Licht auf diesen doppelten Boden.
(ebda., S. 524)

Ein Rausch kommt über den, der lange ohne Ziel durch Straßen marschierte. Das Gehn gewinnt mit jedem Schritte wachsende Gewalt; immer geringer werden die Verführungen der Läden, der bistros, der lächelnden Frauen, immer unwiderstehlicher der Magnetismus der nächsten Straßenecke, einer fernen Masse Laubes, eines Straßennamens. Dann kommt der Hunger. Er will nichts von den hundert Möglichkeiten, ihn zu stillen, wissen. Wie ein asketisches Tier streicht er durch unbekannte Viertel, bis er in tiefster Erschöpfung auf seinem Zimmer, das ihn befremdet, kalt zu sich einläßt, zusammensinkt.
(ebda., S. 525)

Die Haltung des flaneurs – eine Abbreviatur für die politische Haltung der mittleren Klasse unter dem zweiten Kaiserreich.

Dialektik der flanerie: einerseits der Mann, der sich von allem und allen angesehen fühlt, der Verdächtige schlechthin, andererseits der völlig Unauffindbare, Geborgene. Vermutlich ist es eben diese Dialektik, die »Der Mann der Menge« entwickelt.
(ebda., S. 529)

1839 war es elegant, beim Promenieren eine Schildkröte mit sich zu führen. Das gibt einen Begriff vom Tempo des Flanierens in den Passagen.
(ebda., S. 532)

Die beste Kunst, so, träumend den Nachmittag in das Netz des Abends einzufangen, ist das Plänemachen. Der Flaneur beim Planen.
(ebda., S. 533)

Der Flaneur ist der Beobachter des Marktes. Sein Wissen steht der Geheimwissenschaft von der Konjunktur nahe. Er ist der in das Reich des Konsumenten ausgeschickte Kundschafter des Kapitalisten.

Der Müßiggang des Flaneurs ist eine Demonstration gegen die Arbeitsteilung.
(ebda., S. 537f.)

Charles Baudelaire

Charles Baudelaire (1821–1871) hat sich in seinem lyrischen Werk mit der Welt des Flaneurs sehr intensiv befaßt. In seiner Studie über den großen Symbolisten zeigt Benjamin, daß Baudelaire Paris zum Gegenstand seiner Poesie gemacht habe, und zwar in der Art, daß dessen Pariser Impressionen, geformt in allegorischer Ausdrucksweise, gekennzeichnet sind durch die Grundstimmung der Melancholie des Dichters.

Baudelaires Ingenium, das sich aus der Melancholie nährt, ist ein allegorisches. Zum ersten Male wird bei Baudelaire Paris zum Gegenstand der lyrischen Dichtung. Diese Dichtung ist keine Heimatkunst, vielmehr ist der Blick des Allegorikers, der die Stadt trifft, der Blick des Entfremdeten. Es ist der Blick des Flaneurs, dessen Lebensform die kommende trostlose des Großstadtmenschen noch mit einem versöhnenden Schimmer umspielt. Der Flaneur steht noch auf der Schwelle, der Großstadt sowohl wie der Bürgerklasse. Keine von beiden hat ihn noch überwältigt. In keiner von beiden ist er zu Hause. Er sucht sich sein Asyl in der Menge.
(Benjamin, a.a.O., S. 54)

Es ist das Einmalige der Dichtung von Baudelaire, daß die Bilder des Weibs und des Todes sich in einem dritten durchdringen, dem von Paris. Das Paris seiner Gedichte ist eine versunkene Stadt und mehr unterseeisch als unterirdisch. Die chthonischen Elemente der Stadt – ihre topographische Formation, das alte verlassene Bett der Seine – haben wohl einen Abdruck bei ihm gefunden. Entscheidend jedoch ist bei Baudelaire in der »totenhaften Idyllik« der Stadt ein gesellschaftliches Substrat, ein modernes. Das Moderne ist ein Hauptakzent seiner Dichtung. Als spleen zerspellt er das Ideal (»Spleen et Idéal«). Aber immer zitiert gerade die Moderne die Urgeschichte. Hier geschieht das durch die Zweideutigkeit, die den gesellschaftlichen Verhält-

nissen und Erzeugnissen dieser Epoche eignet. Zweideutigkeit ist die bildliche Erscheinung der Dialektik, das Gesetz der Dialektik im Stillstand. Dieser Stillstand ist Utopie und das dialektische Bild also Traumbild. Ein solches Bild stellt die Ware schlechthin: als Fetisch. Ein solches Bild stellen die Passagen, die sowohl Haus sind wie Straßen. Ein solches Bild stellt die Hure, die Verkäuferin und Ware in einem ist.
(ebda., S. 55)

Das Gedicht ›An eine, die vorüberging‹, von Baudelaire verfaßt am 15. Oktober 1860, führt in die Welt eines Träumers, der in einem Pariser Café sitzt und in seiner Einsamkeit einer Vorbeihastenden tagträumerisch nachsinnt. Die Verse erzählen von einer sensiblen Welterfahrung eines Großstädters, die alles andere als überholt zu sein scheint:

A une passante

La rue assourdissante autour de moi hurlait.
Longue, mince, en grand deuil, douleur majestueuse,
Une femme passa, d'une main fastueuse
Soulevant, balançant le feston et l'ourlet;

Agile et noble, avec sa jambe de statue.
Moi, je buvais, crispé comme un extravagant,
Dans son œil, ciel livide où germe l'ouragan,
La douceur qui fascine et le plaisir qui tue.

Un éclair... puis la nuit! – Fugitive beauté
Dont le regard m'a fait soudainement renaître,
Ne te verrai-je plus que dans l'éternité?

Ailleurs, bien loin d'ici! trop tard! *jamais* peut-être!
Car j'ignore où tu fuis, tu ne sais où je vais,
O toi que j'eusse aimée, ô toi qui le savais!

An eine, die vorüberging

Betäubend heulte die Straße rings um mich. Hochgewachsen, schlank, in tiefer Trauer, hoheitsvoller Schmerz, ging eine Frau vorüber; üppig hob und wiegte ihre Hand des Kleides wellenhaften Saum;

Leicht und edel setzte sie wie eine Statue das Bein. Ich aber trank, im Krampf wie ein Verzückter, aus ihrem Auge, einem fahlen, unwetterschwangeren Himmel, die Süße, die betört, die Lust, die tötet.

Ein Blitz ... und dann die Nacht! – Flüchtige Schönheit, von deren Blick ich plötzlich neu geboren war, soll ich dich in der Ewigkeit erst wiedersehen?

Anderswo, sehr weit von hier! zu spät! *niemals* vielleicht! Denn ich weiß nicht, wohin du enteilst, du kennst den Weg nicht, den ich gehe, o du, die ich geliebt hätte, o du, die es wußte!
(Charles Baudelaire, Sämtliche Werke, Bd. 3, München 1975, S. 244 f.)

Reklame

Nun schlendern wir die Rue des Jeûneurs entlang und kommen zu der engen Place du Caire, eines der früheren *Cours des Miracles*, einem ›Platz der Wunder‹, wie solche geheimnisumwitterten Plätze im Mittelalter genannt wurden. Wir betreten die verzweigte Passagenlandschaft *du Caire*, deren Eingangsbereich von zwei Skulpturen geschmückt werden, die sich in Erinnerung an Napoléons siegreichen Feldzug durch Ägypten an nordafrikanische Formen anlehnen. Noch heute ist dieser Bezirk ein Zentrum des Textilhandels, wenngleich keineswegs der der *haute couture.* Vielmehr zeigen diese Passagen deutlich den wirtschaftlichen Niedergang, den sie schon im letzten Jahrhundert erlebt haben. Denn im Zuge des Ausbaus der großen Boulevards und dem Hang der Pariser, den belebten Straßenraum, die nach außen gekehrte Öffentlichkeit jedweder Art von Stille vorzuziehen, hatten diese Ladenstraßen, die den Verkehr ausgespart hatten, auf Dauer keine Chance. Auch heute vermitteln die Passagen, trotz der teilweise unerträglichen Lärm- und Umweltbelastung auf den Pariser Straßen, den Eindruck von etwas Abgestandenem, von der Zeit Überholtem.

Wir verlassen die Passage du Caire und gehen die Rue St. Denis entlang bis zum gleichnamigen Triumphbogen. Dieser wurde zu Ehren Ludwig XIV 1671–1673 errichtet, und zwar als Pforte zur Rue St. Denis, einst vorbehalten allein für die königlichen Einzüge. Heute ist die Rue St. Denis ein abgeschmacktes Vergnügungsviertel, dessen Blütezeit während der Ära der alten Markthallen war. Davon erzählt farbig und schmissig der Film ›Irma La Douce‹.

Wir wandern weiter zur Rue du Paradis. Hier befindet sich das Handelszentrum der französischen Kristallmanufaktur. Viele Geschäfte laden mit ihren Auslagen zum Kauf ein. Und in dem der Manufaktur gewidmeten Museum können unverkäufliche Muster aus der Geschichte dieses kostbaren Handwerks bewundert werden. Interessant ist zudem die Bauästhetik. Es handelt sich um eine Fabrikarchitektur aus dem 19. Jahrhundert, mit einem breiten Treppenhaus und einer Glas-Eisendeckenkonstruktion.

Unweit dieses Museums befindet sich das interessante *Musée de la Publicité*, früher *Musée des Affiches*. Wir erreichen es über eine elegant geschwungene Treppe und gelangen in eine alte Fabrikhalle aus dem

Das Musée d' Orsay, der frühere Gare d'Orsay, hat den Charakter einer großen Passage

letzten Jahrhundert. Über dem Parterre liegt ein Obergeschoß mit kleinen Nischen und hölzernen Balustraden. Das Ganze wird gekrönt durch eine Deckenkonstruktion aus Eisen und Glas, die den Raum gedämpft erhellt. Der Boden ist mit farbigen Jugendstilfliesen ausgelegt, der richtige Untergrund für die bunten Objekte, die hier aus der Welt der Reklame ausgestellt sind: das Museum besitzt ca. 50000 Plakate, von denen alle zwei Monate eine Auswahl zu jeweils verschiedenen Themen gezeigt wird, die ziemlich umfassend in einen Abschnitt der Warenästhetik einführt. Es ist die Reklame, der sich die Industrie bemächtigt hat, um ihre Warenwelt der Kundschaft schmackhaft anzupreisen.

Unter europäischen Aspekten sahen die Dinge so aus: In allen gewerblichen Erzeugnissen ging im Mittelalter und bis zum Beginn des 19ten Jahrhunderts

die Entwicklung der Technik viel langsamer vor sich als die der Kunst. Die Kunst konnte sich Zeit nehmen, die technischen Verfahrungsweisen mannigfach zu umspielen. Der Wandel der Dinge, der um 1800 einsetzt, schrieb der Kunst das Tempo vor und je atemraubender dieses Tempo wurde, desto mehr griff die Herrschaft der Mode auf alle Gebiete über. Schließlich kommt es zum heutigen Stande der Dinge: die Möglichkeit, daß die Kunst keine Zeit mehr findet, in den technischen Prozeß sich irgendwie einzustellen, wird absehbar. Die Reklame ist die List, mit der der Traum sich der Industrie aufdrängt.
(Benjamin, a.a.O., S. 232)

Nach Benjamin besaß die neue Möglichkeit, mit Hilfe von Plakaten zu werben, eine solche Eigendynamik, daß die Reklame in der Zeit des Jugendstils, der *art nouveau*, sich verselbständigte.

Die Reklame emanzipiert sich im Jugendstil. Die Jugendstilplakate »sind groß, immer figürlich, farbig raffiniert aber nicht laut; sie zeigen Bälle, Nachtlokale, Kinoaufführungen, sind geschaffen für ein Leben, wo es überschäumte, und dem die sinnlichen Kurven des Jugendstils unvergleichlich dienten.«
(ebda., S. 238f)

Als 1940 die deutschen Truppen sich Paris näherten, floh Benjamin nach Süden und ließ sämtliche Unterlagen seines umfangreichen Werkes zurück. Die Unterlagen wurden von Pierre Missac in der Nationalbibliothek versteckt und konnten zum Glück gerettet werden. Als die Flüchtlingsgruppe, der sich Benjamin angeschlossen hatte, beim Versuch, die spanische Grenze zu passieren, abgewiesen wurde, nahm er sich aus Angst vor der Übergabe an die Gestapo in Port Bou das Leben. Endlich, 1994, konnte dort eine internationale Gedenkstätte der Öffentlichkeit übergeben werden.

Abschied

Vorher Abschiedsgang die Champs-Elysées herunter. Die ebene Fläche der Tage ist wie ein Spiegel, der jetzt, da ich an ihre Ränder stoße, in allen Farben des Prismas aufleuchtet. Mit der Kälte zugleich ist der Frühling gekommen, und während man mit klopfenden Pulsen und geröteten Backen die Champs-Elysées wie einen schneeigen Berghang heruntergeschritten kommt, hält man mit einem Male vor dem Rasenstückchen hinter dem Théâtre Marigny inne, in welchem der Frühling wittert. Hinterm Théâtre Marigny wird etwas sehr Stattliches aufgebaut; ein hoher, grüner Zaun umgibt die Baustelle, hinter ihm ragen Gerüste auf. Da sah ich diesen Zauber: einen

Baum, der innerhalb der umzäunten Stelle wurzelt und seine kahlen Äste seitlich ein wenig über den Zaun hinausstreckte. Diesen Ästen nun schmiegte der derbe Zaun sich mit durchbrochener Spitzenarbeit so innig an wie einem kleinen Mädchen die Halskrause. Mitten in der massiven Bautischlerei war diese Silhouette wie von der sicheren Hand einer Zuschneiderin gezeichnet. Die Sonne kam blendend von rechts, und wie die Spitze des Eiffelturms, meines lieben Sinnbilds der Rechthaberei, sich in dem Glanz beinahe auflöste, war sie das Bild der Versöhnung und Reinigung, die der Frühling heraufführt. Im Schein der Sonne schmolzen die Mietspaläste, die von weitem die Durchblicke in der rue La Boétie, der avenue Montaigne abgeschlossen, und wurden zu mächtigen Posten Goldbraun, die der Demiurg auf die Palette Paris gedrückt hat. Und wie ich im Gehen meine Gedanken so kaleidoskopisch durcheinanderfallen fühlte – mit jedem Schritt eine neue Konstellation; alte Elemente verschwinden, unbekannte kommen herangestolpert; viele Figuren, wenn aber eine haftet, heißt sie »ein Satz« – da bildete unter Tausenden sich auch diese, auf die ich viele Jahre gewartet habe – der Satz, der das ganze Wunder, das die Madeleine (die echte, nicht jene proustische) mir vom ersten Augenblick an gewesen war, ganz umschloß: Die Madeleine ist im Winter ein großer Ofen, der mit seinen Schatten die rue Royale heizt.
(Walter Benjamin, Pariser Tagebuch, GW IV, I, Frankfurt 1991, S. 586 f)

Foto: Germaine Krull, 1927

Walter Benjamin, geboren am 15.7.1892 in Berlin – gestorben am 27.9.1940 in Port Bou.
»benjamin ist hier, er schreibt an einem essay über baudelaire… das ist nützlich zu lesen. merkwürdigerweise ermöglicht ein spleen benjamin, das zu schreiben, er geht von etwas aus, was er aura nennt… diese soll in der letzten zeit im zerfall sein, zusammen mit dem kultischen… alles mystik, bei einer haltung gegen mystik.« Brecht zeigt sich etwas ratlos gegenüber dem vielleicht originellsten Philosophen und Literaturkritiker deutscher Sprache des 20. Jahrhunderts. Dabei benennt er mit Mystik genau jenen Begriff, der im Zentrum von Benjamins Denken steht. Es ist der Versuch, die jüdisch-theologische Tradition der Mystik mit dem Denken der Aufklärung zu einer politisch-operativen Literatur zu verknüpfen. Hauptwerk ist das Pariser Passagenwerk, in dem er versucht, eine Urgeschichte des 19. Jahrhunderts zu entwerfen. Seit 1931 im Pariser Exil lebend, mußte er von dort vor den anrückenden deutschen Truppen fliehen. Aus Angst, an der spanischen Grenze den Nazis ausgeliefert zu werden, nahm er sich, geistig und seelisch völlig erschöpft, in Port Bou das Leben. Nach Adorno ist durch »diesen Tod… die Philosophie um das Beste gebracht worden…, was sie überhaupt hätte erhoffen können.«

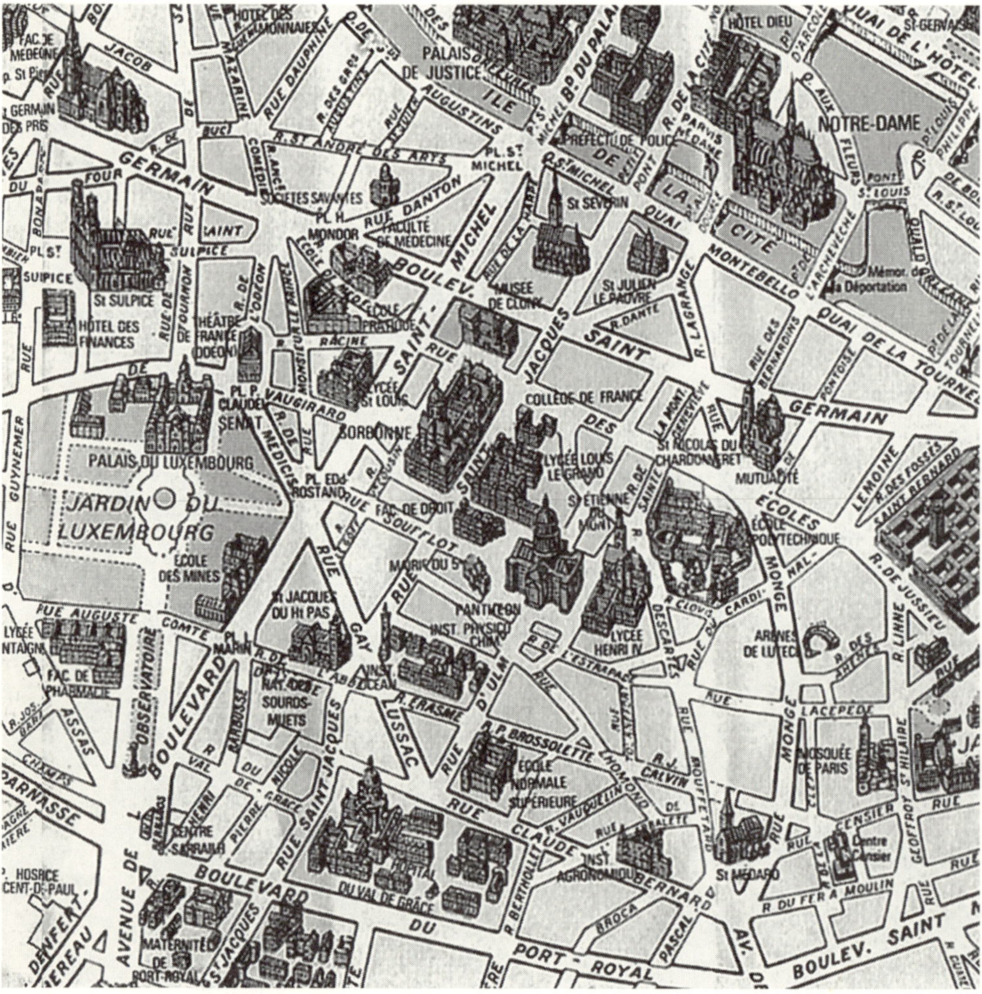
HOTEL DES MONNAIES
FAC. DE MEDECINE
JACOB
RUE DAUPHINE
MAZARINE
PALAIS DE JUSTICE
AUGUSTINS
ILE
DE
LA
CITE
HOTEL DIEU
NOTRE-DAME
PARVIS NOTRE DAME
PREFECT. DE POLICE
QUAI DE L'HOTEL
R. ST ANDRE DES ARTS
PL. ST MICHEL
GERMAIN
FOUR
SOCIETES SAVANTES
PL. H. MONDOR
RUE DANTON
FACULTE DE MEDECINE
St SEVERIN
BOULEV.
SAINT-MICHEL
MUSEE DE CLUNY
St JULIEN LE PAUVRE
QUAI
MONTEBELLO
Mémor. de la Déportation
QUAI DE LA TOURNELLE
St SULPICE
HOTEL DES FINANCES
THEATRE DE FRANCE (ODEON)
RACINE
ECOLE PRATIQUE
LYCEE St LOUIS
R. DANTE
SAINT
JACQUES
R. LAGRANGE
RUE DES BERNARDINS
COLLEGE DE FRANCE
GERMAIN
PL. P. CLAUDEL
SENAT
VAUGIRARD
SORBONNE
PALAIS DU LUXEMBOURG
JARDIN DU LUXEMBOURG
LYCEE LOUIS LE GRAND
St NICOLAS DU CHARDONNERET
MUTUALITE
PL. Ed. ROSTAND
FAC. DE DROIT
SOUFFLOT
St ETIENNE DU MONT
ECOLES
ECOLE POLYTECHNIQUE
ECOLE DES MINES
PANTHEON
INST. PHYSICO CHIM.
LYCEE HENRI IV
ARENES DE LUTECE
R. DE JUSSIEU
RUE AUGUSTE COMTE
St JACQUES DU Ht PAS
FAC. DE PHARMACIE
OBSERVATOIRE
BOULEVARD
SOURDS-MUETS
R. ERASME
R. P. BROSSOLETTE
ECOLE NORMALE SUPERIEURE
LHOMOND
CALVIN
MONGE
LACEPEDE
MOSQUEE DE PARIS
CENTRE SARRAIL
RUE SAINT-JACQUES
CLAUDE
BERNARD
INST. AGRONOMIQUE
St MEDARD
Centre Censier
R. DU FER A MOULIN
BOULEVARD
DU VAL DE GRACE
MATERNITE DE PORT-ROYAL
AVENUE DE
DENFERT
BROCA
PASCAL
PORT - ROYAL
BOULEV. SAINT
PARNASSE
ASSAS

Durchs Quartier Latin mit Julien Green und Ernest Hemingway

ROUTE: (Metro Linie 10 Maubert-Mutualité oder Linie 4 St. Michel) St. Julien-le-Pauvre – Rue du Fouarre – Rue Monge – Palais de la Mutualité – Rue du Cardinal Lemoine – Place de la Contrescarpe – Rue Mouffetard – Boulevard Montparnasse – Rue de Fleurus – Rue de l'Odéon

Die wohl älteste Universitätskirche der Welt, St. Julien-le-Pauvre, wird der Ausgangspunkt dieses Spazierganges sein. Wir durchstreifen malerische Gassen im Umkreis der alten Römersiedlung Lutetia und besuchen solche Stätten auf dem Montparnasse, die berühmt wurden wegen der intellektuellen Auseinandersetzungen, die dort geführt worden sind. Schließlich landen wir in den beiden Buchhandlungen von Adrienne Monnier und Sylvia Beach. Literarische Begleiter sind die Schriftsteller **Julien Green** und **Ernest Hemingway**, aber wir treffen auch auf andere Repräsentanten des europäischen Geisteslebens.

St. Julien-le-Pauvre

Am sanften Hang des Berges Geneviève auf dem linken Seine-Ufer erstreckte sich einst die alte Römerstadt Lutetia. Deren Villen und Weinberge sind zwar zerstört, doch zeugen noch Ruinen der Arena Lutece bei der Rue Monge und Bäderreste im Cluny-Museum vom einst hier herrschenden gesellschaftlichen Glanz. Ein anderes Zeugnis Römischer Herrschaft bildet die Rue St. Jacques, die sich vom Berg Geneviève hinabzieht und am rechten Ufer als Rue St. Martin samt ihren Fortsetzungen den Pariser Norden erreicht, d. h.: noch heute durchschneidet die alte Heerstraße der Römer die französische Metropole von Süden nach Norden und erzählt von der Struktur des alten Verkehrsnetzes nach dem Vorbild Roms.

Wir beginnen unseren Spaziergang an der Seine, und zwar dort, wo die Rue St. Jacques beginnt. Rechts davon liegt ein kleiner Garten, la Place R. Viviani. Hier finden wir einen besonderen Schatz der Natur: die älteste Akazie von Paris. 1601 wurde sie dort gepflanzt. Beton stützt sie heute, aber sie lebt. Hinter ihr duckt sich demütig das kleine Kirchlein St. Julien-le-Pauvre. Dieses Gotteshaus und die an der Rückseite des kleinen Gartens sich befindende kleine Gasse du Fouarre waren einst für die Entwicklung wissenschaftlichen Erkennens von außerordentlicher Bedeutung. Dort nämlich war ehemals der Kern der *Sorbonne*, der ersten Universität von Paris. Vor der Erbauung der Universität an der Rue St. Jacques hörten die Studierenden die Vorlesungen im Freien auf der kleinen Gasse du Fouarre, wobei sie im Sommer auf Heu-, im Winter auf Stohbündeln lagerten (fouarre = Heu- oder Strohbündel). Weltruhm erhielt dieses Gäßchen durch eine literarische Erwähnung. Als ›vico degli strami‹ wird die Gasse von Dante in seiner ›Comedia divina‹ gewürdigt. Zwar verewigt denn auch eine nahe Gasse mit ihrem Namen den Dichter der göttlichen Komödie, doch ist nicht belegt, ob Dante jemals in Paris studiert hat. Das bescheidene Gotteshaus St. Julien-le-Pauvre, seit 1901 Heimat der griechisch-orthodoxen Gemeinde, erlebte im Mittelalter eine Blütezeit. Als Zentrum der Universität war es der Ort der Rektoratswahlen. Und als Universitätskirche galt sie als Garant für freie wissenschaftliche Forschung, im Gegensatz zur nahen Notre-Dame, die in Stein gehauene kirchliche Lehrautorität bis heute machtvoll demonstriert.

Der ›Wanderer zwischen den Welten‹ Julien Green betrachtete die kulturelle Entwicklung im 20. Jahrhundert äußerst pessimistisch, als er das Kirchlein St. Julien-le-Pauvre betrat und sich zu Überlegungen veranlaßt sah über die Begegnung jener Zeugen alter metaphysischer Denksysteme mit denen der modernen Zeit.

Saint-Julien-le-Pauvre

In der flammenden Sommerhitze lohnt es sich, die etwas aus den Fugen geratene Tür zu den Schätzen der Frische zu öffnen. Ich trete ein und verhalte mich reglos. Hier ist die laute Stimme von Paris nur noch ein Flüstern, das sich in der großen Stille dieser kleinen Kirche verliert. Die stämmigen Pfeiler schimmern rosa im Nachmittagssonnenlicht, das durch die weißen,

Saint-Julien-le-Pauvre, Foto 1911

mit blauen Karos eingelegten Scheiben der schmalen Fenster dringt. Sie stützen das romanische Gewölbe, unter dem der Gedanke wie ein Vogel unter dem Geäst eines Waldes fliegt; sie sind so stark und so ruhig, daß man meinen könnte, sie erwarteten das Jüngste Gericht in einer Andacht, die sie allem Weltlichen enthebt, und wie in einem Traum von Ruhm und Größe versunkene Könige achten sie nicht der traurigen modernen Unruhe, an der ich meinen Teil habe, und schenken mir gnädig, ohne es zu wissen, ein wenig von jenem Frieden, den sie in ihrem Inneren bewahren. Sie tragen Laubkronen auf ihren Häuptern bis vor den Altar, wie Körbe mit Opfergaben, in einer Prozession, die sich über acht Jahrhunderte erstreckt; hier eine geflügelte Sirene, dort ein christlicher Ritter, Symbole der tiefen Gedanken, denen sie unter dem gerundeten Himmel der Gewölbe nachgehen.

Vielleicht kniete Dante an diesem Ort, inmitten dieser grün gewordenen Mauern, wo ein Ozean seine Algen hingeschwemmt zu haben scheint; hier hat der Seher das Unsichtbare begrüßt und sich später jener kleinen Pariser Straße erinnert, wo er auf seiner meditativen Reise in die Abgründe der inneren Welt einen Augenblick der Ruhe fand.

Heute fällt es schwer, sich die prunkvolle Vergangenheit der Kirche von *Saint-Julien-le-Pauvre* vorzustellen, die auf unsere traurigen Zeiten gewartet zu haben scheint, um sich voll und ganz ihren Beinamen zu verdienen. Nur mit Mühe können wir mutmaßen, wie bedeutend sie gewesen sein mag, als ihr eine Priorei angegliedert war und als fünfzig Mönche unter ihren Gewölben sangen, und es erscheint kaum glaublich, daß eine der schönsten Zeremonien des Mittelalters an diesem Ort stattfand, den unsere geistige Armut so bescheiden gemacht hat. Und doch war es hier, wo der *rector magnificus* der Sorbonne seinem Nachfolger den Hermelinmantel und den samtenen Sack mit dem Siegel der Universität überreichte. Hier versammelte sich jedes Jahr am elften Juni das Kollegium der Universität in vollem Staat, um sich dann zum Einkauf des für das Jahr benötigten Pergaments auf den Messejahrmarkt zu begeben. Vom Morgengrauen an erwachten die Rue Galande, die Rue de Fouarre, die Rue Saint-Séverin und die Rue Saint-Jacques bei den Klängen der Trommeln und Trompeten der Schüler, von denen viele Lanzen, Schwerter und Speere trugen, ohne anderen Grund als den ihrer Jugend und ihrer natürlichen Freude an Lärm und Tumult. Was ist uns in diesem Stadtviertel von all dem vollen, kräftigen und fröhlichen Leben geblieben, diesem Leben einer uns in allem überlegenen Epoche, außer seinen Namen?

So erinnerte ich mich, wenn ich an die Rue du Fouarre denke, an den Befehl des Papstes Urban V. an die Studenten, sich nicht auf Bänke, sondern zu Füßen ihrer Lehrer zu setzen. Aber der Boden ist ein harter Sitzplatz, und die Knaben liefen zu den Strohhändlern, die ihre Ware im Schatten von Saint-Julien feilboten.

Nichts hindert uns zu vermuten, daß auch Dante es den anderen nachtat und sich dort sein Strohbündel holte, um dem Unterricht seines lieben

Meisters Brunetto Latini zu lauschen, den er später in die Hölle beförderte, wofür er allerdings eine Art von Ausgleich schuf, indem er den Namen der kleinen Rue du Fouarre in eine Terzine des Paradieses einfügte.

Das XVIII. Jahrhundert schüttelte seine unwissende Perücke vor der altehrwürdigen Kirche und fand sie barbarisch. Wahrscheinlich hielt man sie für zu unscheinbar, um sie ganz zu modernisieren; wahrscheinlich kam noch hinzu, daß Saint-Julien, an der äußersten Grenze der Romanik, obwohl bereits unter den ersten Einflüssen des modernen Stils, in den Augen der Zeitgenossen Mansards nicht jenen gotischen Charakter besaß, der ihnen die Galle erhitzte und den sie im Chor von Saint-Séverin, dem unglücklicheren Nachbarn von Saint-Julien-le-Pauvre, auszumerzen versuchten. Allerdings war es dann doch kein anderer als der Prior von Saint-Julien, der das Schiff verkürzte und das Portal durch eine Fassade ersetzte, die dieser geschorene Esel für dorisch hielt. Heute trennt als letzte Verschandelung ein von den Popen des Ostens errichteter Reliquienschrein die Überreste einer der schönsten und ältesten Kirchen von Paris in zwei Teile.

Doch selbst so wie sie ist, hat die Kirche ihre robuste Anmut und ihre geheimnisvolle Jugend bewahrt. Man stellt sie sich von Wiesen und Feldern umgeben vor, denn sie hat den Reiz einer ländlichen Kirche. Ihr solides und naives Aussehen ist weit vom fieberhaften Schwung ihrer Nachbarin Saint-Séverin entfernt, die sich zu zieren, zu wenden und zu drehen scheint und mit den Fetzen riesiger Schatten schmückt. Saint-Julien begrüßt den Tag und hält das Licht bis zur Abenddämmerung in ihren Mauern zurück; sie ist kantig, fest und ruhig wie ein Glaubenssatz des heiligen Thomas. Weder Zweifel noch verdrießliche Visionen werden je ihre nachdenkliche und heitere Einsamkeit trüben. Sie ist wie ein Mönch mit einfältigem Herzen, der in seiner weißen Kutte am Ufer des gallischen Stroms sitzt.

Einst, wenn man die kleine Seitenpforte im Inneren der Kirche öffnete und hinaustrat, befand man sich auf einem anmutigen Gelände, wo man mit dem Fuß im hohen Grase auf einige der ältesten Steine von Paris stieß. Ganz nahe dem Grabe Saint-Juliens ragte plötzlich aus dem Rasen ein letzter Überrest des sogenannten Philippe Auguste Walls empor, wie ein Fels im Meer, und ein gekrümmter Baum starb langsam unter dem Gewicht der Jahrhunderte, brachte jedoch noch Blätter hervor, die sich flimmernd und zitternd gegen den Himmel abhoben. Wer erinnert sich noch an diesen Ort, an dem es sich so gut träumen ließ? In der Ferne ragten die Türme von *Notre Dame*, die bei Gewitter weiß wirken, schwarz in den Julihimmel hinein, und von Zeit zu Zeit ließ ein Schleppdampfer auf der Seite einen langen Klageruf ertönen, dessen nebelheiserer Klang im Blau verhallte. Aber der Lärm von Paris schien an den Grenzen dieser kleinen einsamen Stätte, wo ich gern innere Einkehr hielt, zu verstummen. Die mich umgebende Stille war wie ein Zufluchtsort, in dem die Vergangenheit ein Obdach gesucht hatte; es schien mir, als ob ein ganzes romanisches Frankreich diesem inneren Frieden innewohnte, der sich in den alten Steinen von Saint-Julien sinnvoll verkörperte. Das übte, als ich etwa sechzehn Jahre alt war, eine unwiderstehliche Anziehungskraft auf mich aus. Ich hatte die kleine Kirche zufällig auf einem Spaziergang entdeckt und bin seitdem oft dorthin zurückgekehrt.

Wir tun manchmal Dinge, deren Sinn uns erst viel später klar wird, obgleich der wachsamste Teil unseres Ich sie diktiert zu haben schient. Im Frühjahr 1940, das so tragisch für das zivilisierte Europa endete, begab ich mich, einer plötzlichen Eingebung folgend, an die Orte in Paris, die mir am vertrautesten in Erinnerung geblieben waren, und einige Kirchen, von denen ich nicht dachte, so bald Abschied nehmen zu müssen, hielten mich lange zurück. Saint-Julien war diejenige, von der mir die Trennung am schwersten fiel, und nachdem ich mich endlich losgerissen und die Schwelle überquert hatte, kehrte ich kurz darauf noch einmal zurück, von einer zu vagen Unruhe ergriffen, als daß ich sie in Worte fassen könnte, und ich warf einen letzten schweifenden Blick auf die im wehmutsvollen Licht der untergehenden Sonne schimmernden Pfeiler.
(Julien Green, Paris, München 1989, S. 25 ff.)

Unweit dieses Ortes kultureller Freiheit liegt das Palais de la Mutualité, 24 Rue Monge. Das große, am Ende des 19. Jahrhunderts errichtete Versammlungsgebäude steht all jenen Organisationen offen, die sich in den Dienst der Menschheit stellen. Meist wird es von eher links orientierten Parteien und den Gewerkschaften benutzt. In diesen Palast strömten am Abend des 21. Juni 1935 Menschen aus zahlreichen Ländern und aus unterschiedlichen Lagern und füllten den 3000 Plätze fassenden Saal, um der Eröffnung des zur Legende gewordenen »1. Internationalen Schriftstellerkongreß zur Rettung der Kultur« beizuwohnen. Er sollte zum Kampf gegen den Faschismus und für eine humane Gesellschaft aufrufen. 10 Francs kostete der Eintritt für einen Sitzplatz im Parkett, 3 Francs ein Platz auf dem Rang und 30 Francs eine Dauerkarte – alles nicht wenig damals für die Teilnehmenden. Dennoch verlangten viel mehr Menschen Zutritt, als das Gebäude fassen konnte. Folglich wurden Lautsprecher auf der Straße installiert und die Reden nach draußen übertragen. Etwa 250 Schriftsteller aus 38 Ländern nahmen an dem Kongreß teil, über den ca. 100 Journalisten in alle Welt berichteten.

Am 23. Juni stand auf der Tagesordnung ›Individuum‹. **Bert Brecht** hielt dazu die erste Rede, in der er auf die ungerechten Eigentumsverhältnisse aufmerksam machte, die er als Wurzel allen gesellschaftlichen Übels ansah.

Ich glaube nicht an die Roheit um der Roheit willen. Man muß die Menschen in Schutz nehmen gegen die Beschuldigung, sie wären auch roh, wenn dies nicht ein so gutes Geschäft wäre; es ist eine geistreiche Umbiegung meines Freundes Feuchtwanger, wenn er sagt: Gemeinheit geht vor Eigennutz, aber er hat nicht recht. Die Roheit kommt nicht von der Roheit, sondern von den Geschäften, die ohne sie nicht mehr gemacht werden können.

In dem kleinen Land, aus dem ich komme, herrschen weniger erschrekkende Zustände als in vielen anderen Ländern; aber jede Woche werden fünftausend Stück besten Schlachtviehs destruiert. Es gibt eigene Maschinen dazu. Das ist eine schlimme Sache. Es ist kein Ausbruch plötzlichen Blutdurstes. Wäre es das, so wäre die Sache weniger schlimm. Die Destruktion von Schlachtvieh und die Destruktion von Kultur haben als Ursache nicht barbarische Triebe. In beiden Fällen (es herrscht da eine enge Verwandtschaft) wird von nicht ohne Mühe erzeugten Gütern ein Teil vernichtet, weil er zur Last geworden ist. Angesichts des Hungers, der alle fünf Weltteile beherrscht, sind solche Maßnahmen zweifellos Verbrechen, aber sie haben nichts mit Mutwillen zu tun, beileibe nicht. Wir haben heute in den meisten Ländern der Erde gesellschaftliche Zustände, in denen die Verbrechen aller Art hoch prämiiert werden und die Tugenden viel kosten. Der gute Mensch ist wehrlos, und der Wehrlose wird niedergeknüppelt, aber mit der Roheit kann man alles haben. Die Unterdrückung richtet sich ein auf 10000 Jahre. Die Weisheit dagegen braucht eine Leibwache; aber sie findet keine.

Hüten wir uns, sie von den Menschen einfach zu verlangen! Möchten doch auch wir nichts Unmögliches verlangen! Lassen wir uns nicht zu der Behauptung fortreißen, die Menschen seien für die Kultur da, nicht die Kultur für die Menschen! Das würde allzusehr an die Praxis der großen Märkte erinnern, wo die Menschen für das Schlachtvieh da sind, nicht das Schlachtvieh für die Menschen! Setzen wir uns nicht dem Vorwurf aus, wir kämen, auch wir, mit Appellen an die Menschen, Übermenschliches zu leisten, nämlich durch hohe Tugenden furchtbare Zustände zu ertragen, welche zwar geändert werden können, aber nicht geändert werden sollen.

Kameraden, denken wir nach über die Wurzel der Übel.

Eine große Lehre nun, die immer größere Menschenmassen auf unserem Planeten, welcher noch sehr jung ist, ergreift, sagt, daß die Wurzel aller Übel unsere Eigentumsverhältnisse sind. Diese Lehre, einfach wie alle großen Lehren, hat jene Menschenmassen ergriffen, welche am meisten unter den bestehenden Eigentumsverhältnissen und den barbarischen Methoden, mit denen sie verteidigt werden, leiden. Viele von uns Schriftstellern haben sie noch nicht verstanden, haben die Wurzel der Roheit, die sie entsetzt, noch nicht entdeckt. Das hindert sie sehr im Kampf. Es besteht immerfort bei ihnen die Gefahr, daß sie die Grausamkeiten des Faschismus als unnötige Grausamkeiten betrachten. Sie halten an den Eigentumsverhältnissen fest, weil sie glauben, daß zu ihrer Verteidigung die Grausamkeiten des Faschismus nicht nötig sind. Aber zur Aufrechterhaltung der herrschenden Eigentumsverhältnisse sind diese Grausamkeiten nötig. Damit lügen die Faschisten nicht, damit sagen sie die Wahrheit. Diejenigen unserer Freunde, welche über die Grausamkeiten des Faschismus ebenso entsetzt sind wie wir, aber die Eigentumsverhältnisse aufrechterhalten wollen oder gegen ihre Aufrechterhaltung sich gleichgültig verhalten, können den Kampf gegen die so sehr überhandnehmende Barbarei nicht kräftig und nicht lang genug führen, weil sie nicht die gesellschaftlichen Zustände angeben und herbeiführen helfen können, in denen die Barbarei überflüssig wäre. Jene aber, welche auf der Suche nach der Wurzel der Übel auf die Eigentumsverhältnisse gestoßen sind, sind tiefer und tiefer gestiegen, durch ein Inferno von tiefer und tiefer liegenden Greueln, bis sie dort angelangt sind, wo ein kleiner Teil der Menschheit seine gnadenlose Herrschaft verankert hat. Er hat sie verankert in jenem Eigentum des einzelnen, das zur Ausbeutung und Unterdrückung des Mitmenschen dient und das mit Klauen und Zähnen verteidigt wird, unter Preisgabe einer Kultur, welche sich zu seiner Verteidigung nicht mehr hergibt oder zu ihr nicht mehr geeignet ist, unter Preisgabe aller Gesetze menschlichen Zusammenlebens überhaupt, um welche die Menschheit so lang und mutig und verzweifelt gekämpft hat.

Kameraden, sprechen wir von den Eigentumsverhältissen!

Das wollte ich zum Kampf gegen die Barbarei sagen, damit es auch hier gesagt sei oder damit auch ich es gesagt habe.

(aus: Paris 1935, Erster Internationaler Schriftstellerkongreß zur Verteidigung der Kultur, hrsg. von der Akademie der Wissenschaften der DDR, Berlin 1982, S. 140f.)

Einen Tag später, am Abend des 24. Juni, stand auf der Tagesordnung ›Probleme des Schaffens und der Würde des Denkens‹. **Heinrich Mann** betrat als erster das Rednerpult. Als überzeugter Vertreter des humanistischen Erbes der europäischen Kultur rief er vehement zum Widerstand gegen den Faschismus auf:

Es ist recht merkwürdig, daß im Jahre 1935 eine Schriftsteller-Versammlung nach der Freiheit des Denkens verlangt: denn schließlich, das geht hier vor. Im Jahre 1535 wäre es neu gewesen. Die Eroberung des individuellen Denkens, damit fängt die moderne Welt an – die jetzt der Auflösung nahe scheint. Dadurch wird wieder alles in Frage gestellt, sogar was ganze Jahrhunderte lang erledigt gewesen war. Die Gewissensfreiheit, so viele Geschlechter haben um sie gekämpft, und jetzt ist sie nicht mehr sicher. Das Denken selbst ist gefährdet, und doch ist der Gedanke der Schöpfer der Welt, in der wir noch leben.

Nicht nur aus taktischen Gründen vermeide ich, von einem einzelnen Land zu sprechen. Die bewußte Tendenz ist allgemein, wenigstens im Westen. Die Glieder einer und derselben Gesellschaft sind auch nicht abzutrennen. Alle werden denselben Weg gehen und das gemeinsame Geschick erfahren. Die Symptome derselben organischen Erkrankung äußern sich an den verschiedenen Stellen mit mehr oder weniger Heftigkeit: weiter läßt sich nichts sagen. Gewiß, die Freiheit zu denken ist vorhanden, sonst hätten wir überhaupt nicht zusammenkommen können. Wo sie aber noch besteht, hat man leider nicht den Eindruck, daß sie für lebensnotwendig gilt. Ein

Land dagegen, das den Gedanken schon unterdrückt hat, bekennt sich laut zu der Meinung, daß die Unterdrückung des Gedankens durchaus lebensnotwendig ist. Der Führer eines Zwangsstaates wird schlankweg fordern, daß die Pressefreiheit in dem benachbarten Staat, der sie noch hat, unterdrückt werden soll. Andererseits ist noch nie gehört worden, daß Vertreter des liberalen Staates auch nur die geringste Freiheit verlangt hätten für das Volk nebenan, das alle Freiheiten verloren hat. Da hat man den entscheidenden Unterschied. Es sind zwei entgegengesetzte Lebensauffassungen; aber die eine fühlt den Kraftzuwachs und geht zum Angriff über.

Widerstand ist geboten. Man muß sich wappnen, nicht mit Geduld, sondern mit gefestigten Überzeugungen. Man muß Beispielen folgen und sich einig werden, was zu tun ist. Vor allem scheiden wir die wahren Literaturen von den verlogenen, was durchaus möglich ist. Jeder erkennt ohne weiteres, auf welcher Seite der Glaube wie auch die Wissenschaft echt ist, und wer die Zukunft hat. Wenn Schriftsteller sich bereit finden, Treue einem Regime zu geloben und gegen seine Staatslehre nichts zu unternehmen, dann können sie offenbar gutgläubig sein. Man muß nicht unbedingt ein Einzelgänger sein. Man sinkt nicht herab, weil man Grundsätzen, die jeder anerkennt, freiwillig zustimmt. Es hat liberale Literaturen gegeben und gibt jetzt sozialistische. Bekanntlich waren die liberalen Literaturen großartig zur Zeit des bürgerlichen Aufstieges. Man wird auch zugeben, daß bürgerliche Gesellschaften und Staatsformen damals mehr oder weniger durchgeistigt worden sind von den liberalen Ideen, und daß diese manchmal zu Verwirklichungen geführt haben, auf sittlichem und sozialem Gebiet.

Wir dürfen nicht warten, bis dies Unglück vollständig wird und sich ausdehnt über noch mehr Länder der westlichen Gesittung. Zu verteidigen haben wir eine ruhmreiche Vergangenheit und was sie uns vererbt hat, die Freiheit zu denken und nach Erkenntnisse zu handeln. Wir haben strahlenden Beispielen zu folgen. Wir sind die Fortsetzer und Verteidiger einer großen Überlieferung: Wir, nicht aber die anderen, die den Unterdrückern des Gedankens zu willen sind oder ihnen Sympathie zeigen. Wenn die Unterdrücker ihrerseits großtun, als verteidigten sie irgendetwas, dann wüßte man gern, was. Die westliche Zivilisation? Sie pfeifen drauf und führen sie fälschlich im Munde. Anstandslos opfern sie das Denken, wenn es ihre Interessen bedroht oder ihnen persönlich lästig wird. Schon sind sie da, mit Verbrennungen, Ausbürgerungen und den anderen Mitteln, die der Höhe ihres Geistes entsprechen.
(Paris 1935, a.a.O., S. 290f.)

Auch Walter Benjamin nahm an dem Kongreß teil, allerdings nicht als Redner, sondern nur als Beobachter und aufmerksamer Zuhörer. Hinter den Kulissen warnte er vor einer naiven Einschätzung Stalins, verwies auf die faschistische Gefahr, die auch im Stalinismus lodern würde. Doch die prophetisch anmutende und politisch differenzierte Sicht des Passagen-

Philosophen paßte damals nicht ins Bild der er eher prokommunistisch ausgerichteten Kongreßteilnehmer.

Wir verlassen den Kulturpalast, schlendern die Rue Monge entlang und biegen bald nach rechts in die Rue Cardinale Lemoine, die sich den Hügel Geneviève hinaufschlängelt. Auf dieser kleinen Straße gibt es einen Kultort für Liebhaber einer ganz besonderen Art von LIteratur: das Haus Nr. 74. Dort, im 4. Stock, bezog Ernest Hemingway mit seiner Frau Hadley 1922 eine kleine Zweizimmerwohnung. Alles andere als komfortabel war diese Bleibe, gemessen an den Ansprüchen, die der Amerikaner später hatte. Und doch fühlten sich die Hemingways dort wohl. Davon zeugen seine Aufzeichnungen ›Paris – ein Fest fürs Leben‹. Er schrieb sie in der Zeit von 1956–1960, als er wieder mit seiner Frau in Paris weilte, jetzt aber im Hotel Ritz lebte. Die Aufzeichnungen lesen sich wie eine Art Erinnerungsarbeit. Denn der Rückblick in die ersten Pariser Jahre läßt jene Zeit wie ein unaufhörlich ablaufendes Fest erscheinen, das sich im Herzen des Autors festgeschrieben hat. Demzufolge kann eine verklärte Art der Darstellung nicht verwundern. Sie mahnt zur Vorsicht bei der Einschätzung des tatsächlichen Verlaufs der Dinge, steigert aber den Charme des Geschriebenen und damit das Vergnügen der Lektüre.

Unser Zuhause in der Rue Cardinal-Lemoine war eine Zwei-Zimmer-Wohnung, die kein Warmwasser hatte und keine Wasserklosettanlage; wir hatten nur einen antiseptischen Behälter, gar nicht so unkomfortabel für jemanden, der in Michigan an einen Abort im Freien gewöhnt war. Mit einer schönen Aussicht und einer guten Sprungfedermatratze als bequemes Bett auf dem Fußboden und Bildern an der Wand, die uns gefielen, war es eine freundliche, heitere Wohnung.
(Ernest Hemingway, Paris – ein Fest fürs Leben, Reinbek 1989, S. 27)

Da Hemingway in der kleinen Wohnung nicht arbeiten konnte, mietete er sich im obersten Stock des Hauses Nr. 39 in der benachbarten engen Rue Descartes ein Zimmer. Dieses Refugium suchte er gerne auf, um zu arbeiten und um über das Schreiben überhaupt nachzudenken.

Wegen des Höhenunterschiedes bemerkte ich die Steigung der Hügel nicht, außer mit Vergnügen, und auch das Hinaufklettern zum obersten Stockwerk des Hotels war ein Vergnügen, wo ich in einem Zimmer arbeitete, von dem man über alle Dächer und Schornsteine des hohen Hügels unseres Viertels blicken konnte. Der Kamin in dem Zimmer zog gut, und es war warm und angenehm zum Arbeiten. Ich brachte in Papier eingepackte Mandarinen und geröstete Kastanien hinauf in das Zimmer, und wenn ich hungrig war, aß ich die gerösteten Kastanien und schälte und aß die kleinen mandarinenartigen Orangen und warf die Schalen ins Feuer und spuckte die Kerne ins Feuer. Ich war immer hungrig vom Gehen und von der Kälte und vom Arbeiten. Oben im Zimmer hatte ich eine Flasche Kirschwasser, die wir aus den Bergen mitgebracht hatten, und ich trank immer einen Schluck Kirsch, wenn es dem Ende einer Story oder dem Ende meiner Tagesarbeit zuging. Wenn ich die Arbeit des Tages hinter mir hatte, legte ich das Notizbuch oder das Papier weg in die Tischschublade und steckte die noch übriggebliebenen Mandarinen in die Tasche. Sie gefroren, wenn man sie über Nacht im Zimmer ließ.

Es war wunderbar, die vielen, vielen Treppen hinunterzugehen mit dem Bewußtsein, daß ich bei der Arbeit Glück gehabt hatte. Ich arbeitete immer, bis ich etwas geschafft hatte, und ich hörte immer auf, wenn ich wußte, wie es danach weitergehen würde. Auf die Art war ich sicher, am nächsten Tag weitermachen zu können. Aber manchmal, wenn ich mit einer neuen Story begann und ich sie nicht in Gang bringen konnte, setzte ich mich vors Feuer und preßte die Schalen der kleinen Orangen über den Flammenspitzen aus und beobachtete das blaue Sprühen, das sie machten, oder ich stand da und blickte über die Dächer von Paris und dachte: Mach dir keine Sorgen. Bisher hast du immer geschrieben, und jetzt wirst du auch schreiben können. Alles, was du tun mußt, ist, einen wahren Satz schreiben. Schreib den wahrsten Satz, den du weißt. So schrieb ich schließlich einen wahren Satz hin, und von da aus machte ich weiter. Damals war das leicht, denn es gab immer einen wahren Satz, den ich wußte oder den ich gelesen hatte oder den ich jemand hatte sagen hören. Wenn ich anfing, sorgsam ausgearbeitete Sätze zu schrei-

René-Jaques, Le Banc, Foto 1927

ben oder zu schreiben wie jemand, der etwas einleiten will oder darstellen möchte, fand ich, daß ich die Schnörkel oder Verzierungen wegschneiden und fortwerfen konnte und mit dem ersten, wahren einfachen Aussagesatz, den ich geschrieben hatte, anfangen konnte. Oben in jenem Zimmer beschloß ich, über jede Sache, über die ich Bescheid wußte, eine Story zu schreiben. Das versuchte ich beim Schreiben die ganze Zeit über, und es war eine gute und strenge Disziplin.

In diesem Zimmer war es auch, wo ich lernte, von dem Augenblick an, in dem ich mit Schreiben aufhörte, an nichts, worüber ich schrieb, zu denken, bis ich am nächsten Tag wieder anfing. Ich hoffte, daß mein Unterbewußtsein daran arbeiten und ich gleichzeitig anderen Leuten zuhören und alles beobachten würde; ich hoffte auf diese Weise zu lernen, und ich pflegte zu lesen, um nicht an meine Arbeit zu denken und mich für sie unfähig zu machen. Wenn ich gut gearbeitet hatte – und dazu brauchte man Glück sowohl wie Disziplin –, war es ein wunderbares Gefühl: die Treppe hinunterzugehen, und dann war ich frei und konnte irgendwo in Paris umherwandern.
(Hemingway, a.a.O., S. 13 f.)

Bei seinen häufigen Spaziergängen durch Paris bevorzugte Hemingway zwei Adressen, die er, meist durch den Jardin du Luxembourg schlendernd, ansteuerte: 27, Rue Fleurus und 12, Rue de l'Odéon. Gleich ihm gehen wir von der Rue Descartes auf die Place de la Contrescarpe. Dieser malerische Ort, der erst 1852 an einem Tore der Stadtfestung angelegt wurde, war einst Treffpunkt der Clochards und der Bewohner des umliegenden Kleineleuteviertels.

Das konnte man diktieren, aber man konnte nicht die Place Contrescarpe diktieren, wo die Blumenverkäufer ihre Blumen auf der Straße färbten, und der Farbstoff dort, wo der Autobus abfuhr, über das Pflaster lief, und die alten Männer und Frauen ewig von Wein und Fusel betrunken waren, und wo den Kindern bei der Kälte die Nasen liefen, und nicht den Geruch von schmutzigem Schweiß, von Armut und Betrunkenheit im Café des Amateurs und die Huren vom Bal Musette, über dem sie wohnten. Die Concierge, die in ihrer Loge den Sergeanten der Garde Républicaine zu Besuch hatte, dessen Helm mit dem Roßhaarbusch auf dem Stuhl lag. Die Locataire überm Gang, deren Mann Rennfahrer war, und ihre Freude in der Crémerie an jenem Morgen, als sie L'Auto aufgemacht hatte und sah, wo er im Paris-Tours, seinem ersten großen Rennen, als Dritter gelegen hatte. Sie war rot geworden und hatte gelacht und war dann weinend mit der gelben Sportzeitung in der Hand die Treppe hinaufgegangen. Der Mann von der Frau, die den Bal Musette betrieb, fuhr eine Autodroschke, und wenn er, Harry, morgens in aller Frühe ein Flugzeug nehmen mußte, klopfte der Mann an die Tür, um ihn zu wecken, und dann tranken sie beide ein Glas Weißwein

an der Messingtheke, bevor sie aufbrachen. Er kannte seine Nachbarn in jenem Viertel damals, weil sie alle arm waren.
(Hemingway, Schnee auf dem Kilimandscharo, Reinbek 1961, S. 16f.)

Heute dient der Platz mehr als Treffpunkt für Touristen, vor allem der jüngeren Generation. Und durch umfangreiche Modernisierungen der einst winkeligen Häuser hat sich das soziale Milieu nachhaltig verändert.

An den Platz stößt die alte römische Gasse Mouffetard. Der Name dieser Straße – so wird vermutet – entstammt dem alten Wort *mofettes*. Diese Bezeichnung erinnert an die damals in dieser Straße besonders bemerkbaren Bierdünste und Gerüche der anliegenden Betriebe. Heute können wir hier einen der farbigsten Pariser Märkte erleben.

Wir verlassen das Gebiet der Rue Mouffetard und schlendern Richtung Jardin du Luxembourg. Am französischen Ruhmestempel Pantheon gehen wir vorbei und biegen von der Rue Soufflot nach links in die schmale Rue de Goff. Dort, im Hotel de Brésil, Haus Nr. 10, bezog **Sigmund Freud** 1886 Quartier, um bei dem berühmten Neurologen Charcot sein Wissen über die Ursachen von Hysterien zu erweitern. Bekanntlich war der Gründer der Psychoanalyse ein ausgezeichneter Stilist und verfaßte neben all seinem umfassenden Schrifttum auch 99 Briefe an seine Braut Martha Bernays. Dem jungen Wissenschaftler wurde bald die Ehre zuteil, zu einem Gesellschaftsabend bei Charcot eingeladen zu werden. Der ganze Respekt gegenüber dem großen Franzosen, aber auch seine Beobachtungsgabe sowie die Eitelkeit des Wieners spiegelt sich in dem Brief an seine Braut, in dem er über den Gesellschaftsabend berichtet.

An Martha Bernays

Paris, 20. Januar 1886

Mein geliebtes Weibchen
... Ich wollte noch gestern um zwölf Uhr nachts schreiben, aber ich konnte die Zündhölzchen nicht finden und mußte bei Mondenschein die feine Kleidung ablegen und zu Bette gehen. Beginnen wir also von vorne.
Samstag kam Charcot zuerst auf Ricchetti zu und lud ihn ein, Dienstag bei ihm zu speisen, ehe er verreist. Der lehnte es erschrocken ab und nahm endlich für den Abend nach dem Diner an. Dann kam er auf mich zu und wiederholte die letztere Art von Einladung, und ich verneigte mich tiefbeglückt. Ferner bestimmte er Sonntag halb zwei Uhr als Zeit, in der wir über die Übersetzung verhandeln wollten. Daß ich bei ihm war und zehn Bogen bekommen habe erst, noch nicht alles, habe ich Dir schon berichtet. Ich will nur nachtragen, wie es in seinem Studierzimmer aussieht. Dasselbe ist so groß wie unsere ganze zukünftige Wohnung, ein Stück, des ganzen Zauberschlosses, in dem er wohnt, würdig. Es zerfällt in zwei Abteilungen, von denen die größere der Wissenschaft, die kleinere der Gemütlichkeit gewid-

met ist. Zwei leichte Vorsprünge in der Wand trennen die beiden ab. Wenn man durch die Türe eintritt, sieht man zunächst durch ein großes dreigeteiltes Fenster, dessen Scheiben von Glasmalereien unterbrochen sind, auf den Garten. Längs der beiden Seitenwände der größeren Abteilung steht die riesige Bibliothek in zwei Stöcken, zum zweiten Stockwerk führen auf beiden Seiten Treppen. Zur linken von der Türe steht dann ein riesiger langer mit Zeitschriften und nicht eingereihten Büchern bedeckter Tisch, kleinere Tische mit Mappen vor dem großen Fenster. Nicht weit von der Tür rechts ist ein kleineres, ebenfalls bunt bemaltes Fenster, und vor dem steht Charcots Schreibtisch, ganz flach, mit Büchern und Manuskripten bedeckt, sein Lehnstuhl und eine Menge von anderen Stühlen. In der hinteren Abteilung Kamin, Tisch und Kästen mit Antiquitäten indischer, chinesischer Herkunft, die Wände mit Gobelins und Bildern bedeckt. Soweit man sie frei sieht, zeigen sie einen antikroten Anstrich. Was ich von anderen Zimmern am Sonntag flüchtig sah, enthielt dieselbe Verschwendung von Bildern, Gobelins, Teppichen und Kuriositäten, mit einem Wort ein Museum.

Nachdem uns Charcot Dienstag vormittags noch an unser Engagement erinnert, hatten wir den ganzen Nachmittag mit unseren Vorbereitungen zu tun. Ricchetti, der mit einer unglaublichen Schäbigkeit einhergegangen war, hatte sich von seiner Frau zu einer neuen Hose und neuem Hut überreden lassen, sein Schneider soll ihm angeblich gesagt haben, daß man ohne Frack, in einer Redingote, in Gesellschaft gehen kann, und so war er der einzige, der nicht einen Frack hatte. Ich war in tadelloser Toilette, bis darauf, daß ich die unglückliche weiße Cravate mit Mécanique durch eine der schönen schwarzen von Hamburg zum Anknöpfen ersetzt hatte. Mein Frack trat hier zum ersten Mal in Tätigkeit, ich hatte mir ein neues Hemd gekauft, ein Paar weiße Handschuhe, da die gewaschenen doch nicht mehr schön sind, die Haare richten und den wieder gewucherten Bart auf französisch schneiden lassen, im Ganzen vierzehn Francs für diesen Abend ausgegeben. Dafür war ich sehr schön und machte mir selbst einen günstigen Eindruck. Wir fuhren im Wagen (den wir zu gleichen Teilen bezahlten) vor. Er schrecklich aufgeregt, ich ganz ruhig mit Hilfe einer kleinen Dosis Cocain, obwohl sein Erfolg ein sicherer war, und ich Grund hatte, mich vor einer Blamage zu fürchten.

(Sigmund Freud, Briefe 1873–1939, Frankfurt/Main 1960², S. 200f.)

Insgesamt sechsmal betrat Freud Charcots palastähnliche Villa, und zwar dreimal zur Teilnahme an geselligen Anlässen und drei weitere Male zur Besprechung seiner Übersetzung von Charcots Vorlesungen. Wir wollen Freud bei seinen Studien, die dann bald für weltweite Aufregung sorgen sollten, nicht weiter stören, streifen den Boulevard Michel entlang und kommen zum Boulevard Montparnasse.

Hier haben wir einen durch und durch literarisch bedeutsamen, aber auch verklärten Ort erreicht. Ursprünglich war der Berg ein künstlicher, aufgeschüttet aus dem Schutt von Steinbrüchen. Zu ihm pilgerten im 17. Jahrhundert Studenten aus dem nahen Quartier Latin, um hier in ländlicher Ruhe Gedichte zu rezitieren. So erklärt sich die Namensgebung des einst idyllischen Ortes: Mont Parnasse, benannt nach dem griechischen Parnaß, dem mythologisch bedeutsamen Sitz der Musen. Heute ist davon nichts mehr zu spüren. Urbanistischer Kahlschlag hat die ehemals berühmte Szenerie nachhaltig verändert. Doch es gibt sie noch, all die Restaurants und Cafés, die durch die künstlerische Avantgarde am Anfang dieses Jahrhunderts international berühmt geworden sind: *le Dôme, la Coupole, la Rotonde, le Select,* und ... *la Closerie des Lilas.* Hier in dem ›Fliedergärtchen‹, auf dem Platz einer ehemaligen Postkutschenstation, traf sich seit 1905 bevorzugt die literarische Welt. Auch Hemingway pflegte dort Stammgast zu sein und machte sich seine Gedanken über die Menschen, die hier ein und aus gingen.

Die *Closerie* war einst ein Café gewesen, wo Dichter sich mehr oder weniger regelmäßig trafen, und der letzte hervorragende Dichter war Paul Fort gewesen, von dem ich nie etwas gelesen hatte. Aber der einzige Dichter, den ich dort je sah, war Blaise Cendrars mit seinem zerschlagenen Boxergesicht und seinem hochgesteckten leeren Ärmel, wie er mit seiner einen guten Hand eine Zigarette rollte. Er war ein guter Kamerad, bis er zuviel trank, und zu jener Zeit war er, wenn er log, interessanter als manche Leute, die eine Geschichte wahrheitsgetreu erzählten. Aber er war der einzige Dichter, der zu jener Zeit in die *Closerie* kam, und ich habe ihn nur einmal dort gesehen. Die meisten Gäste waren ältliche, bärtige Männer in ziemlich abgetragenen Anzügen, die mit ihren Frauen oder Freundinnen kamen, und sie trugen oder trugen auch nicht schmale rote Bändchen der Légion d'Honneur an ihrem Rockaufschlag. Wir dachten hoffnungsvoll, es seien alles Wissenschaftler oder *savants,* und sie saßen beinahe so lange über einem Apéritif wie die Männer in schäbigeren Anzügen, die mit ihren Frauen oder Freundinnen bei einem *café crème* saßen und das purpurne Bändchen der Palmen der Akademie trugen, die nichts mit der Französischen Akademie zu tun hatte, und wir dachten, daß es Professoren oder Dozenten seien.

Diese Leute machten es zu einem behaglichen Café, da sie alle aneinander und ihren Drinks oder Kaffees oder Kräutertees interessiert waren und an den Zeitungen und Zeitschriften, die in Haltern befestigt waren, und keiner stellte sich großartig zur Schau.

Es gab auch andere Leute, die in dem Viertel wohnten, die in die *Closerie* kamen, und manche von ihnen trugen die Bändchen des Croix de Guerre an ihrem Rockaufschlag und andere hatten das gelbe und grüne der Médaille Militaire, und ich beobachtete, wie gut sie mit dem Handicap fehlender Gliedmaßen fertig wurden, und sah die Qualität ihrer künstlichen Augen und den Grad von Geschicklichkeit, mit dem ihre Gesichter wiederhergestellt waren. Man sah immer einen beinahe irisierend-schimmernden

Abdruck auf den beträchtlich rekonstruierten Gesichtern, ähnlich einer gut festgetretenen Skipiste, und wir respektierten diese Gäste mehr als die *savants* oder die Professoren, obgleich die letzteren, auch ohne Verstümmelungen davonzutragen, ihrer Militärpflicht genügt haben mochten.
(Hemingway, Paris – ein Fest fürs Leben, a.a.O., S. 49 f.)

Und hier fand sich Hemingway schließlich auch ein nach einem seiner häufigen Streifzüge durch das Quartier, bei denen er von großem Hunger gepeinigt wurde, dem er aber einen für die Arbeit disziplinierenden Wert zuerkannte:

Hunger war eine gute Disziplin
Man wurde sehr hungrig, wenn man in Paris nicht genug aß, weil alle Bäckereien so gute Sachen in der Auslage hatten, und die Leute im Freien an Tischen auf dem Bürgersteig aßen, so daß man das Essen sah und roch. Wenn man den Journalismus aufgegeben hatte und man nichts schrieb, was irgend jemand in Amerika kaufen wollte, und man zu Hause erklärt hatte, man würde mit jemandem außerhalb zu Mittag essen, ging man am besten in die Gärten des Luxembourg, wo man auf dem ganzen Weg von der Place de l'Observatoire bis zur Rue de Vaugirard nichts Eßbares sah und roch. Dort konnte man immer ins Luxembourg-Museum gehen, und alle Bilder waren schärfer und klarer und schöner, wenn man leerbäuchig und ausgehöhlthungrig war. Wenn ich hungrig war, lernte ich Cézanne erst richtig verstehen und wahrhaft sehen, wie er seine Landschaften machte. Ich fragte mich oft, ob er beim Malen auch hungrig gewesen war, aber ich dachte, vielleicht war er es nur, weil er das Essen vergessen hatte. Es war einer jener unsinnigen, aber einleuchtenden Gedanken, die man hat, wenn man nicht geschlafen hat oder hungrig ist. Später dachte ich, Cézanne sei vielleicht auf andere Art und Weise hungrig gewesen...

Draußen auf der Rue de l'Odéon war ich von mir selbst angewidert, weil ich mich über all das beklagt hatte. Ich tat das, was ich tat, aus freien Stücken, und ich benahm mich dabei ganz töricht. Ich hätte ein großes Brot kaufen und es essen sollen, statt eine Mahlzeit auszulassen. Ich konnte die herrliche braune Kruste schmecken. Aber es ist trocken im Mund, wenn man nichts dazu trinkt. Du verfluchter Meckerer. Du dreckiger, falscher Heiliger und Märtyrer, sagte ich zu mir. Du hast aus eigenem Antrieb den Journalismus aufgesteckt. Du hast Kredit, und Sylvia hätte dir Geld geborgt. Hat sie häufig getan. Gewiß. Und das nächste wäre dann, daß man zu einem neuen Kompromiß bereit ist. Hunger ist gesund, und die Bilder sehen wirklich schöner aus, wenn man hungrig ist. Essen ist auch wunderbar, und weißt du, wo du jetzt sofort etwas essen wirst?

Bei *Lipp's* wirst du essen und auch trinken.

Zu *Lipp's* war es nicht weit, und jedes Lokal, an dem ich vorbeikam, das mein Magen ebenso schnell bemerkte wie meine Augen und meine Nase, machte den Weg zu etwas Besonderem und vergrößerte das Vergnügen. Es waren nur wenige Leute in der *brasserie,* und als ich mich auf die Bank setzte, gegen die Wand, mit dem Spiegel im Rücken und dem Tisch vor mir, und der Kellner mich frug, ob ich Bier haben wolle, bestellte ich Kartoffelsalat und ein *distingué,* den großen Glaskrug, der einen Liter faßt.

Das Bier war sehr kalt und trank sich wunderbar. Die *pommes à l'huile* waren fest und gut mariniert und das Olivenöl köstlich. Ich zermahlte etwas schwarzen Pfeffer über den Kartoffeln und tunkte das Brot in das Olivenöl. Nach dem ersten tiefen Zug Bier trank und aß ich sehr langsam. Als die *pommes à l'huile* alle waren, bestellte ich mir noch eine Portion und eine cervelas. Das war eine Wurst, wie eine große, dicke, in Hälften geschnittene Frankfurter, die mit einer vorzüglichen Senfsauce bedeckt war.

Ich wischte alles Öl und alles von der Sauce mit Brot auf und trank das Bier langsam, bis es nicht mehr so kalt war, und dann trank ich es aus und bestellte ein *demi* und sah zu, wie es abgezogen wurde. Es schien kälter als das *distingué,* und ich trank es zur Hälfte...

Es ist notwendig, sich besser in der Gewalt zu haben, wenn man sich mit dem Essen einschränken muß, damit man nicht zuviel an seinen Hunger denkt. Hunger ist eine gute Disziplin, und man lernt daraus. Und solange sie es nicht verstehen, bist du ihnen voraus. Aber gewiß doch, dachte ich. Ich bin ihnen jetzt so weit voraus, daß ich es mir nicht leisten kann, regelmäßig zu essen. Es wäre gar nicht schlecht, wenn sie ein bißchen aufholten...

Mittlerweile hatte ich die Rechnung bezahlt und war hinausgegangen und bog nach rechts ab und überquerte die Rue de Rennes, um nicht in die *Deux Magots* zu gehen und einen Kaffee zu trinken, und ging die Rue Bonaparte entlang auf dem kürzesten Wege nach Hause.

Wovon wußte ich am meisten, worüber ich noch nicht geschrieben hatte und was nicht verlorengegangen war? Was wußte ich wahrhaft und was ging mich zutiefst an? Es gab gar keine Wahl. Es gab nur die Wahl zwischen den Straßen, die mich auf dem schnellsten Weg dorthin brachten, wo ich arbeitete. Ich ging die Rue Bonaparte hinauf bis zur Rue Guynemer, dann zur Rue d'Assas und die Rue Notre-Dame-des-Champs hinauf bis zur *Closerie.*

Ich saß in einer Ecke, und das nachmittägliche Licht fiel über meine Schulter ein, und ich schrieb in mein Notizbuch. Der Kellner brachte mir einen *café crème,* und ich trank ihn halb aus, nachdem er abgekühlt war, und ließ ihn auf dem Tisch stehen, während ich schrieb. Als ich mit Schreiben aufhörte, wollte ich den Fluß nicht verlassen, in dem ich die Forellen in der Vertiefung sehen konnte und dessen Oberfläche gegen den Widerstand der eingerammten Holzpfähle der Brücke andrängte und leicht anschwoll. Die Geschichte handelte von der Heimkehr aus dem Krieg, aber der Krieg wurde in ihr nicht erwähnt.

Aber am Morgen würde der Fluß da sein, und ich mußte ihn und das Land machen, und alles, was geschehen würde. Viele Tage lagen vor mir, in denen ich das jeden Tag tun konnte. Nichts anderes war wichtig. In meiner Tasche war das Geld aus Deutschland, also gab es kein Problem. Wenn das verbraucht war, würde anderes Geld eingehen.

Alles, was ich jetzt tun mußte, war, gesund bleiben und einen klaren Kopf behalten, bis zum Morgen, bis ich wieder anfangen würde zu arbeiten. (ebda., S. 42 ff.)

Entlang der Rue d'Assas erreichen wir schnell die Wohnung von Gertrude Stein, 27 Rue de Fleurus. »Amerika ist meine Heimat, aber Paris ist mein Zuhause«, notierte die Amerikanerin, die für ihre Landsleute so etwas wie Freiheit und Kreativität repräsentierte, wonach die junge Generation des neuen Erdteils in Paris suchte. Schon 1903 kam Gertrude Stein nach Paris und lebte zusammen mit ihrer Sekretärin Alice B. Toklas. Diese Frau blieb zwar stets im Hintergrund der Schriftstellerin, war jedoch die Stütze, die Stein brauchte, um ihrem Schaffensdrang nachkommen zu können.

Gespannt machten die Hemingways bei den beiden Damen ihren Antrittsbesuch, bei dem sie sich darüber auseinandersetzten, wie und was geschrieben werden darf und was nicht.

Miss Stein war sehr dick und nicht groß und war schwer gebaut wie eine Bauernfrau. Sie hatte wunderschöne Augen und ein grobes deutsch-jüdisches Gesicht, das auch friaulisch hätte sein können, und sie erinnerte mich an eine norditalienische Bauernfrau mit ihren Kleidern, ihrem ausdrucksvollen Gesicht und dem schönen, dichten, lebendigen Haar einer Einwanderin, das sie in derselben Art aufgesteckt trug, wie sie es wahrscheinlich im College getragen hatte. Sie redete die ganze Zeit, und zuerst sprach sie über Menschen und Orte.

Ihre Freundin hatte eine sehr angenehme Stimme, war klein, sehr dunkel, trug die Haare so geschnitten wie die Jungfrau von Orléans auf den Illustrationen von Boutet de Monvel und hatte eine stark gebogene Nase. Sie arbeitete an einem Stück *petit point*, als wir sie kennenlernten, und sie arbeitete daran und sorgte für Essen und Trinken und unterhielt sich mit meiner Frau. Sie führte ein Gespräch und hörte zweien zu, und unterbrach häufig das, welches sie nicht führte. Später erklärte sie mir, daß sie sich immer mit den Ehefrauen unterhielte. Ehefrauen, fanden meine Frau und ich, wurden nur geduldet, aber wir mochten Miss Stein und ihre Freundin, obschon die Freundin zum Fürchten war. Die Bilder und der Kuchen und das *eau de vie* waren wirklich wunderbar. Wir schienen ihnen auch zu gefallen, und sie behandelten uns, als ob wir gute, schön manierliche und vielversprechende Kinder seien, und ich hatte das Gefühl, daß sie uns verziehen, daß wir verliebt und verheiratet waren – das würde sich mit der Zeit geben –, und als meine Frau sie zum Tee einlud, nahmen sie an.

Als sie zu uns in die Wohnung kamen, schien es, als ob sie uns noch lieber mochten, aber vielleicht war das nur, weil die Wohnung so klein war und wir uns viel näher waren. Miss Stein saß auf unserem Bett dicht überm Fußboden und ließ sich von mir die Stories, die ich geschrieben hatte, zeigen, und sie sagte, sie gefielen ihr bis auf eine, die ›Oben in Michigan‹ hieß.

»Sie ist gut«, sagte sie. »Das ist überhaupt keine Frage. Aber sie ist *inaccrochable*. Das heißt, sie ist wie ein Bild, das ein Maler malt, das er aber dann nicht aufhängen kann, wenn er eine Ausstellung hat, und niemand wird es kaufen, weil keiner es aufhängen kann.«

»Aber wenn es nun eben gar nicht schmutzig ist, sondern einfach so ist, weil man versucht, Worte zu benutzen, die Leute wirklich benutzen? Wenn das die einzigen Worte sind, die der Geschichte Wirklichkeit verleihen, und man sie deshalb anwenden muß? Dann muß man sie doch anwenden.«

»Aber darum geht es ja gar nicht«, sagte sie. »Sie dürfen halt nichts schreiben, was *inaccrochable* ist. Das hat keinen Zweck. Es ist falsch, und es ist dumm.«
(ebda., S. 15 f.)

Wir gehen nun durch den Jardin du Luxembourg. »Garten der Dichter« wird diese große und immer mit vielen Blumen geschmückte 25 ha große Grünanlage genannt. Auch gilt er als besonderer Ort für Liebende. Viele Skulpturen umsäumen das Wasserbassin in seiner Mitte, in dem Kinder so gerne ihre Schiffe fahren lassen. Und Simone de Beauvoir erzählt, sie habe sich jeden Morgen unter dem stummen Blick der steinernen Königinnen mit Sartre getroffen. Am Odeon, Théâtre de l'Europe vorbei, gelangen wir schließlich in die Rue de l'Odéon. Diese schmale Straße beherbergte zwei Adressen, die literarische Berühmtheit erlangten, die aber heute leider nicht mehr existieren: Es sind dies die Buchläden *La Maison des Amis des Livres* von **Adrienne Monnier** im Haus Nr. 7 und *Shakespeare and Company* von **Sylvia Beach** im Haus Nr. 12. 1915 eröffnete Adrienne Monnier ihre Buchhandlung, die sie sehr bald zu einem Treffpunkt vieler in- und ausländischer Schriftsteller machte. 1917 betrat die Amerikanerin Sylvia Beach zum ersten Mal diesen Laden, und zwar auf der Suche nach einer bestimmten Zeitung:

Eines Tages entdeckte ich in der Bibliothèque Nationale, daß eine bestimmte Zeitschrift – ich glaube, es war Paul Forts *›Vers et Prose‹* – in A. Monniers Buchhandlung, 7, Rue de l'Odéon, Paris VI, erhältlich war. Ich hatte den Namen vorher nie gehört und war auch mit dem Odéon-Viertel nicht vertraut, aber ich fühlte mich auf einmal ganz unwiderstehlich an die Stelle gezogen, an der so wichtige Dinge in meinem Leben sich zutragen sollten. Ich überquerte die Seine und stand bald in der Rue de l'Odéon mit ihrem Theater, das mich ein wenig an Kolonialstil-Häuser in Princeton erinnerte. Halbwegs die Straße hinauf befand sich auf der linken Seite ein kleiner grauer Buchladen. Über der Tür stand »A. Monnier«. Ich schaute mir die aufregenden Bücher im Schaufenster an, spähte dann in den Laden und sah überall an den Wänden Regale voll von Bänden in schimmerndem »Glanzpapier«-Umschlag, dem Kleid der französischen Bücher, die darauf warten – und oft lange warten – zum Buchbinder getragen zu werden. Da und dort hingen auch ein paar interessante Schriftsteller-Porträts.

An einem Tisch saß eine junge Frau. Sicherlich A. Monnier selbst. Als ich an der Tür zögerte, stand sie rasch auf, öffnete, zog mich in den Laden und begrüßte mich mit großer Wärme. Das kam überraschend, denn in Frankreich sind die Leute Fremden gegenüber gewöhnlich sehr zurückhaltend, aber ich erfuhr später, daß es für Adrienne Monnier charakteristisch war, besonders wenn es sich bei dem Fremden um Amerikaner handelte. Ich trug einen spanischen Mantel und Hut, aber Adrienne erkannte mich auch in dieser Verkleidung sofort als Amerikanerin. »Ich habe Amerika sehr gern«, sagte sie. Ich entgegnete, daß ich Frankreich sehr gern hätte. Wie unsere spätere Zusammenarbeit bewies, meinten wir es ehrlich.

Da ich neben der offenen Tür stand, blies mir ein Windstoß plötzlich meinen spanischen Hut vom Kopf mitten auf die Straße, und schon rollte er fort. A. Monnier rannte ihm nach – für eine Frau, die einen so langen Rock trug, bewegte sie sich erstaunlich rasch. Sie rettete den Hut gerade noch vorm Überfahrenwerden, bürstete ihn sorgfältig ab und überreichte ihn mir. Dann fingen wir beide an zu lachen.

Adrienne Monnier war stämmig gebaut, ihr Teint fast so hell wie der einer Skandinavierin, mit rosigen Wangen, das Haar trug sie ganz gerade von

Jardin du Luxembourg

ihrer schönen Stirn zurückgebürstet. Am auffallendsten waren ihre Augen; sie waren blau-grau, traten leicht hervor und erinnerten mich an die Augen von William Blake. Sie sah ungemein lebendig aus. Ihre Kleidung, deren Stil genau zu ihr paßte, beschrieb jemand einmal als eine Kreuzung zwischen dem Gewand einer Nonne und einer Bäuerin: ein langer, weiter Rock, der bis zu den Füßen reichte, und eine Art enganliegende Samtweste über einer weißen Seidenbluse. Das Grau und Weiß ihres Buchladens wiederholte sich in ihrer Kleidung. Ihre Stimme klang ziemlich laut – Adrienne stammte von Bergbewohnern ab, die wahrscheinlich gewöhnt waren, sich von Gipfel zu Gipfel zu begrüßen.

Adrienne Monnier und ich setzten uns und sprachen natürlich über Bücher. Sie sagte mir, sie hätte sich immer für amerikanische Literatur interessiert, für ihren Buchladen alles beschafft, was an Übersetzungen greifbar war, und dabei mit ihrem Liebling Benjamin Franklin begonnen. Ich meinte, ›Moby Dick‹ würde ihr sicher gefallen, aber er war noch nicht ins Französische übersetzt worden. (Als später Gionos Übertragung erschien, gefiel ›Moby Dick‹ Adrienne tatsächlich sehr gut.) Zeitgenössische amerikanische Autoren hatte sie nicht gelesen. Sie waren zu jener Zeit in Frankreich nicht bekannt.

In moderner französischer Literatur war ich erst eine Anfängerin, eine gute Anfängerin, erklärte Adrienne, als sie hörte, daß ich Valérys Werke liebte und ein Exemplar von *›La Jeune Parque‹* besaß. Wir waren uns einig, daß ich mit Jules Romains fortfahren müsse, den ich schon in Amerika zu lesen begonnen hatte, und sie bot sich an, mir mit Claudel weiterzuhelfen. So wurde ich für ein Jahr – und viele weitere – in A. Monniers Leihbücherei, *›La Maison des Amis des Livres‹*, als Kunde eingetragen.
(Sylvia Beach, Shakespeare and Company, Ein Buchladen in Paris, Frankfurt 1982, S. 18ff.)

13 Jahre später, am 4. Februar 1930, betrat Walter Benjamin diese Buchhandlung und bemerkte sofort, daß er an einen besonderen Ort gelangt war. Die Beschreibung der Buchhändlerin durch den Philosophen unterscheidet sich markant von der von Sylvia Beach, so daß wir Adrienne Monnier sozusagen mit einem Frauen- und einem Männerblick sehen.

4. Februar. Adrienne Monnier. Kurz nach drei öffne ich die Tür »Aux amis des livres« 7, rue de l'Odéon. Ich fühle einen gewissen Unterschied von andern Buchhandlungen. Gewiß dürfte dies kein Antiquariat sein. Adrienne Monnier scheint sich nur mit neuen Büchern zu beschäftigen. Aber es sieht doch weniger bunt, weniger bewegt oder zerfahren aus als in andern Läden. Ein warmer und blasser Elfenbeinton liegt über den breiten Tischen. Vielleicht kommt er von den transparenten Schutzumschlägen, die viele Bücher – alle modernen Erstausgaben, alle Luxusdrucke – hier tragen. Ich gehe auf die Frau zu, die mir zunächst ist, auf diejenige zugleich, von der

es die größte Enttäuschung der flüchtigen, oberflächlichen Erwartung, hier die Bekanntschaft eines hübschen jungen Mädchens zu machen, wäre, wenn dies Adrienne Monnier sein sollte. Eine breite, blondhaarige Frau mit sehr klaren blau-grauen Augen, die ganz in einen derben grauen Wollstoff von nonnenhaftem Zuschnitt gekleidet ist. Vorn ist das Kleid mit Knöpfen in eingelegter Arbeit besetzt, altväterischer Besatz. Sie ist es. Sogleich fühle ich, einem der Menschen gegenüber zu sein, denen man nie respektvoll genug begegnen kann, und die, ohne dem Anschein nach auf solchen Respekt im geringsten zu rechnen, ihn dennoch keinen Augenblick abweisen oder bagatellisieren werden.
(Benjamin, Pariser Tagebuch, a.a.O., S. 580)

Ähnliche Empfindungen hatte wohl auch der überaus sensible **James Joyce**, wählte der Exil-Ire doch diesen Ort aus, um zum ersten Mal aus einem Roman ›Ulysses‹ zu lesen, bevor dieser zwei Monate später im Druck erschien und die literarische Nachwelt so sehr beeinflussen sollte. Die Lesung fand am Abend des 7. Dezember 1921 statt.

Als Datum für die Joyce-Lesung in Adriennes Buchhandlung war der 7. Dezember 1921 festgesetzt worden – knappe zwei Monate später erschien der ›Ulysses‹.

Bouquinisten am Seinekai, Foto 1927

Larbaud hatte Angst, daß er mit seiner Übersetzung von Auszügen aus dem Penelope-Kapitel nicht rechtzeitig fertig werden würde, und bat Adrienne, sich nach einer Hilfe umzusehen. Zu den jungen Leuten, die in der Rue de l'Odéon aus und ein gingen, gehörte auch der Komponist Jacques Benoist-Méchin. Er und George Antheil hatten sich in meinem Buchladen getroffen und miteinander angefreundet. Die Englischkenntnisse des jungen Mannes waren erstaunlich, und als Adrienne ihn fragte, ob er Larbaud helfen wolle, ergriff er mit Begeisterung die Gelegenheit, mit ihm am ›Ulysses‹ zu arbeiten. Er tat es jedoch nur unter der Bedingung, daß sein Name nicht genannt würde, sein Vater, ein alter Baron, würde den ›Ulysses‹ sicher mißbilligen.

Überraschenderweise war im Land Rabelais' der ›Ulysses‹ fast zu gewagt, jedenfalls für das Frankreich der zwanziger Jahre. Als der Zeitpunkt der Joyce-Lesungen näherrückte, hatte sogar Larbaud Bedenken, und auf dem Programm stand folgende Warnung: »Wir möchten das Publikum aufmerksam machen, daß manche Stellen, die zum Vortrag kommen, ungewöhnlich gewagt sind und begreiflicherweise Anstoß erregen könnten.« Ja, als Larbaud in der Buchhandlung eintraf, die so gestopft voll war, daß auch nicht ein einziger Mensch mehr hineinging, litt er unter richtigem Lampenfieber. Adrienne mußte ihm ein Glas Kognak einflößen, ehe er sich ein Herz faßte und seinen Platz an dem kleinen Tischchen einnahm – einen Platz, der ihm nicht neu war, da er zu den beliebtesten Vortragenden bei Adriennes »séances« gehörte. Aber vor ein oder zwei Stellen in den Auszügen drückte er sich tatsächlich!

Die Lesung wurde ein Triumph für Joyce und eine Huldigung, die gerade in diesem kritischen Augenblick seiner Laufbahn sehr viel für ihn bedeutete. Die warmen Worte des Lobes, die Larbaud sprach, seine Lesung der von ihm übersetzten Auszüge aus dem ›Ulysses‹, Jimmy Lights ausgezeichnete Wiedergabe der Sirenen – alles fand bei den Zuhörern lebhaften Beifall. Noch lauter aber wurden die Kundgebungen, als Larbaud nach langem Suchen Joyce endlich hinter einem Wandschirm im Hinterzimmer entdeckte, den Errötenden herauszog und ihn nach französischer Art auf beide Wangen küßte.

Adrienne war glücklich über den von ihr geplanten erfolgreichen Abend, auch ich war glücklich und fand, die Franzosen erwiesen sich dem irischen Schriftsteller James Joyce gegenüber als rührend gastfreundlich.
(Beach, a.a.O., S. 86f.)

Finanziert wurde die Herausgabe dieses Romans von Sylvia Beach. Sie brachte sich damit an den Rand des finanziellen Ruins. Aber anders schien ihr die Veröffentlichung des ›Ulysses‹ nicht möglich. Hatten doch amerikanische Verleger das Werk abgelehnt mit der Begründung, es enthalte Obszönitäten. Übrigens: Joyce entschädigte die Amerikanerin weder für ihre Ausgaben noch für ihre Anleihen, als sein Werk später erfolgreich wurde. Das Buch trug jedoch dazu bei, Sylvia Beach und ihre Buchhandlung international bekannt zu machen.

Inzwischen hatten Joyce und ›Ulysses‹ praktisch von der Buchhandlung in der Rue de l'Odéon Besitz ergriffen. Wir kümmerten uns um Joyce' Korrespondenz, wir waren seine Bankiers, seine Agenten, seine Botenjungen. Wir trafen für ihn Verabredungen, gewannen ihm neue Freunde, führten die ganzen Verhandlungen wegen der Übersetzungen seines Buches durch, die in Deutschland, Polen, Ungarn und in der Tschechoslowakei herauskamen. Joyce erschien täglich gegen zwölf in der Buchhandlung. Weder er noch sein Verleger dachten an ein Mittagessen. Abends kam er häufig ein zweites Mal, wenn noch irgend etwas zu erledigen war.

Joyce' Ruhm wuchs, und immer mehr Freunde, Fremde, Bewunderer, Presseleute, die Joyce aufsuchen wollten, mußten ermutigt, bewillkommt und abgewimmelt werden, je nachdem. Mit allen aber mußten wir uns auf die eine oder andere Weise in der Buchhandlung abgeben und sie, wenn nötig, davon abhalten, dem großen Mann lästig zu fallen.

Es stand mir natürlich frei, alle diese Gefälligkeiten abzulehnen, und wenn ich mir Joyce und alles, was mit ihm zusammenhing, aufhalste, so deshalb, weil es mir ungeheuren Spaß machte.
(ebda., S. 101 f.)

Ursprünglich wollte Sylvia Beach eine Filiale für Französische Literatur in New York eröffnen. Adrienne Monnier aber überredete sie zu einer amerikanischen Buchhandlung in Paris. So kam es zur Gründung von *Shakespeare and Company*. Der erste Laden befand sich in 8, Rue Dupuytren. Von dort zog Sylvia Beach 1921 in die unmittelbare Nachbarschaft ihrer Freundin, in das Haus Nr. 12 der Rue de l'Odéon. Dieser Laden wurde bald von amerikanischen Schriftstellern bevorzugt besucht. Sie benutzten ihn auch als eine Art Postfach am linken Seine-Ufer, indem sie ihre Post einfach dorthin schicken ließen und die sich dort auf dem Kaminsims stapelte. Unter den vielen Kunden gab es einen, der sich selbst als der beste einschätzte.

Ein Kunde, den wir gut leiden mochten und der uns keine Mühe machte, war der junge Mann, der fast jeden Morgen bei Shakespeare and Company in einer Ecke saß und Zeitschriften oder ein anderes Buch las. Es war Ernest Hemingway, der, soviel ich mich erinnere, gegen Ende des Jahres 1921 in Paris auftauchte. Er nannte sich selbst meinen »besten Kunden«, und niemand machte ihm diesen Titel streitig. Wir schätzten einen Kunden sehr hoch, der uns nicht nur regelmäßig besuchte, sondern auch Geld für Bücher ausgab, ein gewinnender Zug in den Augen der Eigentümerin einer Buchhandlung.

Er wäre mir jedoch auch lieb geworden, wenn er in meinem Betrieb keinen Pfennig ausgegeben hätte. Vom ersten Tage an fühlte ich für Ernest Hemingway die wärmste Freundschaft. [...]

Hemingway war ein sehr gebildeter junger Mann, der viele Länder kannte und mehrere Sprachen beherrschte, und er hatte alles aus erster Hand, nicht an Universitäten gelernt. Ich hatte den Eindruck, er sei sehr viel rascher sehr viel weiter gekommen, als irgendein anderer der jungen Schriftsteller, die ich kannte. Er hatte sich zwar eine gewisse Jungenhaftigkeit bewahrt, war aber trotzdem ungewöhnlich weise und beherrscht.
(ebda., S. 89ff.)

Rückblickend erinnert sich Hemingway an manch liebenswert geführtes Streitgespräch, wenn es um Hunger erdulden und Geld ausleihen ging.

»Sie sind zu dünn, Hemingway«, würde Sylvia sagen. »Essen Sie auch genug?«

»Gewiß.«

»Was haben Sie zu Mittag gegessen?«

Mein Magen drehte sich um, und dann sagte ich: »Ich gehe jetzt nach Hause essen.«

»Um drei Uhr?«

»Ich wußte nicht, daß es so spät ist.«

»Adrienne sagte neulich abend, sie wolle Sie und Hadley zum Abendessen einladen. Wir wollen auch Fargue dazu bitten. Sie mögen Fargue doch, nicht wahr? Oder Larbaud? Den mögen Sie. Ich weiß, daß Sie ihn mögen. Oder irgend jemand, den Sie wirklich gern mögen. Wollen Sie mit Hardley sprechen?«

»Ich weiß, daß sie sehr gern kommen wird.«

»Ich schicke ihr ein *›pneu‹*. Sie sollten jetzt nicht so intensiv arbeiten, wo Sie nicht ordentlich essen.«

»Tu ich auch nicht.«
(ebda., S. 42f.)

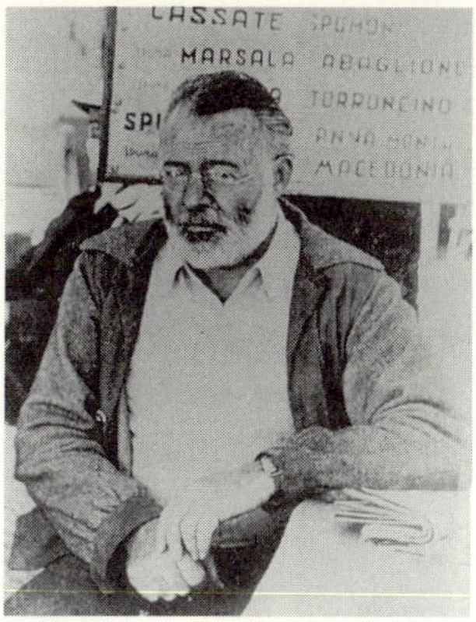

Foto: Diatallevi-Galleria

Ernest Hemingway, geboren am 21. 7. 1899 in Oak Park – gestorben am 2. 7. 1961 in Ketchum.
Fasziniert hat er kaum wie ein anderer durch seine Vitalität als Großwildjäger und Großfischer, als Boxer und Stierkämpfer, als Soldat und verwegener Berichterstatter in drei Kriegen. Dabei war Hemingways erstes und ständiges Ziel: einen wahren Satz zu schreiben. Die Furcht, diesem Anspruch einmal nicht mehr genügen zu können, versetzte ihn seit 1954, als er den Literaturnobelpreis erhielt, in Panikzustände, verbunden mit Verfolgungswahn und Depressionen. Sein erzählerisches Werk, aus dem ›Der alte Mann und das Meer‹ herausragt mit der Botschaft, daß der Mensch zwar vernichtet, aber nicht besiegt werden kann, wurde zu einem Mythos der modernen Literatur. Da der Mensch nicht für die Niederlage geschaffen sei, wählte Hemingway, gezeichnet von schwerer seelischer Erkrankung, den Freitod.

Julien Green, geboren am 6. 9. 1900 in Paris, wo er auch heute lebt.
Der ursprünglich protestantische Green konvertierte 1915 zum Katholizismus, näherte sich dann dem Buddhismus, um 1939 doch wieder zur Katholischen Kirche zurückzukehren. In seinen Romanen, Theaterstücken und Memoiren zeichnet er ein etwas düsteres Bild vom Menschen in seinem Ringen zwischen Lust und Gott. Zwischen auswegloser Lebensangst und Sehnsucht nach einer jenseitigen Wirklichkeit verfällt der Mensch meist Verbrechen oder gerät in Wahnsinn. Mit seinem 1929 erschienenen Roman *Leviathan* errang er Weltruhm. 1971 wurde er in die Academie française aufgenommen.

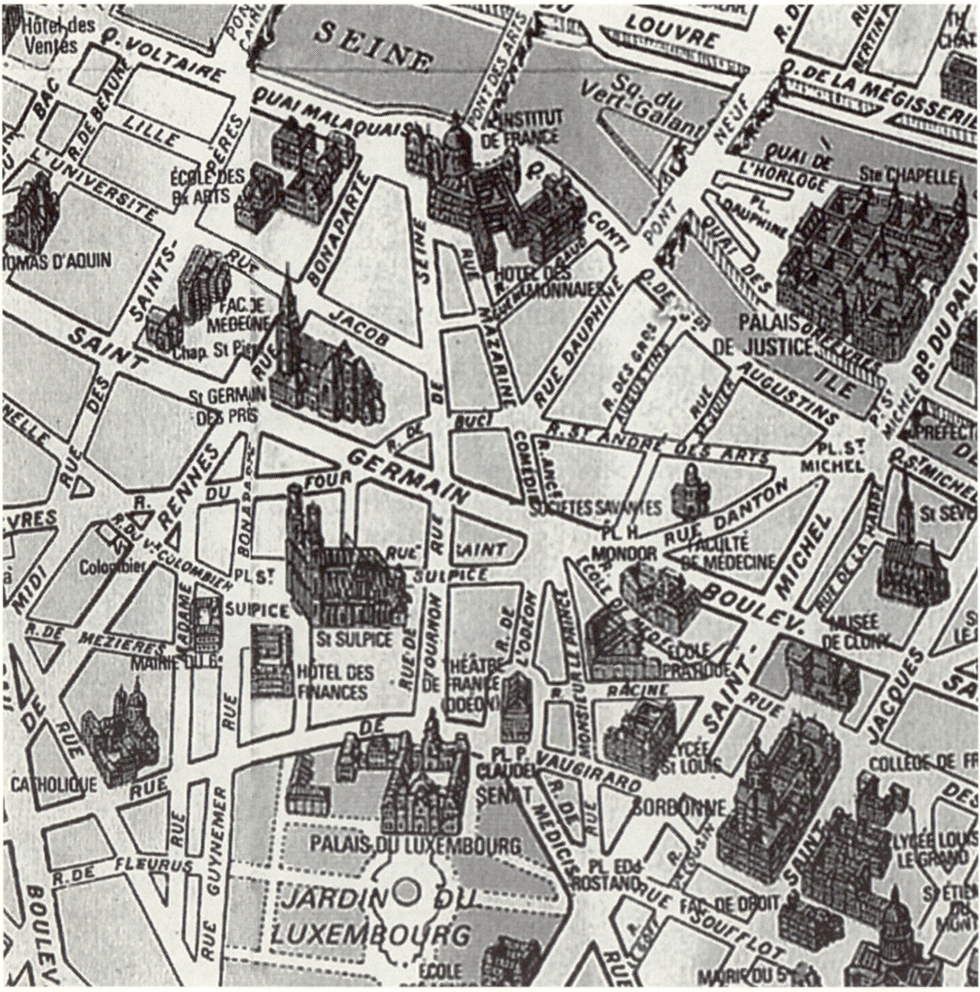
Hôtel des Ventes
Q. VOLTAIRE
SEINE
LOUVRE
Q. DE LA MÉGISSERIE
QUAI MALAQUAIS
INSTITUT DE FRANCE
Sq. du Vert-Galant
BAC
R. DE BEAUNE
LILLE
L'UNIVERSITÉ
ÉCOLE DES BX ARTS
QUAI DE L'HORLOGE
Ste CHAPELLE
PL. DAUPHINE
BONAPARTE
SEINE
CONTI
PONT
NEUF
QUAI DES ORFÈVRES
RUE
SAINTS-PÈRES
FAC. DE MÉDECINE
Chap. St Pierre
JACOB
HÔTEL DES MONNAIES
RUE DAUPHINE
PALAIS DE JUSTICE
SAINT
MAZARINE
R. DES GDS AUGUSTINS
AUGUSTINS
ILE
Bd. DU PALAIS
St GERMAIN DES PRÉS
BUCI
R. ST ANDRÉ DES ARTS
PL. St MICHEL
Q. St MICHEL
PRÉFECTURE
GERMAIN
FOUR
COMÉDIE
RENNES
SOCIÉTÉS SAVANTES
RUE DANTON
St SÉVERIN
PL. H. MONDOR
FACULTÉ DE MÉDECINE
MICHEL
Colombier
PL. St SULPICE
SAINT
SULPICE
ÉCOLE DE MÉDECINE
BOULEV.
MIDI
R. DE MÉZIÈRES
St SULPICE
MUSÉE DE CLUNY
MAIRIE DU 6e
HÔTEL DES FINANCES
THÉÂTRE DE FRANCE (ODÉON)
ÉCOLE PRATIQUE
RACINE
SAINT-
JACQUES
CATHOLIQUE
PL. P. CLAUDEL
VAUGIRARD
LYCÉE St LOUIS
SÉNAT
COLLÈGE DE FR
SORBONNE
GUYNEMER
PALAIS DU LUXEMBOURG
LYCÉE LOUIS LE GRAND
R. DE FLEURUS
PL. Ed. ROSTAND
RUE FAC. DE DROIT
SOUFFLOT
JARDIN DU LUXEMBOURG
BOULEV.
ÉCOLE

St. Germain und die Existentialisten

Route: (Metro Linie 4 St. Germain und St. Sulpice) Es wird eingeladen zu einem Bummel durch die engen und malerischen Gassen zwischen den Kirchen St. Germain und St. Sulpice. Verweilen vor vielen Buchläden oder in kleinen Cafés ist angesagt, um sich der Geistesbewegung des Existentialismus zu erinnern. Simone de Beauvoir, Albert Camus und Jean-Paul Sartre werden wir in Cafés antreffen, während Boris Vian uns in einen Jazzkeller führen wird.

Das 6. Arrondissement ist für viele Parisbesucher eine Besonderheit. Das liegt wohl daran, daß dieses Viertel noch so etwas wie seinen alten dörflichen Charakter bewahrt hat. Vielleicht hängt der ihm eignende besondere Flair auch damit zusammen, daß in den vielen Bars die anonyme Menge der kleinen Handwerker sich mit der Crème der Intelligenz am selben Tresen mischt, ein »Miteinander des spottlustigen Volkes und der Meditation« bildet, wie der Schriftsteller und Flaneur Léon-Paul Fargue in den dreißiger Jahren meinte.

Dann aber beherbergt dieser Stadtteil intellektuelle Einrichtungen von internationalem Rang, denn das Viertel um die alte Abteikirche aus dem 12. Jahrhundert kann sich rühmen, Heimstatt der fünf Akademien zu sein, die zusammen das Institut de France bilden. 1795 faßte der Konvent die ehemaligen königlichen Akademien zusammen, unter denen die Académie française bei weitem die bekannteste ist. Denn ihr obliegt die Aufgabe, Reinheit und Bestand der französischen Sprache zu sichern. Die Zahl der Sprachwächter ist streng auf 40 begrenzt, d. h. erst nach dem Tod eines der *Immortelles* (der ›Unsterblichen‹) wird eine neue Person in den illustren Kreis gewählt. Zu den ›Unsterblichen‹ zählen u. a. Descartes, Pascal, Molière, Rousseau, Diderot, Balzac, Maupassant, Proust, Zola, Ionesco und als erste und bislang einzige Frau, Marguerite Yourcenar.

Während sich andere Stadtviertel mehr dem Handel verschrieben haben, hat sich dieses Dorf, das lange als Anhängsel von Montparnasse galt, nach und nach auf Kunst und Literatur, auf Gedanken und Reime spezialisiert.

Dementsprechend entstanden hier für Frankreichs Geistesleben wichtig gewordene Verlagshäuser wie Gallimard, Flammarion, Stock, Grasset, Mercure de France und andere mehr. Es leben also viele Menschen hier, die Bücher lieben. Sie und ihre Gäste beleben die vielen kleinen und großen Cafés und Restaurants. Unter ihnen gibt es drei »heilige Stätten«: Die ›Brasserie Lipp‹, das Café ›Les deux Magots‹ und das ›Café de Flore‹. Wie ein Dreieck erscheinen sie an der Place St. Germain angeordnet.

Die ›Brasserie Lipp‹ wurde 1871 von einem Elsässer namens Lippmann gegründet. Dieser wollte nicht im von den Preußen annektierten Elsaß bleiben. Nostalgisch nannte er sein Lokal *Les Bords du Rhin* (›Zu den Rheinufern‹). Doch dieser Name setzte sich nicht durch. Für den Stammkunden hieß es immer ›Chez Lipp‹.

In jener nun schon viele Jahre zurückliegenden Zeit ging ich nur nachts in die ›Brasserie Lipp‹, das heißt zwischen neun Uhr abends und zwei Uhr morgens. Das sind die Stunden, in denen das Leben in der ›Brasserie Lipp‹ am stärksten pulsiert und ein auf der Welt einmaliges Schauspiel bietet. Alles, was in Paris etwas zählte, war dort in einem friedlichen Gedränge versammelt, und sie kamen aus allen Branchen: Literatur, Presse, Theater, Film, Radio, Verlagswesen, Politik, Medizin, Erziehung, Armee, Architektur, Bühnenbildnerei und Mode. Der weitläufige Raum der ›Brasserie Lipp‹, mit seiner schon leicht verschlissenen Ausstattung, dem die Keramikarbeiten des Vaters von Léon-Paul Fargue eine ruhige und frische Note verleihen, ähnelt einem großen Salon, zu dem man die wahre Elite von Paris geladen hat. Sicher, man ißt hier, man trinkt ausgezeichnetes Bier, aber vor allem plaudert man.
(Henri Philippon, Die heiligen Stätten, Darmstadt 1994, S. 227)

Und für Nachtschwärmer ist es der Ort für den Genuß von elsässischem Sauerkraut. Es wird auch erzählt, daß bei Streitgesprächen um die Affäre Dreyfus, die gerade unter Politikern in diesem Etablissement besonders heftig geführt wurden, bevorzugt Fleischwurst mit Sauce Moutarde gereicht wurde.

Viele Gäste, vor allem Schriftsteller, wechselten nach dem Déjeuner hinüber zu ›Les Deux Magots‹. Dieses Lokal war bis 1885 ein Geschäft für modische Accessoires. Der Beliebtheit ihres Etablissements sicher, erhöhte die Direktion oftmal die Preise und verlangte zudem von ihren Gästen noch entsprechende Garderobe. Der Name des Cafés, so wird erzählt, geht auf das Aushängeschild des ehemaligen Kurzwarengeschäftes zurück. Übersetzt lautet er ›Zu den zwei komischen Käuzen‹. Er soll sich beziehen auf die beiden chinesischen Porzellan-Figuren, die im Innern auf zwei Säulen sitzen und dem bunten Treiben zuschauen. Eine Anekdote von vielen zeigt, wie sehr illustre Gäste hier sich wie zu Hause gefühlt haben.

Im ›Deux-Magots‹ hatte ich eine ziemlich merkwürdige Persönlichkeit kennengelernt, den Prinzen von C..., Bruder des Königs einer befreundeten Nation. Er kam gegen zehn Uhr morgens ins Café und bestellte sofort einen Pernod, den er noch im Stehen in sich hineinkippte, dann ein großes Bier, danach einen Pernod... und so weiter. Er verbrachte den ganzen Tag im ›Deux-Magots‹, nur zu den Mahlzeiten blieb er nicht dort. Hin und wieder schlief er ein und fiel dann auf die Schulter des Nachbarn am Nebentisch. Daraufhin erwachte er und rief den Kellner:

»Wie spät ist es?«

»Halb zwölf.«

»Morgens oder abends?«

»Morgens.«

»Noch einen Pernod.«

Diesen Dialog habe ich hundert Mal gehört. Eines Tages, als das Gemisch aus Pernod und Bier seine königlichen Eingeweide zu sehr durcheinander gebracht hatte, brach er auf dem ›Wece‹ (wie mein Freund Raymond Queneau schrieb) zusammen. Seine Kleidung war besudelt und die Kellner, die Hände mit Tüchern umwickelt, mußten ihn quer durch das Café zum Taxi schleppen, das den übelriechenden Fahrgast in der Hoffnung auf ein königliches Trinkgeld einsteigen ließ. Der Zwischenfall hatte für beachtliches Aufsehen gesorgt, und am darauffolgenden Tag brachte der Geschäftsführer dem Prinzen gegenüber sein Bedauern darüber zum Ausdruck, daß er ihn nicht mehr länger zu den Gästen eines so ehrenwerten Hauses wie das ›Café des Deux-Magots‹ rechnen könne.
(Philippon, a.a.O., S. 224)

Und schließlich befindet sich nebenan die dritte »heilige Stätte«, das ›Café de Flore‹. Lange Zeit kam es gegen die beiden anderen Cafés

Das Café ›Les deux Magots‹

nicht an. Zuerst war es nichts als ein schlichtes, vor allem von Dominospielern besuchtes Lokal. Wer gesehen werden wollte, den zog es vorerst nicht dorthin. Allein die von Breton abgefallenen Surrealisten trafen sich hier. Dann aber kam Jacques Prévert mit seiner *Groupe Octobre*. Vor dem Krieg führten sie den poetischen Realismus ein, improvisierten vor dem Lokal häufig ihre Sketche und musizierten fröhlich.

Dann aber, nach dem Krieg, wurde es schrill im Flore. Das lag daran, daß ab 1942 **Jean-Paul Sartre** mit seiner Lebensgefährtin **Simone de Beauvoir** hier ständig einkehrte.

Die jetzt im ›Café de Flore‹ anzutreffenden Verrücktheiten sind nämlich neueren Datums. Sie sind ziemlich genau auf 1946 zu datieren und fallen zusammen mit dem Weltruhm, den Jean-Paul Sartre erlangt hat. Dabei hat auch das ›Flore‹ eine sehr schillernde Vergangenheit hinter sich, die unbedingt in Erinnerung gerufen werden sollte. Es wurde gegen Ende des Zweiten Kaiserreiches gegründet und ›Flore‹ getauft, weil vor seiner Tür die Statue einer Nymphe von den Kanarischen Inseln stand, die als Göttin des Frühlings Anmut und Jugend symbolisierte. Warum hatte man die Statue dort aufgestellt? Ein Rätsel. Wann verschwand sie? Wahrscheinlich beim Durchbruch des Boulevard Saint-Germain.
(ebda., S. 230f.)

Im ›Café de Flore‹ verkehrten Simone de Beauvoir und Jean-Paul Sartre

Offensive existentialiste nannte Simone de Beauvoir jene geistige Bewegung, die Ende des 2. Weltkrieges die Gemüter erhitzte. In der Tat, die Protagonisten des Existentialismus, Jean-Paul Sartre und Simone de Beauvoir, wurden 1945 innerhalb von nur drei Wochen berühmt und durch das Erscheinen der Romane ›Die Wege der Freiheit‹ und ›Das Blut der anderen‹ sowie des Theaterstückes ›Die unnützen Mäuler‹ und schließlich der Gründung der Zeitschrift *Les Temps Modernes*, das zum Sprachorgan für die neue Geistesbewegung wurde.

Wie aber wird der Existentialismus in aller Kürze definiert?

Suchen wir also diesen Kopf der Gruppe auf. Man trifft ihn in Saint-Germain-des-Prés. Ein robuster und stämmiger Mann mit dichtem Haar, lebhaften blauen Augen, kräftigen Händen. Er hat nichts von einem Ästheten oder einem Prälaten. Ich hege sogar den Verdacht, daß er Raufereien mag und sich dabei ganz in seinem Element fühlt. Um diese gute Gelegenheit nicht zu versäumen, frage ich ihn gleich nach seiner Definition des Existentialismus. Er scheint nicht davon auszugehen, daß ich sie kennen müßte und antwortet mir:

»Es handelt sich um eine Lehre, nach der die Existenz vom Wesen vorgängig ist und es fortwährend hervorbringt. Zuerst ist der Mensch, und indem er sich für sich selbst entscheidet, bringt er sich hervor, indem er handelt, schafft er sich. Wir sagen: Es gibt keinen Unterschied zwischen Sein und Tun.«

»Folglich ist für Sie der Mensch die Summe seiner Handlungen und das Ergebnis seiner Wahl?«

»Ja, aber seine Handlungen und seine Wahl erfolgen im Rahmen seiner Veranlagung und seiner Lebensumstände. Das ist es, was ich als Situation bezeichne. Im Rahmen dieser Situation – die lediglich einen Aspekt der conditio humana darstellt – ist der Mensch frei und demzufolge verantwortlich.«

(Dominique Auray, Was ist Existentialismus? Bilanz einer Offensive, Darmstadt 1994, S. 42 f.)

Sartre selbst lehnte für sich und seine Philosophie das Wort ›Existentialismus‹ ab. Der Presse nach handle es sich um eine »nihilistische, schwarzmalende, frivole, liederliche, desperate, schändliche Philosophie«, wie Simone de Beauvoir zürnte. Bei einer Diskussion über diesen Begriff distanzierte sich Sartre deutlich:

»Der Existentialismus? Ich weiß nicht, was das ist. Meine Philosophie ist eine Philosophie der Existenz…«

Bei einem durchweg lohnenden Besuch der drei »Heiligen Stätten« bietet es sich an, sich mit dem die intellektuelle Welt damals sehr bewegendes Existentialismus zu befassen, und zwar insbesondere mit der Auseinandersetzung zwischen den beiden berühmtesten Vertretern der französischen literarischen Welt damals: Albert Camus und Jean-Paul Sartre.

Ich empfehle, das Herz von St. Germain nicht direkt mit der Metro anzufahren, sondern bummelnd dorthin zu pilgern, um die auch heute noch malerische Atmosphäre zu genießen und sich auf den »Hauch des Geistes«, der dort schwebt, einzulassen. Deshalb starten wir den Spaziergang auf dem Platz vor der Kirche St. Sulpice. Die Platzmitte wird seit 1844 von einer Fontäne geschmückt, die vier Statuen trägt. Es sind dies die Abbilder von vier Bischöfen, die während der Bauzeit von St. Sulpice berühmte Prediger in Frankreich waren: Bossuet (1627–1704), Fléchier (1632–1710), Fénélon (1651–1715) und Massillon (1663–1742).

Von hier aus können wir den Kultort des Existentialismus über die Rue Bonaparte direkt erreichen, oder aber wir lassen uns einfach durch die engen Gassen kreuz und quer treiben, suchen die restaurierte Markthalle von St. Germain an der Rue Lobineau auf und gelangen über den Boulevard St. Germain auf den Platz vor der ältesten Kirche von Paris. Mit diesem Platz hatte es früher eine besondere Bewandtnis. Es war der Ort, Pré aux Clercs geheißen, auf dem im Morgengrauen die Edelmänner ihre Duelle austrugen. Die Art der Auseinandersetzung zwischen unterschiedlichen Geistern sieht heute glücklicherweise anders aus, wenngleich sie sicherlich länger als ein Duell mit Pistole oder Degen zu dauern pflegt, und auch nicht ohne Verletzungen abgeht.

Wir betreten zuerst das Café de Flore, wie Sartre es mit seiner Lebensgefährtin auch getan hat. Wir werden Zeuge, wie der Philosoph aus der Anonymität der Gäste wider Willen heraustritt.

Lange wußte ich gar nicht, wer er war. Jeden Nachmittag konnte man sie im Gastraum im ersten Stock sehen, wie sie ohne Ende Blatt um Blatt bekritzelten. Monatelang kannten wir ihre Namen nicht, bis einmal jemand am Telefon Monsieur Sartre verlangte. Da ein Freund von mir so heißt, sagte ich, Monsieur Sartre sei nicht da; aber der Anrufer verlangte beharrlich immer wieder nach Monsieur Sartre und versicherte mir, er befinde sich bei mir im Gastraum. Schließlich beschloß ich, Monsieur Sartre auszurufen, und da sah ich, wie unser großer Jean-Paul aufstand und sagte: ›Ich heiße Monsieur Sartre‹. Von diesem Augenblick an war er mein Freund, und sehr oft unterhielten wir uns morgens; in der Folge häuften sich die Anrufe derart, daß ich es für nützlich hielt, ihm einen eigenen Anschluß legen zu lassen.
(Philippe Bogio, Boris Vian, Biographie, Köln 1995, S. 181)

Sartre gefiel es an diesem Ort, den er 1942 zum ersten Mal betrat, und in dessem ersten Stock er viel arbeitete.

Das Flore lag günstig, direkt gegenüber der noch geöffneten Station Saint-Germain-des-Prés. Bei Fliegeralarm leerte sich das Café, doch Boubal geleitete Sartre und Simone de Beauvoir diskret in den Saal im ersten Stock. Ihre Arbeit sollte nicht unterbrochen werden, darüber wachte Boubal persönlich. »Bald ließen Simone de Beauvoir und ich«, so berichtete Sartre, »uns ganz dort nieder: von neun Uhr bis mittags arbeiteten wir, gingen dann zum Essen, kamen um zwei Uhr zurück und unterhielten uns bis um vier mit den Freunden, die wir trafen. Dann arbeiteten wir wieder bis um acht Uhr. Nach dem Abendessen empfingen wir die Leute, mit denen wir uns verabredet hatten. Es mag eigenartig wirken, aber das Flore war unser Zuhause.«
(Bogio, a.a.O., S. 181)

Doch als der Existentialismus das Tagesgespräch in Frankreich und in der intellektuellen Welt war, wurde es unruhig im Flore. Die Presse zeichnete das Bild eines ob seiner Lebensauffassungen gesellschaftlich gefährlichen Philosophen, was dazu führte, daß die Öffentlichkeit auf Sensationen lauerte. Deshalb belagerten Journalisten den Philosophen auch im Flore, wie Simone de Beauvoir zornig schreibt:

Die Idylle des Herbstes 1944 fand ein baldiges Ende. Noch war über ›L'Être et le Néant‹ nichts Ernsthaftes geschrieben worden, da gingen die Gutgesinnten bereits in Zeitschriften, Vorlesungen und Vorträgen zum Angriff über. Am 3. Juni 1945 sah ›La Croix‹ im atheistischen Existentialismus »eine Gefahr, ernster als der Rationalismus des 18. und der Positivismus des 19. Jahrhunderts«. Die äußerste Rechte begann, noch mit einer gewissen Vorsicht, aus ihrer Reserve herauszugehen. In Broschüren, mit Gerüchten und boshaftem Tratsch verbreitete sie Verleumdungen über Sartre. Im November 1945 bat mich im ›Flore‹ ein junger, blauäugiger Mann, ihm etwas über Sartre zu erzählen. Er müsse für ein seit kurzem erscheinendes Sensationsblatt, ›Samedi-Soir‹, einen Artikel über ihn schreiben. Ich weigerte mich. Er erklärte, daß er den Artikel auf jeden Fall schreiben werde; dann wäre es doch besser, wenn er seine Informationen durch mich erhielte. Also informierte ich ihn. Einige Tage später wurde ein Mülleimer über Sartre ausgeleert. Seine schmutzige, frivole Philosophie sei einem kranken Volk angemessen. Moralisch und physisch liebe er nur den Unrat. Wir waren über die Angriffe bestürzt. Aber schließlich konnten uns diese Herrschaften ja nicht lieben. Wir lernten es, ihre Beschimpfungen an uns abgleiten zu lassen. Als Boutang sich fragte, ob Sartre ein Verrückter sei, war uns das gleichgültig. Sartre hatte sich von seiner Klasse losgesagt. Ihre Feindseligkeit war normal. Die der Kommunisten aber empfand er als ungerecht.
(Simone de Beauvoir, Der Lauf der Dinge, Reinbek 1970, S. 49f.)

Um dem Rummel um ihre Personen zu umgehen, wechselten sie nach nebenan, ins Café ›Les Deux Magots‹. Wir betreten durch die Drehtüre das Café und wenden uns der Rückwand zu. Dort erblicken wir über der Bankreihe ganz links ein Foto von Simone de Beauvoir. Der Gast kann also den selben Platz einnehmen, auf dem eine Zeitlang die Lebensgefährtin von Jean-Paul Sartre saß. Neben ihr nahm Sartre Platz. Es wird erzählt, daß sie, eine Zigarette nach der anderen rauchend, zwei Stunden lang unablässig schrieben. Auch **Albert Camus** kam ab und zu vorbei.

In den Jahren unmittelbar nach Kriegsende, als er seine Arbeitszeit zwischen ›Combat‹ und Gallimard aufteilte und ab und zu gar Zeit zum Schreiben fand, wenn er nicht gerade gegen eine neue Tuberkuloseattacke oder ein schriftstellerisches Blackout kämpfte, war Camus ein vertrautes Gesicht in Saint-Germain-des-Prés. Und eines der attraktivsten. »Ein junger Humphrey Bogart«, so beschrieb ihn der Journalist Jean Daniel. Später erinnerte Daniel an eine Episode in einem Nachtclub, als ein junger Filmkritiker, nachdem er einige Gläser und eine Flasche Whisky zerbrochen hatte, auf die Bartheke stieg und verkündete: »Ich will euch von einer Ungerechtigkeit erzählen, die schlimmer ist als das, was wir (in ›Combat‹) beschreiben. Diese Ungerechtigkeit steht vor uns und heisst Camus: Er hat alles, was man braucht, um zu verführen, um glücklich, berühmt zu sein; und darüber hinaus erfrecht er sich erst noch, alle Tugenden sein eigen zu nennen!«

Eine dieser Tugenden, wenn wir den Erinnerungen der Zeitgenossen Glauben schenken wollen, bestand darin, die schönsten Frauen unter den Anwesenden herauszupicken und abzuschleppen, ganz gleich, was für eine Gruppe gerade da war. »Die sagten, ich habe Charme, stellen Sie sich das vor!« sagt der Held in Camus' Roman *La Chute*. »Wisst ihr denn überhaupt, was Charme ist? Es ist das, Leute dazu zu bringen, ja zu sagen, wenn man noch nicht mal eine Frage gestellt hat.« Als sie das las, war Simone de Beauvoir sicher, dass Camus sich selbst zum Vorbild für seinen Helden genommen hatte.
(Christoph Kuhn, *Monsieur le Directeur, Mon cher Camus*, Die Anatomie eines Bruchs, in du, Heft 6, Zürich 1992, S. 34)

Zu seinen Bewunderern gehörte der halbblinde Sartre nicht, wohl auch nicht zu seinen Freunden, waren doch beide auf Grund ihrer Biographien und Begabungen zu unterschiedlich.

Freund? Sartre und Camus waren sich während des Kriegs nahegekommen. Der eine erwies der »Mauer« seine Reverenz, der andere erwiderte die Höflichkeit mit dem Lob des »Fremden«. 1943, Camus war eben aus Algerien anreisend in Paris eingetroffen, begegneten sie einander an der Generalprobe der »Fliegen«, und Sartre bot Camus, der sich auch auf die Schauspielerei verstand, die Rolle des Garcin in »Huis Clos« an. Krieg und Besatzung standen diesem Vorhaben entgegen. Die beiden engagierten sich in der Rési-

stance, Camus freilich sehr viel direkter und verantwortlicher als Sartre. Nach der Befreiung Frankreichs schickte Camus Sartre, zu dessen grösster Freude, für die jetzt aus dem Untergrund auftauchende Zeitung »Combat«, die er leitete, in die USA. Man teilte den gleichen Verleger – Gallimard –, eroberte sich zu gleichen Teilen die Wertschätzung der Öffentlichkeit, verkehrte im gleichen Freundeskreis, wohnte und vergnügte sich im gleichen Quartier, St-Germain-des-Prés, liebte und verführte reihum die Frauen. Aber Freunde? Oder doch eher Rivalen? Zweckalliierte? Obwohl in den öffentlichen Briefen, an denen ihre Beziehung zerbricht, mindestens Sartre das Wort »Freundschaft« benutzt, sind Zweifel angebracht. Mit Recht weist die Sartre-Biographin Annie Cohen-Solal darauf hin, dass im Grund alles darauf angelegt war, die beiden »Zwillingsbrüder« der französischen Literatur jener Jahre zu entzweien. Zu sehr kontrastierten Klassenzugehörigkeit, geographische Herkunft, sozialer und professioneller Hintergrund. Hier der verwöhnte, hochgebildete Bürgersohn aus dem Norden, der Philosophie studiert und aus dem Verrat an seiner Klasse eine Berufung machen wird, der wendige Denker und Literat mit politischem Instinkt und dem ausgeprägten Sinn für die Tageschronik. Dort der »pied-noir«, aus ärmlichen Verhältnissen stammend, mehr Poet denn Philosoph, ernsthaft, überempfindlich, seinen Stunden ein schwerblütiger, zum Pathos neigender Moralist, ideologiefeindlich, zeitlebens dem Süden, dem Mittelmeerraum verbunden, aus dem er Lebenskraft und Lebensfreude schöpft. Schon vor der Publikation von »Der Mensch in der Revolte« fühlten sich Sartre und dessen engerer Kreis von Camus' manifestem Antikommunismus irritiert. Auseinandersetzungen, Kräche hatte es gegeben, sie waren mühsam gekittet worden.
(Kuhn, a.a.O., S. 34)

Nach Zeiten eines Nebeneinanders kam es zum Bruch. Er vollzog sich in jener Form, die in Frankreich bei Auseinandersetzungen zwischen berühmten Geistern Tradition hatte.

Der 1952 öffentlich ausgetragene Streit zwischen Jean-Paul Sartre und Albert Camus, der mit einem vollständigen Bruch endete und erst nach dem Unfalltod Camus' im bewegten Nachruf Sartres ein versöhnliches Zeichen erhielt, gehört in eine Kultur der Polemik, für die Frankreich seit eh und je das Geheimnis besitzt. Literarische Fehden wie die hier zu behandelnde, Krieg der Worte und der Ideen, Scharmützel, heftige Attacken, Finten, Schliche, das In-Stellung-Bringen des schweren philosophischen Geschützes, das Abfeuern gemeiner psychologischer Pfeile, das kräftige Würzen des jeweiligen Jargons mit Ironie und Sarkasmus – auf all das verstanden sich wendige französische Literaten schon immer bestens. Die reinigende und sogar erbauliche Wirkung derartiger Gewitter ist zu oft dokumentiert worden, als dass an ihr zu zweifeln wäre. Und verloren auch die Streithähne

gelegentlich Federn, die Fassung, den sogenannten »gesunden Menschenverstand«, so amüsierte sich doch eine interessierte Öffentlichkeit, wie heute am sportlichen Wettkampf, feuerte die Kontrahenten an, ergriff Partei und honorierte den Sieger. Der »Philosophenstreit« zwischen den Enzyklopädisten, allen voran Voltaire, und Rousseau bestimmte Mitte des 18. Jahrhunderts die literarischen Salondiskussionen in Paris, erwies sich als unschätzbares Ferment, das die verschiedenen Standpunkte sich ausprägen, klären half. Heftige Auseinandersetzungen begleiteten die Entwicklung von Realismus und Naturalismus in der französischen Literatur – die Kritiker Sainte-Beuve und Taine lieferten sich und den je nach Ideologie hochgelobten oder verdammten Autoren unendliche Gefechte subtilster Art.
(ebda., S. 30)

Ausgelöst wurde der Bruch durch das Erscheinen von Camus' Essay ›Der Mensch in der Revolte‹ im Oktober 1951. In diesem Werk geht es um die Frage, wie die Menschen in einer absurden, gottlosen Welt weiterleben und wie sie den Nihilismus überwinden können. Mit einem optimistischen Glauben an die Vernunft ginge es nicht. Ihr sei abzuschwören. Das ›gelobte Land‹, das die Menschen suchen, gäbe es nicht. Es sei unmöglich, für das Morgen anstatt für das Heute zu leben. Die Welt an sich habe keinen Sinn, erst der handelnde Mensch verleihe ihn ihr, indem er sich für Geknechtete und Entrechtete einsetze.

Wenn die Zeit der Geschichte nicht aus der Zeit der Ernte besteht, ist die Geschichte in der Tat nur ein flüchtiger und grausamer Schatten, an dem der Mensch keinen Anteil mehr hat. Wer sich dieser Geschichte anheim gibt, gibt sich dem Nichts anheim und ist seinerseits nichts. Wer sich jedoch der Zeit seines Lebens anvertraut, dem Haus, das er verteidigt, der Würde der Lebenden, der vertraut sich der Erde an und erhält die Ernte, die er von neuem sät und die ihn ernährt. Diejenigen schließlich führen die Geschichte voran, die im gegebenen Moment sich auch gegen sie aufzulehnen wissen. Das setzt eine ununterbrochene Spannung voraus und die angestrengte Heiterkeit, von der der gleiche Dichter spricht. Aber das wahre Leben ist im Innern dieser Zerrissenheit gegenwärtig. Es ist selbst diese Zerrissenheit, der Geist über Vulkanen von Licht schwebend, der Wahn der Rechtlichkeit, die aufreibende Unnachgiebigkeit des Maßes. Was uns am Ende dieses langen Abenteuers der Revolte entgegenklingt, sind nicht optimistische Formeln, sondern Worte des Muts und des Geistes, die, nahe am Meer, sogar Tugend sind.
(Albert Camus, Der Mensch in der Revolte, Reinbek 1961, S. 325)

Mit diesem Essay betrat Camus damals die Bühne der politischen Auseinandersetzung der Intellektuellen. Er machte darin seine geistige Distanz zum Marxismus und zum real existierenden Kommunismus der

Sowjetunion deutlich, dem Sartre nahestand. Politische Differenzen, vornehmlich im Verhältnis zum Marxismus, besaßen aber im Intellektuellenmilieu jener Jahre ein heute kaum nachvollziehbares existentielles Gewicht.

Diese Freundschaft nahm eigentlich nur deshalb ein so plötzliche Ende, weil schon seit einiger Zeit nicht mehr viel von ihr übriggeblieben war. Der ideologische und politische Gegensatz, der bereits 1945 zwischen Sartre und Camus bestanden hatte, war von Jahr zu Jahr deutlicher geworden. Camus war Idealist, Moralist, Antikommunist. Nachdem er sich eine Zeitlang den Erfordernissen der Geschichte hatte beugen müssen, war er bestrebt, sich so schnell wie möglich zurückzuziehen. Das Elend der Menschen bedrückte ihn, aber er führte es auf die natürlichen Gegebenheiten zurück. Sartre hatte sich seit 1940 bemüht, den Idealismus zu widerlegen, sich von seinem ursprünglichen Individualismus zu lösen, um den historischen Ablauf mitzuerleben. Da er dem Marxismus nahestand, bemühte er sich um ein Bündnis mit den Kommunisten. Camus kämpfte für hohe Grundsätze. Im allgemeinen weigerte er sich, die präzisen Aktionen mitzumachen, für die Sartre sich einsetzte. Während Sartre an die Wahrheit des Sozialismus glaubte, verteidigte Camus immer entschlossener die bürgerlichen Werte. In ›Der Mensch in der Revolte‹ bekannte er sich zu ihnen. Da eine neutrale Haltung zwischen den beiden Blöcken unmöglich geworden war, näherte sich Sartre der UdSSR. Camus verabscheute sie, und obwohl er die USA nicht liebte, stellte er sich praktisch auf ihre Seite. Ich erzählte ihm die Episode in Chinon. »Ich fühle mich in die Zeit der Besetzung zurückversetzt«, sagte ich zu ihm. Er betrachtete mich mit einem gleichzeitig aufrichtigen und gespielten Erstaunen. »Wirklich?« Er lächelte. »Warten Sie eine Weile. Sie werden eine Besetzung erleben, aber andere Besatzungssoldaten.«

Diese Meinungsverschiedenheiten waren viel zu ernst, als daß sie eine Freundschaft nicht in ihren Grundfesten erschüttert hätten. Außerdem erleichterte Camus' Charakter keine Kompromisse. Ich nehme an, daß er die Brüchigkeit seiner Standpunkte geahnt hat. Er duldete keinen Widerspruch. Sowie er auf Kritik stieß, bekam er einen seiner abstrakten Wutausbrüche, die an eine Flucht erinnerten. Als *Le Diable et le bon Dieu* aufgeführt wurde, war es zu einer Annäherung zwischen ihm und Sartre gekommen, und wir hatten in den *Temps Modernes* seinen Essay über Nietzsche veröffentlicht, obwohl er uns ganz und gar nicht befriedigte. Aber diese schüchterne Wiederbelebung alter Beziehungen war nicht von Dauer gewesen. Camus wartete die erstbeste Gelegenheit ab, um Sartre seine Nachgiebigkeit gegenüber dem »autoritären Sozialismus« vorzuwerfen. Sartre war schon seit langem der Meinung, daß Camus sich auf der ganzen Linie täuschte und daß er darüber hinaus, wie er es ihm in seinem Brief vorhielt, »völlig unerträglich« geworden sei. Mich persönlich berührte dieser Bruch nicht. Der Camus, den ich früher einmal gern gehabt hatte, existierte sowieso nicht mehr.

(Beauvoir, Der Lauf der Dinge, a.a.O., S. 251 ff.)

Der Essay ›Der Mensch in der Revolte‹ wurde schnell zum meistdiskutierten Buch von Paris im Herbst 1951. Er wurde nicht von allen begeistert aufgenommen. Einer schwieg, und zwar monatelang. Dann erschien eine Besprechung in *Les Temps modernes*.

Was Camus unter dem höhnischen Titel »Albert Camus ou l'âme révoltée« in der Mai-Nummer von »Les Temps Modernes« zu lesen bekommt, auf zwanzig Seiten, ist eine knallharte Abrechnung mit »Der Mensch in der Revolte«, aber auch mit den politischen Tendenzen des Autors. Dass der Essay glänzend geschrieben sei, bleibt einzige scheinbar positive Anmerkung: Tatsächlich wird auch diese Qualität letztlich gegen den Autor verwendet, der es verstehe, mit glanzvollem Schein unzulängliches Denken zu vernebeln und – eine Todsünde, versteht sich – die Kritiker der Rechten zu begeistern. Im übrigen bleibt die Abrechnung, die Punkt für Punkt Camus' Thesen auseinandernimmt, philosophische Unklarheiten und Schwächen gnadenlos aufdeckt, im Ton sachlich, trocken, fast akademisch, hin und wieder mit Ironie durchsetzt. [...]

Camus fühlt sich missverstanden. Seine in ihrer Art programmatische und sehr klare Verteidigungsschrift, die auch eine vehemente Anklage formuliert, weicht in den meisten den Marxisten und Kommunisten wichtigen Positionen von der festgeschriebenen Theorie und Ideologie ab, setzt moralische Imperative, wo materialistische gefragt sind, propagiert eine kritische Geschichtsvision und einen Freiheitsbegriff, wie sie von Sartre und seinen Freunden nicht akzeptiert werden können. [...]

War Camus schneidend, kalt, pathetisch, gekränkt, so bleibt Sartre bewusst salopp, ironisch, sarkastisch. Dem strengen Moralisten und Formalisten antwortet ein Profi der Polemik, dem es sichtlich Lust bereitet zu fechten. In virtuos unterhaltsamem Stil macht er sich ans grosse Aufräumen, addiert die Bosheiten unter einem legeren, jovialen Ton, der beleidigender nicht sein könnte. Zwei Charaktere, zwei Temperamente, Feuer und Wasser. »Mon cher Camus«, so hebt Sartre an, eine Wendung, die im Französischen je nach Tonlage ausserordentlich herablassend wirkt und gewiss auch so gemeint ist: »Unsere Freundschaft war nicht einfach, aber ich werde sie vermissen. Wenn Sie sie heute zerbrechen, dann zweifellos, weil sie zerbrechen musste. Viele Dinge brachten uns einander nahe, wenige trennten uns. Aber dieses wenige war noch zuviel: Auch die Freundschaft neigt dazu, totalitär zu werden; es braucht die Einigkeit in allem oder den Bruch... Unglücklicherweise haben Sie mich so bewusst und in einem derart unangenehmen Ton angegriffen, dass ich nicht schweigen kann, ohne das Gesicht zu verlieren... Eine Mischung von düsterer Selbstgefälligkeit und Verletzlichkeit hat uns immer davon abgehalten, Ihnen die volle Wahrheit zu sagen.

Das Resultat ist, dass Sie das Opfer einer finsteren Masslosigkeit geworden sind, die Ihre inneren Schwierigkeiten maskiert und die Sie, wie ich glaube, mediterranes Mass nennen. Früher oder später hätte es Ihnen jemand gesagt: Das kann geradesogut ich sein.«

Was er ihm in der Folge zu sagen hat, läuft auf eine Demontage der Camusschen Thesen so gut wie seiner politischen Haltungen und Ansprüche hinaus: Leicht fällt es Sartre, dem »befreundeten« Dichter, dem das Rüstzeug zum zünftigen Philosophen fehlt, eine reichlich süffisante Lektion zu erteilen, wobei er sich nicht geniert, einen Hinweis auf »L'Etre et le Néant« einzubringen, dessen Lektüre er freilich Camus, der »denkerische Schwierigkeiten hasse«, nicht zu empfehlen wage... im übrigen wirft er ihm mangelndes Verständnis für den Klassenkampf vor, mindert die hohen Moral- und Humanitätsansprüche auf »Moralismus«, auf eitles Posieren herab, beklagt die »Schwülstigkeit« von Camus' Stil. Eine Spur von Hass – auch Selbsthass? – schwingt in den beschwörenden Ausrufen mit: »Denn Sie sind bourgeois, Camus, wie ich: Was könnten Sie anders sein?... Vielleicht waren Sie einmal arm, aber Sie sind es nicht mehr; Sie sind ein Bourgeois.« [...] Mit vergifteter Grosszügigkeit meint Sartre am Schluss seiner Streitschrift: »Die Revue steht Ihnen offen, wenn Sie antworten wollen, aber ich, ich werde Ihnen nicht mehr antworten.«

Selbstverständlich tappte Camus nicht in diese Falle. Die beiden haben sich nie mehr getroffen und nahmen nur mehr verklausuliert, indirekt oder in literarisch gereinigter Form voneinander Notiz. Im »Tagebuch 1951–1959« reagierte Camus mit verzweifelten und düsteren Formulierungen: »Temps Modernes. Sie lassen die Sünden zu und verweigern die Gnade.« (Kuhn, a.a.O., S. 30)

Acht Jahre später, am Montag, dem 4. Januar 1960, geschah der absurde Unfalltod von Albert Camus. Ein Tod, »der uns alle verwundet hat«, wie Camus' Biographin Morvan Lebesque das Geschehen qualifizierte. Am Mittag des 5. Januar klingelte bei Simone de Beauvoir das Telefon.

Ich war an einem Januarnachmittag mit Sartre allein, als das Telefon klingelte: »Camus ist bei einem Autounglück ums Leben gekommen.« Als er mit einem Freund aus Südfrankreich zurückkehrte, fuhr der Wagen gegen eine Platane, und Camus war auf der Stelle tot. Mit zusammengeschnürter Kehle und zitternden Lippen legte ich auf. »Ich werde nicht weinen«, sagte ich zu mir. »Er hat mir nichts mehr bedeutet.« Ich blieb am Fenster stehen und sah die Nacht auf Saint-Germain-des-Prés herabsinken, unfähig, mich zu beruhigen oder in echten Kummer zu versinken. Auch Sartre war erschüttert, und den ganzen Abend, den wir mit Bost verbrachten, sprachen wir von Camus. Bevor ich schlafen ging, nahm ich Belladenal. Seit Sartres

Genesung hatte ich es nicht mehr benutzt; ich hätte einschlafen müssen, machte aber kein Auge zu. So stand ich auf, zog mich notdürftig an und wanderte in die Nacht hinaus. Es war nicht der Fünfzigjährige, dem ich nachtrauerte, nicht der Gerechte ohne Gerechtigkeit, mit seinem scheuen und tief verborgenen Stolz, den seine Zustimmung zu den Verbrechen Frankreichs aus meinem Herzen ausgetilgt hatte, sondern der Gefährte der hoffnungsvollen Jahre, dessen offenes Antlitz so schön lächeln und lachen konnte, der junge, ehrgeizige Schriftsteller, verrückt nach dem Leben, seinen Freuden, seinen Triumphen, nach der Kameradschaft, der Freundschaft, der Liebe, dem Glück. Der Tod ließ ihn wieder auferstehen. Für ihn existierte die Zeit nicht mehr, das Gestern war nicht realer als das Vorgestern. Aus der Nacht tauchte der Camus hervor, den ich geliebt hatte, im gleichen Augenblick zurückgewonnen und schmerzlich verloren. Beim Tod eines Erwachsenen stirbt ein Kind, ein Jüngling, ein junger Mann: Jeder beweint den, der ihm teuer war. Es fiel ein leichter und kalter Regen. Auf der avenue d'Orléans schliefen die ›Clochards‹ in den Nischen der Haustore, zusammngekrümmt und vor Kälte erstarrt. Alles quälte mich: dieses Elend, dieser Jammer, diese Stadt, die Welt und das Leben und der Tod.

Als ich aufwachte, dachte ich bei mir: Diesen Morgen erlebt er nicht mehr... Es war nicht das erste Mal, daß ich mir das sagte, aber jedes Mal ist das erste. Ich erinnere mich, daß Cayatte zu mir kam und wir über das Drehbuch sprachen. Aber dieses Gespräch blieb höchst unwirklich. Obwohl er die Welt verlassen hatte, war Camus durch die Gewaltsamkeit des Geschehens, das ihn getroffen hatte, zu ihrem Mittelpunkt geworden, und ich sah alles nur noch mit seinen erloschenen Augen. Ich war dort vorbeigekommen, wo es nichts mehr gibt, und ich betrachtete stumpf und verzweifelt die Dinge, die fortbestehen werden, wenn ich nicht mehr da bin. Den ganzen Tag über balancierte ich am Rande des unmöglichen Erlebnisses: Die Kehrseite meines eigenen Verschwindens zu erfassen.
(Beauvoir, a.a.O., S. 460f.)

Am 7. Januar 1960 veröffentlichte Sartre im *France-Observateur* einen Nachruf, ein einfühlsames Zeugnis vom geistigen Ringen im damaligen Frankreich.

Er stellt in unserem Jahrhundert, und zwar gegen die Geschichte, den wahren Erben jener langen Ahnenreihe von Moralisten dar, deren Werke vielleicht das Echteste und Ursprünglichste an der ganzen französischen Literatur sind. Sein eigensinniger Humanismus, in seiner Enge und Reinheit ebenso nüchtern wie sinnlich, stand in einem schmerzlichen Kampf gegen die wuchtigen und gestaltlosen Ereignisse der Gegenwart. Umgekehrt aber bekräftigte er durch die Hartnäckigkeit seiner Weigerung von neuem das Vorhandensein des Moralischen, mitten in unserer Epoche, entgegen allen Machiavellisten und dem goldenen Kalb des Realismus zum Trotz... Für

alle, die ihn geliebt haben, liegt in diesem Tode eine unerträgliche Absurdität. Aber wir müssen lernen, dieses abgebrochene Werk als etwas Vollständiges zu betrachten. Im gleichen Maße, in dem Camus' Humanismus eine menschliche Haltung gegenüber dem Tod enthält, der ihn überrascht hat, im gleichen Maße, in dem seine stolze und reine Suche nach dem Glück die unmenschliche Notwendigkeit des Sterbens mit einschloß und erforderte, erkennen auch wir in seinem Werk und in seinem Leben, das davon untrennbar ist, den reinen und siegreichen Versuch eines Menschen, jeden Atemzug seiner Existenz seinem künftigen Tod abzuringen.
(Walter Biemel, Sartre, Reinbek 1964, S. 146ff.)

Nach so viel intellektueller Auseinandersetzung wollen wir ausspannen bei Musik. Da gab es in der Rue Dauphine 33 eine Kneipe, die die ganze Nacht über geöffnet war, lag sie doch neben einer Zeitungsvertriebsgesellschaft. Im Erdgeschoß befand sich die Bar, im Untergeschoß ein Keller, ein feuchtes Loch, in dem, wie erzählt wird, ein Kilo ofenfrisches Brot vom Mittag bis 6 Uhr früh zu einem schimmeligen Brei verwandelt wurde. In diesem Keller wurde am 11. April 1947 das *Tabou* eröffnet, jener Musikkeller, der schnell zur Legende werden sollte.

Wir verlassen die Cafés, schlendern hinter der alten Abtei-Kirche entlang und genießen die Place Fürstenberg, ein städtebauliches Kleinod, dessen Mitte geziert wird von vier Paulowien, einer exotischen Baumart mit herzförmigen Blättern und duftenden Blüten. Der Name des Platzes geht zurück auf Kardinal Egon von Fürstenberg, der ihn 1669 als Ehrenhof für seine Abtei St. Germain anlegen ließ. Dann durchstreifen wir kleine Gassen in Richtung Rue Dauphine. Dort werden wir von Boris Vian empfangen.

J'aimerais	Ich möchte gern
J'aimerais	Ich möchte gern
J'aimerais	Ich möchte gern
Devenir un grand poète	Ein großer Dichter werden
Et les gens	Damit die Leute mich
Me mettraient	Wie einen Tatterich
Plein de laurier sur la tête	Am Kopf mit Lorbeer ehrten
Mais voilà	Doch leider
Je n'ai pas	Mach ich mir
Assez de goût pour les livres	Aus Büchern nicht genug
Et je songe trop à vivre	Ich lieb' dafür zu sehr den Krug
Et je pense trop aux gens	Ich denk zu sehr auch an der Leut' Gewinn
Pour être toujours content	Als daß ich gleich zufrieden bin
De n'écrire que du vent.	Zu schreiben ohne Sinn.

(Boris Vian, Ich möchte nicht krepieren, Frankfurt 1994, S. 164f.)

Der Ingenieur, Jazzmusiker, Übersetzer, Schauspieler, Pataphysiker und Dichter führt uns in den länglichen Gewölbekeller, der zur Heimstatt namentlich jugendlicher Nachtschwärmer wurde, die sich gerne für Existentialisten hielten. Jacques Laurent, Mitglied der Akademie, erinnert sich:

Aus Stummfilm, New Orleans Jazz und den Romanzen der Jahrhundertwende brauten die jungen Leute von Saint-Germain-des-Prés sich eine Kultur zusammen, der sie mit Inbrunst dienten. Sie verehrten die Namen Kierkegaard, Heidegger, Sartres, ohne sich zur Lektüre ihrer Schriften verpflichtet zu fühlen. Jede Kultur hat eine Moral zur Voraussetzung: diese Jugend interessierte sich kaum für Geld und schätzte – obwohl sie Stalin bewunderte – die Freiheit sehr, die sie im sexuellen Bereich mit einer etwas traurigen Leidenschaft praktizierte (...). Man tanzte in den Kellern, weil das Tanzen viele Jahre lang verboten war.
(Ariane Chebel d'Appolonia, St. Germain-des-Prés, Kellerratten und Poulus Bande, Darmstadt 1944, S. 214)

Boris Vian selbst mokierte sich über die jungen Menschen, die sich für Existentialisten hielten, und meinte folgende Kennzeichen für sie festhalten zu können:

»Männlich: Buschiges Haar, das in Locken über die Stirn fällt/ offenes Hemd bis zum Nabel, Sommer wie Winter/ Knallbunte Socken mit vielfarbigen Querstreifen. Weiblich: Haar, das bis zur Brust reicht/ In der Hosentasche einige dressierte Mäuse. Der Gebrauch von Schminke ist streng untersagt.«

In der Meinung der Öffentlichkeit handelte es sich um Müßiggänger und finanziell Ausgebrannte, die dort im Keller ihren schändlichen Lastern nachgingen.

Auch Sartre war einmal Gast dort, schließlich mochte er Jazz, verehrte die Chansons der dort auftretenden Juliette Greco und empfand Sympathien für Boris Vian, der trotz seiner Herzschwäche manchmal die Trompete blies. Aber gegenüber den tanzenden jungen Menschen blieb Sartre ratlos.

Und dort in den Kellern hat sich ohne uns, und besonders ohne mich, eine Bewegung entwickelt, die man ›*mouvement existentialiste*‹ nennt... Menschen, die sich Existentialisten nannten, die wahrscheinlich kaum wußten, was das bedeutete, die aber existentialistische Tänze tanzten!
(Chebel d'Appolonia, a.a.O., S. 218)

Doch es dauerte nicht lange mit der Mode, »existentialistisch« zu tanzen in den Kellern von St. Germain. Die Höhlenbewohner fühlten sich von neugierigen Fotografen und Touristen zunehmend gestört und verschwanden ins Quartier Latin, in die Rue Mouffetard, auf die Place de la Contrescarpe. Es darf wohl gesagt werden, daß die seltsam anmutende Verbindung zwischen dem Nachtleben von St. Germain und dem Existentialismus etwas Imaginäres an sich hatte, das genauso plötzlich verschwand wie es aufgekommen war.

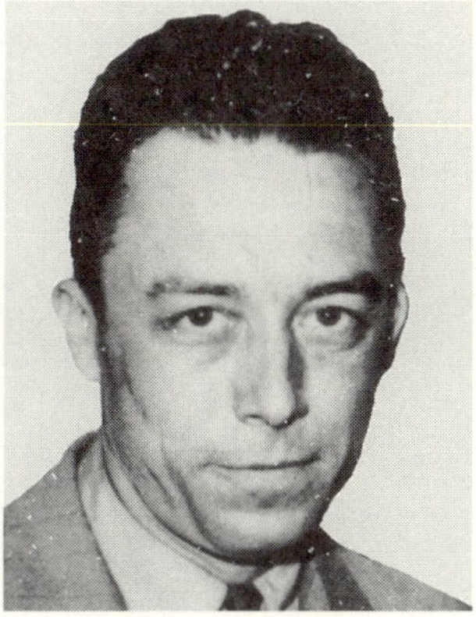

Foto: Rowohlt Verlag

Albert Camus, geboren am 7. 11. 1913 in Montdovi/Algerien – gestorben am 4. Januar 1960 in Villeblevin.
Im Alter von 23 Jahren kam der Algerienfranzose zum ersten Mal nach Frankreich. Als mediterraner Geist sah er Europa immer mit den Augen des Außenseiters und klassifizierte es als Kontinent der düsteren Nebel, der Massenmörder und des blendenden, selbstzufriedenen Wohlstandes. Aus seinem Satz »Es gibt keine Liebe zum Leben ohne Verzweiflung am Leben« spricht das Bemühen, unter dem Zeichen der unbesiegbaren Sonne die absurde Existenz des Menschen zu lieben und jenseits des Absurden nach einem unanfechtbaren Glück zu suchen, ohne sich allerdings mit vorschnellen Heilslehren zu begnügen. Am 10. Dezember 1957 erhält er den Nobelpreis für Literatur. Mit 47 Jahren kommt er bei einem Autounfall ums Leben.

Foto: Jack Nisberg

Jean-Paul Sartre, geboren am 21.6.1905 in Paris – gestorben am 15.4.1980 in Paris.
Nach seinem Tod beschäftigten sich Presse, Rundfunk und Fernsehen wochenlang mit Leben und Werk des wichtigsten Protagonisten des Existentialismus und stellen bald fest: »Schon jetzt fehlt uns seine Wachsamkeit.« Letztere prägte das gesamte philosophische und literarische Werk Sartres. Ausgegangen war es von dem Unbehagen, daß die Philosophie im Umfeld des 1. Weltkrieges die konkrete historische Welt einfach schlucken und als Abstraktion wieder ausspucken würde. Er suchte in seinem Denken Sinnlichkeit und Tragik menschlicher Existenz mit historischen Ereignissen und gesellschaftlichen Zuständen in Verbindung zu bringen. Grundgedanke war ihm, »daß die Existenz der Essenz vorausgeht«, d. h. daß der Mensch als Existierender frei, und zwar maß- und grenzenlos frei sei. »Der Mensch ist nichts anderes als das, was er aus sich macht.« Gott existiert für Sartre nicht, seine Welt ruht nicht auf göttlichem Grunde, sondern hängt im Bodenlosen, im Nichts. Simone de Beauvoir meinte, er habe gelebt, um zu schreiben, »von allen Dingen Zeugnis abzulegen und sie, unter dem Primat der Notwendigkeit, denkend neu zu erschaffen.«

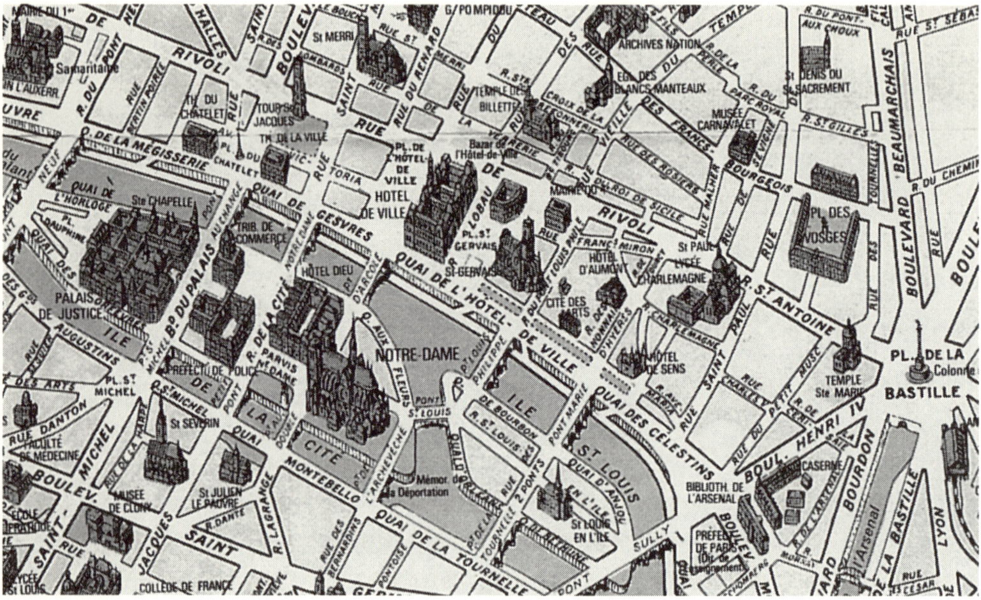

NOTRE-DAME
HOTEL DE VILLE
PALAIS DE JUSTICE
Ste CHAPELLE
HOTEL DIEU
RIVOLI
QUAI DE L'HÔTEL DE VILLE
QUAI DES CÉLESTINS
ST LOUIS
PL. DE LA BASTILLE
PL. DES VOSGES
R. ST ANTOINE
BOULEVARD BEAUMARCHAIS
QUAI DE LA TOURNELLE
QUAI DE MONTEBELLO
COLLEGE DE FRANCE
MUSEE DE CLUNY
St SEVERIN
St JULIEN LE PAUVRE
ARCHIVES NATION.
MUSEE CARNAVALET
BIBLIOTH. DE L'ARSENAL
QUAI DE LA MEGISSERIE
QUAI DE GESVRES
TOUR St JACQUES

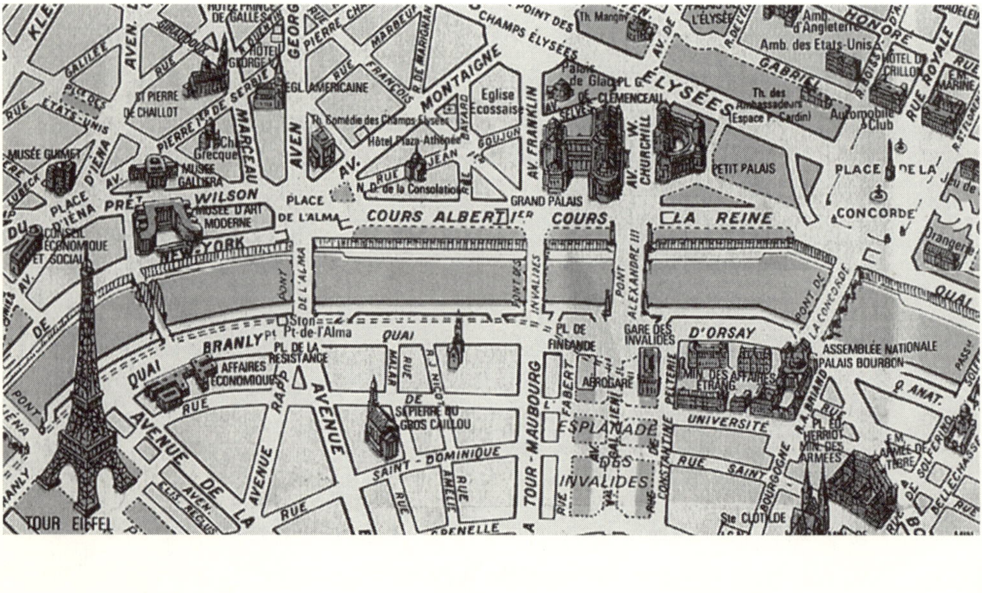

CHAMPS ELYSEES
GRAND PALAIS
PETIT PALAIS
COURS ALBERT 1ER
COURS LA REINE
PLACE DE LA CONCORDE
AVEN. MONTAIGNE
PLACE DE L'ALMA
MUSEE GUIMET
MUSEE D'ART MODERNE
PONT DE L'ALMA
PONT DES INVALIDES
PONT ALEXANDRE III
PONT DE LA CONCORDE
QUAI D'ORSAY
GARE DES INVALIDES
ESPLANADE DES INVALIDES
ASSEMBLEE NATIONALE PALAIS BOURBON
MIN. DES AFFAIRES ETRANG.
QUAI BRANLY
AVENUE RAPP
AVENUE DE LA BOURDONNAIS
St PIERRE DU GROS CAILLOU
TOUR EIFFEL
Ste CLOTILDE
RUE DE L'UNIVERSITÉ
RUE SAINT-DOMINIQUE

Surrealistische Sprünge auf den Eiffelturm

Route: (Metro Linie 1 Bastille)
Place de la Bastille – Ile St. Louis – Ile de la Cité – Place Dauphine – mit dem Bus 24 vom Pont Neuf zum Place de la Concorde – mit dem Bus 42 zum Tour Eiffel

Dieser Spaziergang ist besonders am Abend zu empfehlen, wenn die *Bateaux Mouches* auf der Seine mit ihren grellen Scheinwerfern die Häuserzeilen an den Seine-Quais beleuchten und dabei auch die gotische Plastizität von Notre Dame eindrucksvoll ausleuchten. Der Bummel endet auf der ersten Plattform des Tour Eiffel mit einem weiten Überblick über die Stadt, die durch ihre unzähligen Lichter wie in eine surrealistische Aura getaucht erscheint.

Das surrealistische Lebensziel

»Die Freiheit, die auf dieser Erde nur mit tausend härtesten Opfer erkauft werden kann«, will in ihrer Fülle uneingeschränkt genossen werden, ohne jegliche pragmatische Berechnung, und zwar »solange sie dauert«. Diese Freiheit ist das einzig revolutionäre Ziel, wofür zu dienen sich lohnt. Diese These vertrat **André Breton**, als sich 1919 verschiedene Intellektuelle in Paris zusammenfanden und unter dem Namen »Surrealisten« für Aufregung in der bürgerlich geordneten Welt sorgen sollten. Ihr Lebensziel zu erreichen hielten die Surrealisten nur für möglich an der Schwelle, die zwischen »Wachen und Schlaf« liegt. Es ist jener Bereich, wo »Laut und Bild und Bild und Laut mit automatischer Exaktheit derart glücklich ineinander griffen, daß für den Groschen ›Sinn‹ kein Spalt mehr übrig blieb.« (Walter Benjamin, Die Literarische Welt, in: Das Paris der Surrealisten, hrsg. von Pierre Gallissaires, Hamburg 1981, S. 127)

Die Wirklichkeit, welche die Surrealisten in eine Traumwelt umzuwandeln suchten, erschien ihnen in der äußerlich wahrnehmbaren Dingwelt, und in deren Mittelpunkt stand das Geträumteste all ihrer Objekte, die Stadt Paris selbst. Den surrealistischen Träumereien verdanken wir pittoreske Beschreibungen ausgewählter Plätze von Paris, die dazu einladen, mit gewaltigen Sprüngen von einem Platz zum anderen zu gelangen, um sich dort surrealistisch unterhalten zu lassen.

Wir unternehmen also eine »Spring-Tour« von der Place de la Bastille hin zum Tour Eiffel auf dem Marsfeld.

Place de la Bastille

Auf diesem Platz stand einst jene Festung, die als Zeuge absolutistischen Machtanspruchs am 14. Juli 1789 gestürmt wurde. Mit ihrer Zerstörung begann die Große Revolution, mit der Europa sich neu gestalten sollte unter dem Motto »Freiheit, Gleichheit, Brüderlichkeit«.

Heute ist das Areal ein großer Verkehrsknotenpunkt, auf den zwölf Straßen münden. In der Mitte steht eine 47 m hohe Säule, auf der eine Skulptur, die den Genius der Freiheit abbilden soll, an die Opfer der Julirevolution von 1830 erinnert. Den südöstlichen Rand des Platzes füllt heute die neue Oper, die *Opéra Bastille*, die aufgrund ihrer massigen Architektur und ihrer riesigen Ausmaße (u.a. 150000 qm Nutzfläche, darunter der Große Saal mit 2700 Sitzen) von Spöttern »die neue Bastille« genannt wird. Für wen könnte hier, bei dem weiten Ausmaß des Platzes und dem schier unerträglichen Verkehrslärm, ja für wen könnte hier eine Wespe noch Aufmerksamkeit erregen, es sei denn, sie träfe auf einen Surrealisten?

Zu dieser Zeit war in der Gegend des Place de la Bastille nur von einer riesigen Wespe die Rede, die jeden Morgen lauthals singend den Boulevard Richard-Lenoir herunterkam und den Kindern Rätsel aufgab. Der kleinen

Place de la Bastille um 1900

modernen Sphinx waren schon ziemlich viele zum Opfer gefallen, als sie beim Verlassen des Cafés, auf dessen Giebel man es für gut gehalten hatte, eine Kanone zu malen, obwohl das Gefängnis, das früher an dieser Stelle stand, heute als legendärer Bau betrachtet werden kann – der Wespe mit der Taille einer schönen Frau begegnete, die mich nach dem Weg fragte.

»Mein Gott, meine Schöne«, sagte ich zu ihr, »mir steht es nicht zu, Deinen Lippenstift anzuspitzen. Die Himmelstafel ist gerade abgewischt worden und, wie Du weißt, haben die Wunder nur noch Halb-Saison. Geh zurück nach Hause. Du wohnst im dritten Stock eines gut aussehenden Wohnhauses und obwohl Deine Fenster auf den Hof gehen, findest Du vielleicht ein Mittel, mich nicht mehr zu belästigen.«

Das wie eine Lungenentzündung unerträgliche Summen des Insekts überdeckte in diesem Augenblick den Lärm der Straßenbahn, deren Stromabnehmer eine Libelle war. Nachdem die Wespe mich lange angesehen hatte, wahrscheinlich um mir ihre ironische Überraschung auszudrücken, näherte sie sich mir und sagte mir ins Ohr: »Ich komme wieder.« Tatsächlich verschwand sie und ich war schon glücklich, sie so einfach losgeworden zu sein, als ich bemerkte, daß das normalerweise sehr rege Genie des Platzes auf einmal einen Schwindelanfall zu bekommen und sich fast auf die Passanten hinabfallen zu lassen schien. Es konnte unmöglich von der großen Hitze kommen. Übrigens hinderte mich die Sonne daran, auf eine plötzliche Übertragung der natürlichen Kräfte zu schließen, denn sie ähnelte einem langen Espenblatt und ich brauchte nur die Augen zu schließen, um den Staub singen zu hören.

Die Wespe, deren Begegnung mich trotzdem sehr unbehaglich gestimmt hatte (es war seit einigen Tagen wieder die Rede von den Heldentaten geheimnisvoller Stecher, die weder die Frische der Untergrundbahn noch die Einsamkeit der Wälder respektierten), die Wespe hatte noch nicht ganz aufgehört, hörbar zu sein.
(André Breton, in: Das Paris der Surrealisten, hrsg. von Pierre Gallissaires, Hamburg 1981, S. 34)

Place Dauphine

Am westlichen Ende der Ile de la Cité, in Richtung zum Pont Neuf, liegt verträumt die Place Dauphine. Dieser Platz verdankt seinen Namen der Geburt des von Heinrich IV langersehnten Thronfolgers im Jahre 1601, des späteren Königs Ludwig XIII, und bildet mit der Reiterstatue von Heinrich IV und der Querachse, dem Pont Neuf, ein architektonisches Ensemble, das mit seiner strengen regelmäßigen Form Ausdruck einer geometrisch planenden Rationalität ist. 1607 vermachte Heinrich IV dieses Areal seinem vermögenden Parlamentspräsidenten von Harlay mit der Auflage, die Häuserzeilen nach einer strengen Ordnung hinsichtlich Grundriß und Fassadengestaltung zu errichten. Haussmann wollte auch diese städtebauliche Kostbarkeit zugunsten einer monumentalen Erweiterung des Justizpalastes zerstören. Durch geschickte Winkelzüge der dort wohnenden Rechtsanwälte konnte jedoch ein Rest gerettet werden. Allerdings verlor dieser Ort seinen einst hohen ästhetischen Wert durch den Ausbau der Giebel der verbliebenen Häuser und durch den Abriß seiner Längsfassade zugunsten der monumentalen Freitreppe des Justizpalastes. Und dennoch: namentlich am Abend scheint dem Flaneur der kleine Platz in eine surreal anmutende Aura getaucht.

Wir machen also einen Satz von der Bastille auf diesen still vor sich hinträumenden Ort.

Ich konnte damals schreiben, daß »der Place Dauphine einer der zutiefst zurückgezogenen Orte ist, die ich kenne, eines der schlimmsten terrains vagues, die es in Paris gibt. Jedesmal, wenn ich mich dort befand, – fügte ich hinzu – fühlte ich mich alle Lust verlieren, anderswo hinzugehen, mußte ich mit mir selbst kämpfen, um mich aus einer sehr geschmeidigen, allzu angenehm zudringlichen und alles in allem erschöpfenden Umarmung zu befreien.« Dieser Eindruck ist mir erst später klar geworden, aber dann grenzte er an eine Verblendung. Es scheint mir heute schwer annehmbar, daß andere, wenn sie sich vor mir über die Pont-Neuf auf den Place Dauphine gewagt haben, nicht durch den Aspekt seiner dreieckigen, übrigens leicht gebogenen Gestalt angefallen wurden, sowie durch die Spalte, die ihn in zwei mit Bäumen bepflanzte Teile halbiert. Es ist nicht zu mißdeuten, das Geschlecht von Paris wird unter diesem Laub sichtbar. Sein Vlies brennt einige Male im Jahr immer noch von der Marter der Tempelritter, die dort am 13. März 1313 stattfand und von der einige behaupten, sie habe eine große Rolle im revolutionären Schicksal der Stadt gespielt. Öfter noch bringt dort ein Wind der Zerstreuung das Vergessen aller Dinge mit sich und alles, was dabei seinen Vorteil findet, ist das ›Schwärmerische‹. Nach Einbruch der Nacht beleuchten dort venezianische Laternen glänzend, obwohl verstohlen, die tausend und abertausend Gaukler, die sich dort jahrhundertelang getroffen haben.

Sollte ihre umherflatternden Schatten dem erstaunlich wenig sicheren und gleichzeitig so fesselnden Aspekt dieses Ortes zuträglich sein? Gerade dieser Aspekt hat sie meiner Meinung nach hier dauerhaft zusammengebracht und festgehalten, was nicht erstaunlich ist, wenn er wirklich das ist, wofür ich ihn ausgegeben habe. Es erübrigt sich schließlich zu sagen, daß die Paare, die sich an Sommerabenden auf den Platz verirren, ihre Begierde aufs höchste anspannen und zum Spielzeug eines Vulkans werden.
(Breton, a.a.O., S. 38)

Place de la Concorde

Dieser monumentale Platz im Herzen von Paris verdankt seine Gestaltung einem Friedensschluß. Der Streit um die Erbfolge der einst mächtigen Maria Theresia stieß Europa 1740 in einen Krieg, der 1748 durch den pragmatischen Aachener Frieden beendet wurde. Als Dank dafür wurde für Ludwig XV ein Reiterstandbild gestiftet und das damals unbebaute Terrain westlich der Tuilerien als Standort ausgewählt. Es wurde ein abgerundetes Rechteck geschaffen, umgeben von einem breiten Graben. Doch bald fielen dunkle Schatten über den Platz, die nichts Gutes ahnen ließen: Als Marie-Antoinette sich mit dem Dauphin, dem späteren Ludwig XVI, vermählte, wurde auf dem Platz ein Feuerwerk veranstaltet, bei dem eine Panik ausbrach, in deren Folge 133 Personen im Graben erdrückt wurden. 1792 wurde das Reiterstandbild zerstört, und der Platz in *Place de la Révolution* umbenannt. Im Januar 1793 wurde nahe bei der allegorischen Figur für das Departement Brest die Guillotine aufgestellt, um dort Mitglieder des Königshauses wie Ludwig XVI und Marie-Antoinette, aber auch Revolutionsführer wie Danton und Robespierre zu »sicheln«, wie der Pariser *Argot* die Arbeit der damals als modern geltenden Tötungsmaschine bezeichnete. In den Jahren 1793–1795 sollten dann dort noch 1343 Köpfe rollen. Nach dem Ende der Schreckensherrschaft bekam der Platz seinen heute noch geltenden Namen *Place de la Concorde*. Er soll den Wunsch zum Ausdruck bringen, in politischen Angelegenheiten stets nach einem alle Parteien versöhnenden Ausgleich zu suchen. An der Stelle, an der Ludwig XVI seine letzte Träne weinte, befindet sich heute ein Gedenkstein, der von dem grausigen Geschehen von damals berichtet. Doch die 80 000 qm große Fläche des Platzes birgt noch viele andere Steine, von denen ein jeder seine eigene Geschichte zu erzählen hat. Wir machen also einen großen Satz von der Place Dauphine auf die Place de la Concorde und hören einem Stein zu.

Ein Pflasterstein der Place de la Concorde, der von den Pflasteraufreißern vergessen worden war, tritt aus der Reserviertheit, die seine mineralische Natur ihm auferlegte, plötzlich heraus. Er redet, und sein Sprechen, ein unerwartetes Phänomen, würde die an Wunder gewöhnte Menge kaum aufhorchen lassen, zählte er nicht die Namen all jener auf, die im Laufe der Zeiten den Fuß auf ihn setzten. Historische Namen werden anfangs mit Hurrarufen und großen Geschrei begrüßt. Die Namen von Privatpersonen, Namen unbekannter Leute, durch Lautsprecher übertragen und weithin hörbar, finden in den Herzen der Anwesenden langsam Widerhall. Einer vernimmt den Namen seines Vaters, ein Greis begrüßt den Namen seiner ersten Geliebten, andere hören ihren eigenen Familiennamen. Sie bleiben stehen und ihr Leben kommt ihnen auf einmal ganz trübselig vor. Aller bemächtigt sich eine schwermütige Stimmung. Freibeuter Sanglot stellt fest, daß das Volk zutiefst niedergeschlagen ist. Er freut sich darüber und wundert sich selbst über diese ungewöhnliche Freude. Ihm wird nun klar, daß er anstatt der Langeweile die Verzweiflung gefunden hat, die dem Enthusiasmus gleichkommt. [...]

Der Pflasterstein vom Place de la Concorde beschwört die lange Reihe

all jener herauf, die einmal auf ihm traten. Er sah Damenunterwäsche, die nach der Mode wechselte. Abenteurer, friedliche Spaziergänger, Damenunterwäsche, Reiter, Karossen, Viktoria-Chaisen, Kabriolets, Fiaker, Automobile, Freibeuter, Schutzmänner, Sie, mich, dich, Freibeuter Sanglot, Automobile, Automobile, Automobile, Nachtwandler, Schutzmänner, Laternenanzünder, Freibeuter Sanglot, einen gewissen Herrn, eine gewisse Dame.
(Robert Desnos, in: Das Paris der Surrealisten, a.a.O., S. 36)

Tour Eiffel

Seit 1851 gab es Veranstaltungen, die den Zeitgeist des 19. Jahrhunderts in besonderer Art aufzeigen wollten: die Weltausstellungen. Ihr Hauptanliegen war die Demonstration des wirtschaftlichen und kulturellen Fortschritts vieler Länder der Welt. Sie waren nicht gedacht als Verkaufsausstellungen, sondern als Selbstdarstellungen der einzelnen Nationen. Und diese Funktion sollte sich ablesen lassen in der Ausstellungsarchitektur, an den Gebäuden, Palästen und Pavillons.

1889 nahm die Weltausstellung in Paris die Geburtstagsfeier der französischen Revolution zum Anlaß, die technischen Errungenschaften und die industrielle Entwickelt seit jenem bedeutsamen Datum zusammenzufassen. Spektakulärste Attraktion war der geschickt als eine Art Eingangstor am Ufer der Seine aufgestellte Eiffelturm.

Das heute so beliebte Wahrzeichen von Paris mußte sich zuerst einmal in einem Wettbewerb durchsetzen.

Daß gerade Eiffels Turm den »Höhepunkt« der Weltausstellung 1889, die auch als Jahrhundertfeier der Französischen Revolution gedacht war, markieren würde, war keineswegs von Anfang an ausgemacht, sondern das Ergebnis einer Ausschreibung, die von Edouard Lockroy, dem Minister für Handel und Industrie, im »Journal officiel« am 2. Mai 1886 veröffentlicht wurde: Französische Architekten waren aufgefordert, die Möglichkeit eines Turms aus Eisen vom 300 m Höhe bei 125 m Seitenlänge zu prüfen. Der Vorschlag von 300 m Höhe erklärt sich daraus, daß diese Zahl das nächste runde metrische Äquivalent zu den utopischen Projekten eines Turmes von 1000 Fuß Höhe darstellt, die seit dem Plan des englischen Eisenbahningenieurs Richard Trevithick die Phantasie der Architekten und Ingenieure beflügelt hatten: Trevithick entwarf 1832/33 einen gußeisernen Turm für London, der in »seinen Dimensionen Cleopatras Obelisken oder die pompejanischen Säulen übertreffen und ein Symbol sein (soll) für Schönheit, Stärke und aufrichtige (!) Größe der Britischen Verfassung.« Der Turm war jedoch nicht als Gitterwerk angelegt, sondern hatte die Form einer spitz zulaufenden Säule aus durchlöcherten Eisenplatten. Vorgesehen war auch ein Fahrstuhlsystem, das nach dem Prinzip des Luftdruckgewehrs hätte arbeiten sollen. Trevithick starb verarmt, aber das Maß war gesetzt.

Die Vorschläge für Paris geben Zeugnis von der eigenartigen Phantasie des 19. Jahrhunderts, so die Idee, einen 300-m-Turm als gewaltige Sprinkler-Anlage für Trockenzeiten einzurichten, oder, näher auf die Centenarfeier der Französischen Revolution bezogen, eine ungeheure Guillotine als ihr Symbol.
(Christoph Asendorf, Der Eiffelturm, in: Absolut modern sein, Berlin 1986, S. 107)

Aber nicht nur andere Entwürfe standen ihm entgegen, auch die Meinung vieler Künstler und Schriftsteller, so u. a. die von Gounot, Garnier, Maupassant, Meissonier und Zola, die ihren Protest lautstark zum Ausdruck brachten.

Das Projekt jedoch war außerordentlich umstritten – schon am 14. Februar des Jahres erschien in »Le Temps« der nachmalig berühmt gewordene »Protest der Künstler«, der mit den Worten beginnt: »Wir, Schriftsteller, Bildhauer, Architekten und Maler, leidenschaftliche Liebhaber der bisher

Der Eiffelturm im Bau, 1888

unversehrten Schönheit von Paris, erheben im Namen des mißachteten französischen Geschmacks, im Namen der bedrohten Kunst und Geschichte Frankreichs mit allen unseren Kräften, all unserer Entrüstung Protest gegen die Errichtung des nutzlosen und monströsen Eiffelturms mitten in unserer Hauptstadt... Wird die Stadt Paris noch länger gemeinsame Sache machen mit den barocken und merkantilen Vorstellungen eines Construkteurs von Maschinen, um sich unwiderruflich selbst zu entehren und zu entstellen?... Das Paris der sublimen Gotik wird das von Herrn Eiffel werden... man muß sich nur vorstellen, es von einem schwarzen gigantischen Fabrikschornstein beherrscht zu sehen.«
(Asendorf, a.a.O., S. 108f.)

Doch die Verantwortlichen ließen sich auch durch den Aufschrei so vieler Prominenz nicht beeindrucken. Der Bau wurde durchgeführt. Dabei mußten viele Schwierigkeiten überwunden werden, d.h. die Durchführung des ehrgeizigen Projekts erforderte bautechnische Neuerungen.

Zum Bau: Aus Stein ist am Turm nur das Fundament, und bereits diese Gründung war ein komplexes Unternehmen, da sich Eiffel der Tragfähigkeit des Bodens nicht ganz sicher sein konnte. Jeder der vier Füße des Turms besteht aus vier miteinander verbundenen Pfeilern, insgesamt also sechzehn, die jeweils einzeln fundamentiert wurden. Die Achsen der Pfeiler stehen zum Erdboden in einem Winkel von 45°, um eventuelle Bodensenkungen auszugleichen, wurde in jeden Pfeiler Raum für eine Wasserdruckpresse von 800 t Tragkraft ausgespart. Alle Eisenteile des Baus wurden, eine ungeheure organisatorische Leistung, vorproduziert, zu welchem Zweck allein für das Turmskelett 1700 Zeichnungen angefertigt wurden. Insgesamt wurden 18038 Einzelteile gezeichnet. Baumaterial waren Eisenträger (Profileisen) von durchaus handelsüblichen Maßen und von gewöhnlicher Qualität. Die ersten Profileisen, die hergestellt wurden, waren Eisenbahnschienen. Hier liegt der Ausgangspunkt der industriellen Vorfabrikation von Einzelteilen. Erst später verwendete man Profileisen sehr verschiedenen Zuschnitts als Grundlage für Gerüstbauten.

Für den Eiffelturm wurden nicht nur die Einzelteile vorproduziert, sondern auch die Lage der Nietlöcher wurde mit einer Toleranz von 1/10 mm exakt festgelegt. Das Resultat war eine einfache Montage vor Ort – und ein eindrucksvolles Zeugnis von der Genauigkeit der Vorarbeiten gibt die Tatsache, daß bis zur Höhe von 57,60 m nicht die Lage eines einzigen Nietloches (insgesamt über eine Million) geändert werden mußte. Die Bauarbeiten hatten im Januar 1887 begonnen, im Juni war das Fundament vollendet und mit nicht mehr als 250 Arbeitern war die Montage nach einundzwanzigeinhalb Monaten am 15. April 1889 beendet. Wichtiges Hilfsmittel am Bau waren dampfgetriebene Kräne, die, in den späteren Fahrstuhlschächten installiert, mit dem Fortschritt der Bauarbeiten nach oben wanderten.

Die technisch schwierigste Aufgabe stellte sich bei den Fahrstuhlsystemen. Der Eiffelturm hatte bei dem erwarteten Massenandrang ein Verkehrsproblem, das nur mit relativ schnellen und geräumigen Fahrstühlen, gleichsam mit einer vertikalen Eisenbahn, bewältigt werden konnte. Um die Ästhetik der Turmstruktur zu bewahren, wurden sie nicht senkrecht, sondern bis zur zweiten Plattform in den Pfeilern, von da ab im geschlossenen Pylon installiert. Die sich verändernde Neigung zwischen der ersten und zweiten Plattform wurde durch einen Schrägaufzug mit variablem Kabinenboden ausgeglichen. Für alle Systeme griff man auf die gewährte Druckwassertechnik zurück – im Fundament des Turms gab es eine große Pumpmaschinenanlage. Elektrizität, die neue revolutionäre Energiequelle, kam, 1889 in der Elevatortechnik noch kaum erprobt, nicht zur Anwendung. Erst 1912 wurde ein Teil elektrifiziert. Die Eiffelturmfahrstühle wurden also im Grunde mit der Eisenbahntechnik des 19. Jahrhunderts angetrieben.

Die Faszination an der Elektrizität und elektrischen Phänomenen, die gegen Ende des Jahrhunderts von den rasanten Entwicklungen der Elektrotechnik so gut wie von den sorgsam studierten Wirkungen auf das Nervenleben gespeist wurde, erreichte den Eiffelturm in Gestalt des Verdachtes, daß er mit seiner Unmenge an verbautem Eisen das elektrische Feld über Paris ändern würde. Man meinte Veränderungen in Häufigkeit und Entladung von Gewittern beobachtet zu haben. Ein besonderes zeittypischer Verdacht gegen das heranwachsende Bauwerk, das in der Geschichte der Elektrotechnik ansonsten nur eine Nebenrolle spielt: 1889 gab es an auffälligen Installationen eigentlich nur jene zwei beweglichen lichtstarken Scheinwerfer an der Spitze, mit deren Hilfe man Teile des Ausstellungsgeländes punktuell illuminieren konnte, und Glühbirnen, die, wie kleine Lampions verwendet, die Struktur nachts nachzeichneten.
(ebda., S. 110f.)

Endlich, am 6. Mai 1889, wurde die kühne, 300 m hohe und 7000 Tonnen schwere Eisenkonstruktion mit 21 Salutschüssen von der ersten Plattform aus feierlich eröffnet.

Die Reaktion unter der Bevölkerung war gespalten. Kritiker nannten den Turm »traurige Stehlampe«. Befürworter sprachen von ihm als der »Kathedrale des Industriezeitalters«, als dem Sinnbild für neue Formen. Der Schriftsteller Maupassant fühlte sich von dem neuen Monument geradezu persönlich bedrängt. »Nicht genug, daß man ihn von überall sieht, nein, er ist auch überall und in jedem erdenklichen Material erhältlich, in jedem Schaufenster ausgestellt, ein unentrinnbares, ein quälendes Alpdrücken.« Um dem Anblick zu entgehen, ging der streitbare Schriftsteller bevorzugt im Restaurant auf der ersten Plattform dinieren, weil dies der einzige Ort von Paris sei, von dem er dieses monströse Gebilde nicht sah.

Ganz anders Appollinaire. Der Lyriker huldigte dem Turm ganz lie-

Spaziergänger unter dem Eiffelturm, ca. 1889

bevoll mit der schmucken Umschreibung »Schäferin der Wolken«. Ich persönlich heiße ihn eitel, denn für jeden Tag wählt er ein anderes atmosphärisches Kleid. Für den Stadtwanderer leistet er einen guten Dienst. Da er auf dem Marsfeld errichtet wurde und folglich weder Nachbarschaft kennt noch zuläßt, dient er dem Flaneur stets als Orientierungspunkt.

Das unterirdische Paris

Von der Place de la Concorde nehmen wir genau Maß, um mit einem Satz genau auf die erste Plattform des Tour Eiffel zu gelangen. Aber ach, der Sprung war zu kurz. Statt in luftiger Höhe, landen wir in der Pariser Unterwelt. Gemeint sind die Katakomben, zu denen der Flaneur an zwei Orten Zugang findet: einmal kurz vor dem Eiffelturm, an der Brücke de l'Alma, und an der Place Denfert-Rocherau (Metro Linien 4 und 6). Steigen wir am Pont de l'Alma hinunter, so läßt das Aroma keinen Zweifel aufkommen: wir sind an dem Ort, an dem die Abwässer der Millionenstadt gesammelt werden. Hier unter der Erde stellen wir fest, daß der Pariser Untergrund durchlöchert ist, und zwar seit der Zeit der Römer. Denn diese hatten schon unter der Erde nach Ton gegraben. Als man im 11. Jahrhundert auf der rive gauche, auf der wir uns befinden, unterirdische Kalksteinvorkommen entdeckte, begann man, planlos Schächte und Tunnels zu graben. Später wurde daraus die Idee geboren, riesige Katakomben anzulegen, um die völlig überfüllten Friedhöfe zu entlasten. Und seit Napoleon I, dann vor allem im 2. Kaiserreich unter Eugène Belgrand, dem »Haussmann der Unterwelt«, wurde ein weitverzweigtes Kanalisationsnetz geschaffen, wobei jede Straße ihr unterirdisches Pendant erhielt, so daß bis heute die Straßen von Paris täglich mit Wasser gereinigt werden können. Um diese unterirdische Welt, die heute ca. 2000 km Abwasserkanäle, 300 km Steinbruchgänge und über 200 km Metroschächte umfaßt, hat es schon immer die abenteuerlichsten Gerüchte gegeben.

Paris steht über einem Höhlensystem, aus dem Geräusche der Métro und Eisenbahnen heraufdröhnen, in dem jeder Omnibus, jeder Lastwagen langausgehaltenen Widerhall erweckt. Und dieses große technische Straßen- und Röhrensystem durchkreuzt sich mit den altertümlichen Gewölben, den Kalksteinbrüchen, Grotten, Katakomben, die seit dem frühen Mittelalter Jahrhunderte hindurch gewachsen sind. Noch heute kann man gegen zwei Franken Entgelt sich seine Eintrittskarte zum Besuche dieses nächtlichsten Paris lösen, das so viel billiger und ungefährlicher als das der Oberwelt ist. Das Mittelalter hat es anders gesehen. Aus Quellen wissen wir, daß hin und wieder sich kluge Leute erbötig machten, gegen hohe Bezahlung und Schweigegelübde ihren Mitbürgern dort unten den Teufel in seiner höllischen Majestät zu zeigen. Ein Finanzunternehmen, das für die Geprellten

viel weniger riskant war als für den betreffenden Gauner. Mußte die Kirche eine unechte Teufelserscheinung der Gotteslästerung nicht beinahe gleichsetzen? Auch sonst warf diese unterirdische Stadt für die, die sich in ihr ausgekannt haben, ihren greifbaren Nutzen ab. Denn ihre Straßen schnitten die große Zollmauer, mit der die fermiers généraux ihre Rechte auf Abgaben von der Einfuhr sich sicherten. Der Schmuggelverkehr im sechzehnten und achtzehnten Jahrhundert ging zum großen Teil unter der Erde vor sich. Wir wissen auch, daß in Zeiten öffentlicher Erregung sehr schnell unheimliche Gerüchte über die Katakomben umliefen, zu schweigen von den prophetischen Geistern und wei(s)en Frauen, die von rechtswegen dahin zuständig sind. Am Tage nach der Flucht Ludwigs XVI verbreitete die Revolutionsregierung Plakate, in denen sie genaueste Durchsuchung dieser Gänge anordnete. Und ein paar Jahre später ging unversehens das Gerücht durch die Massen, einige Stadtviertel seien dem Einbruch nahe.
(Benjamin, Gesammelte Schriften,V, PW, a.a.O., S. 137)

Im 20. Jahrhundert erlangten die Katakomben politische Bedeutung als Ort der faschistischen Verschwörung gegen die Dritte Republik und 1944 als Hauptquartier der französischen Résistance.

Nach Besichtigung des Musée des Egouts (Sa – Mi 11–17, Kassenschluß 16 Uhr) haben wir noch einmal einen Einblick erhalten in die Schwierigkeiten, den mächtigen Eisenkoloß statisch zu sichern.

Begegnung mit Louis Aragon auf der ersten Plattform

Nun hüpfen wir in surrealistischer Manier hinauf auf die erste Plattform und treffen dort auf **Louis Aragon**. In ihm begegnet uns ein Surrealist und Kommunist, der in dem Roman ›Die Viertel der Reichen‹ Glanz und Elend des französischen Bürgertums mit dem Erwachen des Sozialismus zusammensieht. So denkt er über das Schicksal der Menschen nach, wenn er gleich uns von der ersten Plattform der ›Kathedrale der Neuzeit‹ über das nächtliche, aber von Millionen Lichter erleuchtete Paris schaut.

Über der Stadt dreht sich ein Riesenrad mit seinen bizarren kleinen Wägelchen, die merkwürdigerweise im Gleichgewicht bleiben, über einem Stadtviertel, das aus leerem Gelände besteht und zwischen Gärten und Kasernen endet. Die neuen Häuser treten zu einem Bezirk von feindseligen Äußerungen zusammen; auf den Straßenschildern liest man die Namen von Musikern. Die Fassaden sind genauso lückenlos geschlossen wie der Asphalt der Straße. Auf den Trottoirs gehen mit sehr schnellen Schritten Offiziersfrauen vorbei oder Hausangestellte mit ihren Einholnetzen. Der Winter ist perlgrau, trocken und klingt von den hohen Absätzen wider. Durch sehr lange Avenuen, die im Sommer hinter ihren Gittern sicher grün sein werden, stößt der Wind auf ein Monument, das seinen Glanz verloren hat und in der Ferne das Phantom des Ruhmes und seiner Unbeständigkeit aufruft, den Invalidendom, ein Name, der aus der Tiefe der Zeit taucht, wie Drohung und Reue.

So also gewahrt der Militärbezirk die Sonne seines Abstiegs. In diesen Häusern schlagen Herzen, die das Pulver lieben. Die Gardinen verbergen Gesichter, die von den Vorstellungen des Schlachtentods bewohnt sind. Soldatenfamilien, bereit, sich beim ersten Luftzug zu entflammen, schlummernde Glut eines Weltbrands. Alle diese Wohnungen gleichen einander mit ihrer armseligen Architektur, mit ihrem Salon und dem Speisezimmer, das mit dem ersteren durch Schiebetüren verbunden ist, auf deren Glasscheiben sich Tüll- und Satinvorhänge fälteln. Sie gleichen sich noch mehr durch die Sehnsüchte, die sie einschließen, die Säbel und Spieße, die Kimonos an den Wänden, die Erinnerungen an Algerien und China, die Räucherschalen, Elfenbeinnippes, gerahmten Auszeichnungen, Fotografien, die in einem unbestimmte Gefühle erwecken und auf denen von Passepartout zu Passepartout immer derselbe Garnisonheld an Tressen und Leibesumfang zunimmt. Hier träumt man von Schlachten. Die schwarze Schwinge der Niederlage von 1871 schleift noch in den Alkoven und auf den Kaminen aus weißem Marmor. Vierzig Jahre des Auf-der-Stelle-Tretens, voller Groll und heruntergeschluckter Beleidigungen, die Erinnerung an Fachoda und die noch schmerzende Wunde, die einem der Schnabel der Kongoente geschlagen hat, all das verdichtet sich in diesen riesigen Steinwürfeln, die Dynamitkisten gleichen. Und der Gefahr gleichsam nicht achtend, und diese sprengstoffgefüllte Insel von einer gänzlich verschiedenen Welt armseliger, schmutziger, eng zusammengedrängter Häuser trennend, wo Volksbälle frech aufblitzen, läuft im hereinbrechenden Abend eine lange leuchtende Schlange auf schwarzstählernem Weg über dem Boulevard dahin, der erfüllt ist von Sehnsucht, Hunden, Köchinnen und Kürassieren. Mit dem Geräusch von klirrenden Ketten, das einen an verhexte Schlösser erinnert, hält die Metro in Sêvres-Lecourbes an der Grenze zwischen diesem kriegerischen Bezirk und dem Viertel der Kleinhändler von Grenelle. Leute aller Art steigen die Treppen hinab und tragen ihre gegensätzlichen Welten mit sich, und auf ebener Straße fliegt dieser ganze menschliche Staub mit seinen fixen Ideen, seinen kleinen Sorgen, seiner Arbeit, seiner Verzweiflung auseinander. Da sind zwei Männer zusammengestoßen und gehen nach entgegengesetzten Richtungen mit einem mechanischen Pardon auseinander: beide wissen nichts von dem, was sie so leicht dazu bringen könnte, sich gegenseitig umzubringen. Kaum, daß die Zeitungshändlerin zwischen ihnen einen Unterschied macht, je nach den Blättern, die sie kaufen. Aber in der Tiefe dieser Pupillen, in denen sich jetzt nur das Licht der ersten Bogenlampen widerspiegelt, schwelen Brände, liegt ein ferner Feuerschein, der alles überflammen wird, wenn man nur erst diese Menschen mit der Druckerschwärze der letzten Nachrichten von der Landesgrenze zum Äußersten gebracht hat. Auf dem Bürgersteig gegenüber leuchtet unschuldig ein Milchgeschäft, hell wie die Ärmel des Kittels der Verkäuferin: dennoch trägt

Blick vom Trocadero auf den Eiffelturm während der Weltausstellung 1900

es bereits auf seinem Schild das schicksalhafte Wort »Maggi«, das es dem patriotischen Furor der Menge ausliefern wird. Schon haben einige Oberleutnantsfrauen und zwei Obristen ihrer Köchin das Betreten des Ladens verboten. Haben Sie denn nicht gelesen, was Léon Daudet geschrieben hat?

Beim Einbruch der Nacht erhalten die Türme der Stadt Dauer, werden sie deutlich wie ein bitterer Rauch, und jenseits des Militärbezirks, nach der Seine zu, gibt es Stellen, die erfüllt sind von einem großen, verlassenen Schweigen; denn hier, wenn man eine Reihe kleiner Betriebe hinter sich gelassen hat, beginnen die langen Mauern, die die großen Fabriken einschließen. Die Trugbilder des Ruhms machen Maschinen Platz, die jetzt bewegungslos schlummern. Niemand wacht mehr in diesen verdunkelten Gebäuden, in denen der Stahl schläft. Auf dem anderen Ufer beginnen die Viertel der Reichen. Friedlicher Westen, mit Bäumen und hübsch gestrichenen, hellen Bauten, deren eiserne Läden durch ihre oberen Spalten einen Widerschein von Fröhlichkeit und Wärme, von Sicherheit, von Reichtum hindurchschimmern lassen! Ach ja, hier sind die Teppiche dick, und hier laufen kleine barfüßige Mädchen in langen Nachthemden umher, weil sie noch nicht schlafen gehen wollen: das Leben ist so angenehm, und heute abend wird Besuch kommen, nach der Tischwäsche, die man herausgelegt hat, und nach dem Kristallservice, das auf der Anrichte steht, zu urteilen. Die Viertel der Reichen... Von wo aus wir es auch immer wie die Korsaren entern, erhebt das lange Schiff der Ausgeglichenheit und des Luxus seinen stolzen Bord mit den Gärten des Trocadero und dem, was noch von der geheimnisvollen Cité des Eaux übrig ist, wo Cagliostro in den Tagen der Monarchie regiert: ein Stück freies Land, plötzlich mitten in der Stadt, mit den einsamen Wegen des zerstückten Parks, dem Hang mit seinen dunklen Ecken, an denen Liebespaare Geständnisse stammeln. Dann kommt die wohlhabende Stadt, mit seelenlosen, leblosen, voneinander nicht zu unterscheidenden hellen, gleichmäßigen zahllosen Straßen. Das alles erstreckt sich nach Norden hin, fällt nach dem Süden ab, treibt den Bois de Boulogne entlang, spaltet sich in einigen Avenuen, trägt Plätze wie Blumenbukette, die jemand an einen teuren Pelz gesteckt hat. Der Bezirk stößt ins Herz der Stadt vor, durch das Viertel Marbeuf und die Champs-Elysées, er zieht sich von der Madeleine über den Park Monceau in Richtung Péreire und jener Ringbahn zurück, die in einem langen Graben die Stadt nur selten durchführt, er umschließt den Etoile und setzt sich nach Neuilly zu fort, das voller Privathäuser ist und dessen langes Avenuenhaar sehnsüchtig bis hinüber zu den wiedergefundenen Quais der Seine nachschleift, und bis zu den Grenzen der Metallbetriebe von Levallois-Perret. Die Viertel der Reichen... Sie sind wie ein Erwachen aus einem bösen Traum in der schwarzen Zange der Industrie. Von allen Seiten grenzen sie an die unerbittlichen Bezirke der Arbeit, deren Rauch ihre Perspektiven entehrt und sich manchmal, wenn der Wind es will, auf ihre Häuser mit den zarten Farben legt. Im Halbschlaf liegen hier große Ambitionen, hohe Gedanken, anmutige Melancholien. Diese Fenster tauchen in reinste Träumereien und utopische Meditationen, die die menschliche Güte beherrscht. Wieviel idyllische Vorstellungen in diesen privilegierten Köpfen, in diesen kleinen, mit rosa Seide bespannten Salons, in denen Bücher das Leben dekorieren, vor diesen mit Flacons, Bürsten und kleinen Metallgegenständen vollgestellten Frisiertischen, auf den Betschemeln der Zimmer, in den großen knarrenden Betten, in den frischen Kissen! In diesen Bezirken des Wohllebens wünschte man innig, daß in der besten der Welten alles zum Besten stünde. Man träumt von Vergessen, man träumt von Liebe, man träumt vom Leben, man träumt von Armenapotheken und Wohlfahrtseinrichtungen, über denen der Engel der Wohltätigkeit lächelt. Die Existenz gleicht einer Oper im alten Stil mit ihren Ouvertüren, ihren Ensembles, ihren großen Arien und der Trunkenheit der Violinen. Die Viertel der Reichen! Aber schon erhellt sich die Stadt drüben im Zentrum, wo die Vergnügungen regieren.

Denn die Nacht fordert wieder ihr Recht von den Menschen; sie überantwortet die korrekten Schaufensterpuppen des Westens der Tollheit, dem Lachen, der Trunkenheit, der Lust. Sie schleudert sie in das Licht und den Tumult einer künstlichen Welt, in der das Trugbild der Güte vergeht. Das beginnt unter den Bäumen der Champs-Elysées, das schwingt über die Boulevards hin bis zur République, in diesem Bereich der Theater und der Cafés, der Nachtlokale und Bordelle, die die Hänge des Montmartre hinansteigen mit Fetzen von Musik und Taxihupen. Ach, die Liebhaber der Leidenschaft und des Lebens können wohl ihre überschüssigen Kräfte loswerden: es bleibt für sie ein prächtiges Experimentierfeld, wo das Orchester der Gefahr zwischen den Tischen aufspielt. Hier träumt man Wachträume. Schönheit der Frauen und Abgründe des Geldes, Aufleuchten des Alkohols und Komplizität von Kinderspielen, brutale Freude und Prostitution der Herzen: der Revolver ist niemals sehr weit, wenn der Maître d'hôtel sich über den Chamapgnereimern verbeugt. Immer liegt ein Halbdunkel wie Nacht in diesem Lächeln, etwas Aggressives im Funkeln der Juwelen, etwas Unbegreifliches auf den Seidenrevers der dunklen Anzüge, Spiegel, Romanzen, wünschen Sie noch eine Flasche? Füllige schamlose Damen wiegen sich zu fahlen Tangos, drehen sich im Walzer, der zigarrenfarbene Südamerikaner mit ihnen davonträgt. Ein Karneval von Häßlichkeit, physischem Verfall; Tragödien der Zeit umgeben die feenhaften Wesen dieses modernen Eldorados. Über allem zieht ein Hauch von Verwesung. Aber wieviel schöne Mädchen, welch herrliche Brüste, welch höllisch schöne Arme über Geschirr und Gläsern, neben der Unterwürfigkeit der Kellner! In jedem Mann herrscht Ungewißheit, was die nächste Stunde bringen, welche neue Tollheit er begehen wird. Soll er gegen Morgen vernünftig nach Hause zurückkehren? Ein Likör kann ihn von einer in die andere Welt werfen, kann ihn zur Beute schmeichelhafter Vorschläge machen, ihn in der Nacht scheitern lassen, und er wird sich an einem anderen Ort wiederfinden, voll von Spiegeln und Frauenlachen. Er wird seine Lust mit dem gleichen blauen Schein bezahlen, der der Philanthropie dient. Draußen treiben verdächtige Schatten ein undeutliches Spiel in den Maschen des elektrischen Lichtes, Menschenwesen warten, man vernimmt Feilschen, Drohungen, Bitten. Alles das löst sich quer durch die ungeheure leere Stadt auf, wo nach den Bürostunden nichts mehr schlägt außer dem fernen Herzen der Hallen, und die leeren Straßen, durch die manchmal ein Auto jagt oder in denen ein verspäteter Säufer vor sich hin singt, scheinen mit ihren endlosen Reihen von Bogenlampen einen reisenden Monarchen zu erwarten, der im letzten Moment seinen Plan geändert hat. Träume, steinerne Träume: Statuen mit weißen Augen träumen auf den Plätzen.

Paris... Aber im Norden, im Osten und im Süden beginnt Paris, und es schläft, schwer, zusammengesackt, traumlos, soweit der Blick reicht; Paris, ermattetes Fleisch, Häuser, Menschen, die kein Dach über dem Kopf haben, Baracken, Befestigungen, Vororte, Paris; Paris, das sich fortsetzt jenseits seiner selbst im Schmutz und im Zerfall, in der armseligen Unordnung der Vorstädte, der Betriebe, der Fabriken; jenes Paris, das sich in seine endlose Umgebung zerfasert, wo immer weiter auseinanderstehende Gebäude aus dem Schutt einer Welt von Zäunen und Abbrucharbeiten aufsteigen; Paris, das um sich her die hellen Windmühlenflügel seiner Landstraßen legt, das sich hinüber erstreckt durch schwitzende Arbeiterviertel nach dem flachen Lande zu, das kahl ist wie die Erinnerung an ein vergangenes Glück.
(Louis Aragon, Die Viertel der Reichen, Frankfurt 1986, S. 201 ff.)

Anläßlich der Befreiung von Paris aus deutscher Besatzung am 25. August 1944 huldigte Aragon die Metropole mit einem Gedicht. In ihm spricht er mehrere alte Mythen an über Paris als die Stadt des Lichtes, als Hoffnungsträgerin, als Unzerstörbare, als die sich immer wieder Erhebende, als Brennpunkt der Befreiungskämpfe über die Zeiten hinweg.

Paris

Où fait-il bon même au cœur de l'orage
Où fait-il clair même au cœur de la nuit
L'air est alcool et le malheur courage
Carreaux cassés l'espoir encore y luit
Et les chansons montent des murs détruits

Jamais éteint renaissant de sa braise
Perpétuel brulôt de la patrie
Du Point-du-Jour jusqu'au Père-Lachaise
Ce doux rosier au mois d'Août refleuri
Gens de partout c'est le sang de Paris

Rien n'a l'éclat de Paris dans la poudre
Rien n'est si pur que son front d'insurgé
Rien n'est si fort ni le feu ni la foudre
Que mon Paris défiant les dangers
Rien n'est si beau que ce Paris que j'ai

Rien ne m'a fait jemais battre le cœur
Rien ne m'a fait ainsi rire et pleurer
Comme ce cri de mon peuple vainqueur
Rien n'est si grand qu'un linceul déchiré
Paris Paris soi-même libéré

(Louis Aragon)

Paris

Wo ist es schön wenn Sturm und Wetter droht
Wo ist es hell wenn schwarz das Dunkel schweigt
Wein ist die Luft und Mut gebiert die Not
In Fensterhöhlen noch sich Hoffnung zeigt
Und Singen aus geborstnen Mauern steigt

Des Vaterlandes Fackel stets in Rauch
Verlöschend nie flammst auf du aus der Glut
Von Point-du-Jour bis Père-Lachaise Ein Strauch
Von süßen Rosen in der Sommerflut
Volk aller Welt das ist Paris dein Blut

Nichts glänzt so wie Paris im Pulverdampf
Nichts ist so stark obs Blitz und Feuer spie
Nichts hebt die makellose Stirn zum Kampf
Wie meine Stadt die Todesmut bewies
Nichts ist so schön wie mein Paris Paris

Nichts das mich je so lachen weinen läßt
Nichts das im Leib das Herz mir macht so weit
Wie meines Volkes Siegesschrei Nichts ist
So groß wie ein zerrissen Totenkleid
Paris Paris aus eigner Kraft befreit

(Helmut Heinrich)

(aus: Poetischer Paris-Führer, hrsg. von Mona Wodsak, Darmstadt 1994, S. 312f.)

Louis Aragon, geboren am 3.10.1897 in Paris – gestorben 1982 in Neuilly.

»Die Worte, die das Böse ausdrücken, sind dazu bestimmt, eine nutzbringende Bedeutung anzunehmen. Die Ideen verbessern sich. Der Sinn der Worte hat daran Anteil. Das Plagiat ist notwendig. Der Fortschritt schließt es mit ein. Es hält sich nahe am Satz eines Autors, bedient sich seiner Ausdrücke, löscht eine falsche Idee aus, ersetzt sie durch die richtige Idee. Eine Maxime, um wohlbeschaffen zu sein, braucht nicht korrigiert zu werden. Sie verlangt entwickelt zu werden.« Diese Zeilen deuten auf die Wende vom Surrealismus Aragons zum sozialistischen Realismus, verbunden mit dem Beitritt in die Kommunistische Partei Frankreichs, in deren Zentralkomitee er 1954 berufen wurde. Die Wende zum Realismus dokumentiert auch der von 1934 an veröffentlichte Romanzyklus ›Die wirkliche Welt‹, zu dem auch ›Die Viertel der Reichen‹ (1944) zählt.

Als Dichter der Résistance war er einer der wichtigsten Gestalten des literarischen Widerstands. Seine späteren Werke und die Herausgabe der Zeitschrift *Les lettres françaises* standen ganz unter dem Zeichen einer Apologie der Kommunistischen Partei.

Der Eiffelturm, Lithographie, Ende des 19. Jahrhunderts.

Quellenverzeichnis

Aragon, Louis, Die Viertel der Reichen, Fischer Verlag Frankfurt/Main 1986

Asendorf, Christoph, Der Eiffelturm, in Absolut modern sein, Zwischen Fahrrad Und Fließband, Culture technique in Frankreich 1889–1937, Elefanten-Press-Verlag Berlin 1986, S. 107–116

Auray, Dominique, Was ist Existentialismus? Bilanz einer Offensive, in Paris 1944–1962, Dichter und Denker auf der Straße, hg. von Bernd Wilczek, Wissenschaftliche Buchgesellschaft Darmstadt 1994, S. 41–56

Balzac, Honoré de, Tante Lisbeth, Diogenes Taschenbuch, Zürich 1977

Balzac, Honoré de, Vater Goriot, Diogenes Taschenbuch, Zürich 1977

Balzac, Honoré de, Verlorene Illusionen, Diogenes Taschenbuch, Zürich 1977

Balzac, Honoré de, Histoire et Physiologie des Boulevards de Paris, Paris 1845

Baudelaire, Charles, Sämtliche Werke/Briefe, Bd. 3, Hanser Verlag, München 1975

Beach, Sylvia, Shakespeare and Company, Ein Buchladen in Paris, Suhrkamp Verlag, Frankfurt/Main 1982

Beauvoir, Simone de, Der Lauf der Dinge, Rowohlt Verlag, Reinbek 1970

Benjamin, Walter, Das Passagen Werk, Gesammelte Schriften, Bd. V, I+II, Suhrkamp Verlag, Frankfurt/Main 1982

Benjamin, Walter, Pariser Tagebuch, Gesammelte Schriften, Bd. IV, I, Suhrkamp Verlag, Frankfurt/Main 1981

Beutler, Christian, Paris und Versailles, Reclams Kunstführer Frankreich Bd. 1, Reclam Verlag, Stuttgart 1979

Biemel, Walter, Sartre, rororo Bildmonographie, Reinbek 1964

Bloch, Ernst, Das Prinzip Hoffnung, Bd. 1, Suhrkamp Verlag, Frankfurt/Main 1969

Bogio, Philippe, Boris Vian, Biographie, Brückner u. Thünker Verlag, Köln 1995

Büchner, Georg, Werke und Briefe, Münchner Ausgabe, Hanser Verlag, München/Wien 1988

Camus, Albert, Der Mensch in der Revolte, Rowohlt Verlag, Reinbek 1961

Chebel d'Appolonia, Ariane, St.Germain-des-Prés, Kellerratten und Poulus Bande, in Paris 1944–1962, Dichter und Denker auf der Straße, hg. von Bernd Wilczek, Wissenschaftliche Buchgesellschaft, Darmstadt 1994, S. 209–220

Cocteau, Jean, Werkausgabe B 4, Theater I, Fischer Verlag, Frankfurt/Main 1988

Das Paris der Surrealisten, hg. von Pierre Gallissaires, Nautilus/Nemo Press, Hanna Mittelstädt, Hamburg 1981

Freud, Sigmund, Briefe 1873–1939, Fischer Verlag, Frankfurt/Main 2. Auflage 1960

Goncourt, Edmond und Jules de, Blitzlichter, Portraits aus dem 19. Jahrhundert, ausgewählt und übertragen von Anita Albus, Greno Verlag, Nördlingen 1989

Goncourt, Edmond und Jules de, Tagebücher, Insel Verlag, Frankfurt/Main 1983

Green, Julien, Paris, Deutscher Taschenbuch Verlag, München 1989

Günther, Hans, Deutsche Dichter erleben Paris, Neske Verlag, Pfullingen 1979

Heine, Heinrich, Sämtliche Schriften, Bd. 6 Teilband 1, hg. von Klaus Briegleb, Wissenschaftliche Buchgesellschaft, Darmstadt 1975

Heine, Heinrich, Schriften über Frankreich, Heine Werke, Bd. 3, hg. von E. Galley, Insel Verlag, Frankfurt/Main 1968

Hemingway, Ernest, Paris – ein Fest fürs Leben, Rowohlt Verlag, Reinbek 1989

Hemingway, Ernest, Schnee auf dem Kilimandscharo, Rowohlt Verlag, Reinbek 1961

Hugo, Victor, Der Glöckner von Notre Dame, Mannesse Verlag, Zürich 1986

Kuhn, Christoph, »Monsieur le Directeur«, »Mon cher Camus«, Die Anatomie eines Bruches, in du, Die Zeitschrift der Kultur, Heft 6 1992, Conzett + Huber Zeitschriften, Zürich, S. 30–35

Mercier, Louis Sébastien, Mein Bild von Paris, Insel Verlag, Leipzig 1979

Paris 1935, erster internationaler Schriftstellerkongreß zur Verteidigung der Kultur, hg. von der Akademie der Wissenschaften der DDR, Zentralinstitut für Literaturgeschichte, Akademie Verlag, Berlin 1982

Philippon, Henri, Die Heiligen Stätten, in Paris 1944–1962, hg. von Bernd Wilczek, Wissenschaftliche Buchgesellschaft, Darmstadt 1994, S. 221–232
Poetischer Paris-Führer, französisch und deutsch, hg. von Mona Wodsak, Wissenschaftliche Buchgesellschaft, Darmstadt 1994
Stahl, Fritz, Paris, Eine Stadt als Kunstwerk, Rudolf Mosse Buchverlag, Berlin 1928
Vian, Boris, Ich möchte nicht krepieren, Gedichte, Lieder und Texte, Zweitausendeins, Frankfurt/Main 4. Auflage 1994
Vigny, Alfred de, Poésies Choisies, Classique Larousse, Paris 1970. Die deutsche Übersetzung des auf Seite 7 abgedruckten Gedichts stammt von Volker Metelmann.
Vor Ort Notiert, Leseheft zu »du«, Zeitschrift für Kultur, 7/8, Zürich 1992
Zola, Emile, Die Rougon-Macquart, Natur- und Sozialgeschichte einer Familie unter dem zweiten Kaiserreich, hg. von Rita Schober, Lizenzausgabe mit Genehmigung des Winkler Verlages München, Bertelsmann Reinhard Mohn Verlag, Gütersloh 1975–1978
Das Glück der Familie Rougon
Das Paradies der Damen
Der Bauch von Paris
Der Totschläger
Die Beute
Lettres parisiennes 1872

Wir danken den Verlagen für die Nachdruckrechte. Im Falle der Taschenbuchausgaben sind die Rechte bei den Verlagen der Originalausgabe. So danken wir für die Genehmigung zum Abdruck der Aragon-Texte in der Übersetzung von Stephan Hermlin dem Verlag Volk & Welt, Berlin (»Die Viertel der Reichen«, Berlin 1952) und für die Texte von Julien Green dem Paul List Verlag, München. Die Rechte der Übersetzung der Texte von Zola liegen beim Winkler Verlag, München. Der Nachdruck der deutschen Übersetzung der Texte von Honoré de Balzac erfolgt mit freundlicher Genehmigung des Rowohlt Verlages und der Diogenes Verlag AG, Zürich. Die deutsche Übersetzung von *Tante Lisbeth* stammt von Paul Zech, die des *Vater Goriot* von Rosa Schapire. *Verlorene Illusionen* hat Otto Flake übersetzt.

Bildquellen

S. 9: Willy Ronis, Nouvelles Images, S.A., Lombreuil. S. 37: Crypte Achéologique du Parvis de Notre-Dame de Paris. S. 43: Das Hugo-Porträt ist ein Ausschnitt aus einer Zeichnung von Bastien Lepage, 1882. S. 82: René Maltête, Paris, Les Halles disparues, Pavillon de Baltard, 1954. S. 104: Marcel Bovis, Rue Foyatier, Paris 1938. S. 127: G. Freihalter, Musée d'Orsay, 1987. S. 149: Jardin du Luxembourg und S. 159: Les Deux Magots: Volker Metelmann. S. 176: La place de la Bastille: Bibliothèque Nationale, Paris.
Die übrigen Abbildungen entstammen der Sammlung des Autors und dem Archiv des Anabas-Verlags.

Trotz intensiver Bemühungen konnten die Inhaber von Rechten nicht in allen Fällen ermittelt werden. Der Verlag bittet darum, berechtigte Ansprüche anzumelden.

KLAUS GALLAS UND ULF-DIETER KLEMM

GRIECHENLAND

21 ANNÄHERUNGEN AN EIN DREITAUSENDJÄHRIGES REISEZIEL

Mythologie – Geschichte – Archäologie – Politik –Wirtschaft – Gesellschaft – Kunst – Umwelt

Der Band bietet selbst Kennern des Landes noch viele neue Informationen und eignet sich zur Vorbereitung einer Reise ebenso wie zur Lektüre unterwegs oder zur Nachlese.

Paperback, 12,5x20 cm, 221 Seiten, 135 z.T. vierfarb. Abbildungen
DM 36,00 (SFr 37,20 / ÖS 281,00) ISBN 3-87038-153-1

ROLAND GÜNTER

TOSKANA

Alltag und Geschichte – Kunst und Kultur – Politik und Wirtschaft – Stadt und Land

Dieses Reisebuch erschließt wenig bekannte aber wichtige Aspekte einer bedeutenden Kulturlandschaft und gibt Einblick in die aktuelle politische und ökonomische Situation. Kenntnisreiche Kapitel über Essen und Trinken gibt es ebenso wie sechzehn Tourenvorschläge.

»...ein Juwel in der Kette moderner Reisebücher...« (DIE ZEIT)

Paperback, 12,5x20 cm, 336 Seiten, über 400 Abb., Stadtpläne.
Überarbeitete Neuauflage
DM 36,00 (SFr 37,20 / ÖS 281,00) ISBN 3-87038-111-6

ROLAND, JANNE UND GITTA GÜNTER

VON RIMINI NACH RAVENNA

Die Adria-Küste und ihr kulturelles Hinterland
Fotos: Jürgen Heinemann

Aus dem Inhalt: Die Adria – Die Kette der alten Seestädte – Das Delta des großen Flusses – Der Umgang mit dem Wasser des Binnenlandes – Das Flachland der Romagna – Das Gebirge – Die Bilderwelt und ihre Orte

Paperback, 12,5x20 cm, 408 Seiten, 300 Abbildungen, Karten und Pläne mit Tourenvorschlägen
DM 34,00 (SFr 35,30 / ÖS 265,00) ISBN 3-87038-130-2

ROLAND UND GITTA GÜNTER

URBINO

Mittelalter, Renaissance und Gegenwart einer berühmten italienischen Stadt
Fotos: Jürgen Heinemann

Das 'Kunstwerk Urbino' entstand durch eine Synthese aus Stadtkultur und höfischer Tradition, die ein aufgeklärter Stadtfürst zustande brachte.

Paperback, 12,5x20 cm, 156 Seiten, 110 Abbildungen
DM 24,00 (SFr 26,10 / ÖS 194,00) ISBN 3-87038-131-0

Hans Roth

Von Burgund zur Bourgogne

Land und Leute – Essen und Trinken – Wasser und Wein – Geologie und Geschichte – Kultur und Kunst

Ein ungewöhnliches Reisebuch, das den geschichtlichen Zusammenhang der vielen kleinteiligen »terroirs« dieser uralten europäische Provinz erschließt. Für jeden Bereich gibt es eine kleine Übersichtskarte und Hinweise auf wichtige Orte und Sehenswürdigkeiten, Vorschläge für Wanderungen, Radtouren, Stadtspaziergänge, Hinweise für die Köstlichkeiten der »kleinen« ländlichen Küche und die großen Weine und auch Tips für die Genießer mit kleinerem Geldbeutel.

Paperback, 20,5x12 cm, 320 Seiten, über 200 Abb., Karten und Pläne
DM 38,00 (SFr 39,20 / ÖS 297,00) ISBN 3-87038-164-7

Hans Roth

Okzitanische Kirschen

Auf Nebenwegen durch Frankreichs Süden

»Hans Roth hat einen Blick nicht nur für die Schönheit der tausend romanischen Kirchen in dem Land der Pilgerwege nach Santiago de Compostela, sondern auch für Sozial- und Wirtschaftsgeschichte, für die verschüttete Geschichte der Besiegten, für eine Geschichte von unten, engagiert, subjektiv, anregend, ja aufregend.« (Nürnberger Zeitung)

Paperback, 12,5x20 cm, 344 Seiten, 260 Abbildungen, Karten und Pläne mit 14 Tourenvorschlägen für Wanderer und Radfahrer
DM 34,00 (SFr 35,20 / ÖS 265,00) ISBN 3-87038-132-9

Christoph Sahner

Grossbritannien

Landschaft, Kultur, Wandern in England, Schottland, Wales sowie eine ausführliche Besichtigung Londons

Das ideale Wanderland Großbritannien ganz aktuell: der Autor führt zu Fuß, aber auch per Bahn, Bus und Auto zu den Sehenswürdigkeiten und Landschaften dieser abwechslungsreichen Insel. Dazu gibt es Tips für 'bed & breakfast' und Orientierung vor Ort. Der ideale Begleiter für Leute, die einen der vorgestellten Landesteile intensiv bereisen wollen oder eine Rundreise planen.

Paperback, 12,5x20 cm, 406 Seiten, 200 z.T. vierfarbige Abbildungen und Pläne
DM 38,00 (SFr 39,20 / ÖS 297,00) ISBN 3-87038-170-1